安徽省高校人文社科重点项目（2010sk501zd）成果

池州学院出版专项基金资助

抗战名将叙事研究

丁伯林　著

合肥工业大学出版社

图书在版编目(CIP)数据

抗战名将叙事研究/丁伯林著 . 一合肥:合肥工业大学出版社,2016. 12
ISBN 978－7－5650－3143－4

Ⅰ.①抗…   Ⅱ.①丁…   Ⅲ.①抗日战争—军事家—人物研究—中国
Ⅳ.①K825. 2

中国版本图书馆 CIP 数据核字(2017)第 020579 号

抗战名将叙事研究

丁伯林 著   责任编辑   朱移山

出 版	合肥工业大学出版社	版 次	2016 年 12 月第 1 版
地 址	合肥市屯溪路 193 号	印 次	2017 年 6 月第 1 次印刷
邮 编	230009	开 本	710 毫米×1010 毫米 1/16
电 话	人文编辑部:0551－62903205	印 张	15. 25
	市场营销部:0551－62903198	字 数	240 千字
网 址	www. hfutpress. com. cn	印 刷	安徽昶颉包装印务有限责任公司
E-mail	hfutpress@ 163. com	发 行	全国新华书店

ISBN 978－7－5650－3143－4   定价:38. 00 元

序

赵稀方

丁伯林兄的大作出版，是一件可贺的事情。他让我写序，我觉得不太合适，让他最好找一位老先生。过了一阵，他又来找我，说没找到老先生，还是我的事。

说起来，丁兄的这本书，我也算是见证人。2007年，他来社科院文学所学习。要不是他提醒，我真没有意识到距今已经10年了。那时候他的开题和其后辗转奔波地找资料的情形，都如在眼前。

丁兄从安徽池州来，那是一个山清水秀、物阜民丰的好地方，有我们好几位老同学在那里。他们的业余生活以喝酒为主，打扑克、洗脚为辅，生活气息相当浓厚。我从枯燥的北方去看同学，每每乐不思蜀，流连忘返。不过，丁兄有忧患意识，喝完酒、打完球以后，总觉得还缺点什么。于是他终于在年届中年并在学校担任行政职务的情况下，毅然决定放下一切，北上学习。

在北京期间，他很勤奋，完成了部分研究成果，并发表在顶级学术刊物上。一年以后要回去了，他很忧虑，告诉我不敢回去，因为一回去哥们就会拉他喝酒，他的学术雄心立马就烟消云散。现在他的书出来了，证明他并没有被拉下水。

在抗战研究的学术著作中，丁兄的这本书应该说是很有特色的。

特色首先在于"叙事"。不要小看这两个字，"叙事"事实上代表的是一种新的历史观，即以非本质主义的态度看待历史，不是将书写看作是对于历史的真实反映，而是将书写看作是对于历史的叙述。也即所谓从"话语讲述的年代"变成"讲述话语的年代"。这种后现代史学观，奠定了当代西方学术的新方法。对于抗战的研究，我们从小学习的都是贬低国民党的教科书，近年来则开始出现相反的情况，褒扬国民党正面战场。丁伯林的研究则并不预设立场，而是分析各种对于抗战书写的叙述立场和修辞策略，焦点从"是什么"转变到"为什么这样说"，旨在呈现知识与权力的关系以及历史的复杂性。

随之而来的第二个特色，就是史料方面的。这种"叙事"的历史观，要求作者并非按照自己的观点去找材料，而是需要呈现出各种立场的方方面面的材料，在各种材料的紧张关系中，展现历史的张力。丁兄当时奔波于北京各大图书馆，查阅旧报刊，颇花了些工夫。在历史已经成为叙事的今天，材料的意义变得格外重要。从这本书的研究中，我们会发现很多新的材料，包括报刊、文件、书信、日记等等，这些辛苦得来的材料，构成了这本书的"亮点"。

民国的很多史料收藏在台湾，我在台湾任客座教授期间，不免也帮他注意一下。说起来，大陆学者可能觉得台湾的抗战研究很发达，或者很受欢迎。其实并不然。此前不久，我在台湾参加了一个会，有大陆学者痛陈国民党正面战场在大陆被忽略的情形，没想到在会议上应者寥寥。这里面所包含的历史悖论，实在值得注意。随着民进党在台湾的冒起，国民党江河日下，博得的同情越来越少。更吊诡的是，即使在台湾的国民党本身，也并不重视抗战。原因是，二战以后的冷战使得台湾和日本重新结盟，延误了台湾"去殖民"的历史。所以台湾人现在并不特别仇视日本，反而对大陆有怨恨，此乃历史悲剧也。

记得我在成功大学任客座教授的时候，有一次与东京大学藤井省三教授约好地方见面。我们俩都在孔庙附近问路，当地老人听不懂我的普通话，态度也很冷淡，而对藤井的日语却能听懂，并且很热情。人情冷暖，认同倒错，不能不让人感慨。这些都是题外话了。不过，这也说明我们对于抗战研究的重要性，说明丁兄这本书的意义和价值所在。

我和丁兄是大学同学，当时对于他的印象是，人长得帅，喜欢打篮球，说话幽默。青葱年代一别，再见时已是两鬓斑白，让人感觉到在时间面前人的渺小。怪不得他的池州的朋友都奉行及时行乐，不负春光，丁兄在那里埋头学术大概不免觉得寂寞。好在他已经说了，这本书写完，他就要开始享受生活了。

是为序。

前　言

　　新历史主义于 20 世纪 80 年代初滥觞自欧美国家，其代表人物为斯蒂芬·格林布拉特（Stephen Greenblatt）、海登·怀特（Hayden White）、路易斯·蒙特鲁斯（Louis Montrose）、乔纳森·多利莫尔（Jonathan Dollimore）。新历史主义文学批评是对其时盛行于欧美的新批评文本中心论的有力反拨，它借用了福柯"权力话语"的分析方法，"揭示权力与文学、社会与文化、心灵与肉体之间的二元对立"（王岳川语），轻视旧历史主义对正史、重大事件、伟大人物及所谓宏大叙事，却将凡人俗事、逸闻逸事纳入研究框架，"看其人性的扭曲或人性的生长，看在权力和权威的历史网络中心灵魂是以怎样的姿态去拆解正统学术，以怎样的怀疑否定的眼光对现存社会秩序质疑，以怎样的文化策略在文本和语境中将文学和文本重构为历史的课题"（王岳川语）。它打通文学、史学、政治学、哲学及社会学等学科的界限，将研究对象置于立体的学科视野中进行研究，使得文学研究在一个十分开阔的视野和更为深广的学术空间展开，也给文学研究注入了新鲜而丰富的活力。

　　新历史主义在中国大陆的传播可分为三个阶段，即译介阶段、评价阶段和应用阶段。在第一阶段中，王逢振首次介绍"新历史主义"这一概念（《今日西方文学批评理论》，漓江出版社，1988 年版），其后杨正润（《文学研究的重新历史化——从新历史主义看当代西方文艺学的重大变革》，《文艺报》，1989 年 3 月 4 日，3 月 11 日）、赵一凡（《什么是新历史主义》，《读书》，1991 年第 1 期）对这一研究方法从理论到实践的介绍很快在大陆学界引起了共鸣，1993 年由张京媛主编的译文集《新历史主义与文学批评》（北京大学出版社）迅速传播，这个集子主要以美国学者 H. 阿兰穆·威瑟（H. Aram Veeser）编辑的《新历史主义》为蓝本，同时收进了海登·怀特（4篇）、弗雷德里克·詹姆森（Fredric Jameson）（2篇）六篇重要的新历史主义论文，它后来成为研究新历史主义最权威也是引用率最高的一部文集。自20世纪90年代中期开始，新历史主义在大陆进入评价阶段，大批学者以纵向和横向批评理论为参照，探寻其学术上的优长与不足，并对其作出见仁见智的评价，如《历史·文本·意识形态——新历史主义的文化批评和文学批评刍议》（盛宁，《北京大学学报（哲学社会科学版）》，1993年第5期）、《主体的定位与协合功能——评新历史主义的理论基础》（杨正润，《文艺理论与批评》，1994年1期）、《女权主义与"新历史主义"》（陈晓兰，《国外社会科学》，1994年第12期）、《弗莱和新历史主义及文化研究》（叶舒宪，《中外文化与文论》，1996年第1期）、《新历史主义·后现代主义·历史真实》（盛宁，《文艺理论与批评》，1997年第1期）、《新历史主义的文化诗学》（王岳川，《北京大学学报（哲学社会科学版）》，1997年第3期）、《新历史主义与中国历史精神之比较》（曾艳兵，《国外文学》，1998年第1期）、《新历史主义、精神分析学说与海明威传记》（邹溱，《北京大学学报（哲学社会科学版）》，1999年第3期）、《新历史主义的理论盲区》（王岳川，《广东社会科学》，1999年第4期）等。专著方面有《后殖民主义与新历史主义文论》（王岳川，山东教育出版社，1999年版），其中北京师范大学的王岳川先生在这一领域取得了最为瞩目的研究成果，对于这一理论的中国化做出了很大贡献。进入新世纪后，中国的新历史主义研究进入第三阶段，尽管这一阶段仍有学者继续在理论上进行进一步探索，但大多数学者从理论建构走向了以理论为依据的阐释实践。例如，《新历史主义莎评之新》（谈瀛洲，《中国比较文学》，2000年第4期）、《〈家园〉：一部具有新历史主义倾向的小说》（黄洁，《当代文坛》，2001年第2期）、《新历史主义文艺思潮的价值取向和社会效应》（张进，《湘潭工学院学报（社会科学版）》，2001第4期）、《乔治·艾略特早期作品的新历史主义解读》（陈蕾蕾，《外国文学研究》，2002年第2期）、《反叛的悖论——新历史主义文学功能论与〈麦田里的守望者〉》（刘萍，《当代外国文学》，2002年第4期）、《我为什么要写〈省委书记〉——求助于新历史主义的一次阐述》（陆天明，《当代作家评论》，2002 年第 6 期)、《翻译研究中的新历史主义话语》(朱安博，《中国翻译》，2005 年第 2 期)、《新历史主义观照下的〈李尔王〉》(马广利，苏州大学硕士论文，2005 年 4 月)、《从新历史主义看史传与中国古典小说的亲和性》(李育红，《渤海大学学报 (哲学社会科学版)，2005 年第 6 期》等等。专著有《新历史主义与历史诗学》 (张进，中国社会科学出版社，2004 年版)、《似是故人来：新历史主义视角下的 20 世纪英美文学》(石坚、王欣，重庆大学出版社，2008 年版)、《新历史主义批评：〈外婆的日用家当〉研究》(李荣庆，浙江大学出版社，2011 年版)、《新历史主义文化诗学：格林布拉特批评理论研究》 (王进，暨南大学出版社，2012 年版)。这一阶段是新历史主义研究在中国的勃发期，也是新历史主义在中国发展的相对成熟期，其论著占总量的 80% 以上，论文占总量的 90% 以上。其中张进、曾艳兵、石恢、曾耀农、张清华、王进、马广利等作者在这一领域十分活跃，更为可喜的是一大批新人介入这一领域的研究，特别是一些成果颇丰的硕士、博士论文对这一领域的切入，大大加快了新历史主义研究的步伐。

抗战文学研究的前期研究，张中良在《抗战文学研究概况与问题》(《抗日战争研究》，2007 年第 4 期) 中作过全面综述。进入新时期后，因为意识形态领域的松动，特别是 2005 年 9 月 3 日胡锦涛同志在 "纪念中国人民抗日战争暨世界反法西斯战争胜利 60 周年大会上的讲话" 中，充分肯定了抗日战争正面战场和敌后战场 "形成了共同抗击日本侵略者的战略态势"，既褒扬了杨靖宇、赵尚志、左权、彭雪枫等中国共产党一方的抗日将领，也肯定了佟麟阁、赵登禹、张自忠、戴安澜等国民党一方的著名将军。犹如蓄势待发的弓弩，但等号令的发出一般，此后，抗战文学研究呈现出波澜壮阔的奇丽景观，表现在以下方面：

一是前辈学者的大力促进。前期在现代文学研究领域已经取得卓越功勋的前辈学者以自己敏锐的学术嗅觉，在发令枪尚余音袅袅之际，杨义 (《历史记忆与 21 世纪的东亚学》)、严家炎 (《救亡与启蒙的二重奏——对抗战文学的一点认识》)、刘增杰 (《抗战反思文学思潮的独特品格》)、王富仁 (《战争记忆与战争文学》)、黄修己 (《对 "战争文学" 的反思》)、吴福辉 (《战争、文学和个人记忆》) 等即在《河北学刊》 (2005 年第 5

期）联袂推出重磅文章率先领跑。他们这一举动，给后学们极大的鼓舞，也给了他们足够的胆气。

二是中坚力量的前沿探索。在前辈学者的引领下，以张中良（秦弓）、房福贤、李建平为代表的中坚力量裹挟而至。张中良"抗战文学与正面战场"的系列文章既希望人们留住即将淡漠的正面战场的抗战记忆（《抗战文学与正面战场》（《河北学刊》，2005年第5期），又唤醒了人们关于"滇缅公路"（《抗战文学中的滇缅公路》，《抗战文化研究》，2008年第二辑）、"武汉会战"（《抗战文学中的武汉会战》，《抗战文化研究》，2009年第三辑）、"血染昆仑关"（《抗战文学与昆仑关战役》，《抗战文化研究》，2010年第四辑）、"东方莫斯科保卫战"（《抗战文学与衡阳保卫战》，《抗战文化研究》，2012年第六辑）的抗战民族记忆；房福贤的研究集中在理论建构方面，如抗战文学的评价标准问题（《抗日文学中的几个理论问题》，《东岳论丛》，2005年第5期），新时期抗战文学从意识形态言说向民间、个人立场的转身问题（《风雨60年：从文学抗日到抗日文学》，《理论学刊》，2005年第9期），他的专著《中国抗战文学新论》（中国社会科学出版社，2012年版）则是将他的研究成果条理化、系统化的结果。来自广西的李建平做的是窄而深的抗战文学中的关于"桂林"（《一个抗日城市灾难与战斗的文学记忆——1937年以来中国作家笔下的桂林抗战文化城兴亡图像及战争记忆》，《抗战文化研究》，2007年第一辑；《从桂林抗战文学研究看史料发掘和思路拓展》，《中国现代文学研究丛刊》，2010年第6期；《战时桂林的崛起及其抗战文化繁盛景观》，《抗战文化研究》，2011年第五辑；《抗日战争的历史呈现与影视剧创作——以桂林抗战文化为例谈谈抗日题材影视剧创作的历史把握》，《抗战文化研究》，2010年第四辑；《桂林抗战文艺的繁盛景观及其效应》，《重庆社会科学》，2012第8期）、"广西"（《广西抗战文化资源调查与文学利用》，《抗战文化研究》，2007年第一辑）的文化记忆。他们以深厚的学养和扎实的学风，将抗战文学研究推向更为深广的境界。

三是"川军"的异军突起。抗战时期作为大后方的四川，为抗战做出了巨大的贡献。同样，文学研究的"川军"也在抗战文学的研究中结出了累累硕果。他们以靳明全为中心，依托高校（四川大学、重庆师范大学、西南大学等）和重庆图书馆，先后成立了"重庆市抗战文史研究基地""重庆中国抗战大后方历史文化研究中心""重庆中国大后方抗战历史文献中心"等研究机构，他们借助大后方丰厚的抗战文化资源，聚集和培养了一大批专事抗战文学研究的专家、学者，组成了一个颇具影响力的学术团队，并收获了令世人瞩目的成果，如由重庆出版社出版的靳明全的系列著作：《重庆抗战文学论稿》（2003）、《重庆文学与外国文化》（2006）、《重庆抗战文学新论》（2009）、《重庆抗战文学区域性》（2012），以及由巴蜀书社出版的《大后方抗战文学的农村书写》（2012）、《大后方抗战文学异国形象论稿》（2012），段从学的《"文协"与抗战时期文艺运动》（北京大学出版社，2012 年版）等，而这个团队成员围绕抗战文学的重庆叙事及资料整理等方面的学术论文竟有近百篇，其成果不可说不显赫！

四是日韩学者的联袂加盟。新世纪以来，随着这一研究领域的开放，日韩学者也加入了抗战文学的研究行列，如日本的山本和雄（《我所见到抗日英雄赵一曼》，《党史文汇》，2002 年第 7 期）、菊池一隆（《"亲日"与反日——抗战时期朝鲜华侨的艰难抉择》，《抗日战争研究》，2011 年第 4 期）、岩佐昌暲（《记抗战时期的旧体诗杂志〈民族诗坛〉》）（《重庆师范大学学报（哲学社会科学版)》，2006 年第 6 期）、杉本达夫（《关于抗战时期在大后方的作家生活保障运动》，《重庆师范大学学报（哲学社会科学版)》，2009 年第 4 期）、水羽信男（《抗战时期的自由主义：以王赣愚为中心》，《学术研究》，2010 年第 3 期），以及韩国权五明的"郭沫若研究"（《郭沫若历史剧〈屈原〉在日本的上演与影响》，重庆师范大学学报（哲学社会科学版)，2009 年第 6 期）。不过由于民族之间的差异，他们无法准确理解中华民族的抗战书写，而只游离于对他族文化理解的浅表层面上。

对抗日战争时期名将的研究势必涉及正面战场即国民党一方的将领，而在"权力话语"的制约下，这一领域一直未能取得理想成果。进入新世纪后，大陆在经济强势发展的背景下，意识形态领域表现出从未有过的自信，呈现出明显的宽松态势。2005 年 9 月 3 日胡锦涛同志在"纪念中国人民抗日战争暨世界反法西斯战争胜利 60 周年大会上的讲话"中，对国民党军队战斗系列的抗战将领、英雄群体的抗战功绩给予了高度评价。这给理论界释放出一个重要信号，学界人士奋力前行，取得了丰硕的成果。

　　但是，目前学术界尚无人从新历史主义视域来观照、研究抗战文学，特别是对相对比较敏感的抗战名将的叙事话语的研究尚为一块未开垦的土地，因此，在新历史主义视域下，从民族的、文化的角度，开展对抗战名将叙事的研究，就体现出我们积极的学术姿态。它对于增进国共两党的相互理解，进一步改善海峡两岸之间的关系，营构中华民族的和谐图景，实现中华民族的伟大复兴，有着较大的促进作用。当然，这一课题的研究也有望为现代文学研究开辟一条新的路径，拓宽一片新的视野。

目　　录

抗战名将叙事语境的变迁

如果我们把自抗日战争爆发以来对以中国人民抗日救亡、拯救民族于水火的抗战文学进行研究的所有课题或论文作一整体回望与检索的话，不难发现这样一个事实，那就是政治话语对这一领域的强力干预。"文革"时期一元价值标准与当下多元价值体系对抗战名将的不同评价，就可充分证明这一点。

一、抗战名将叙事研究的历史轨迹

在今天宽松的政治语境之下，我们谈论、探讨抗战名将叙事可以以极为轻松的心境，泰然处之，无任何来自政治的恐惧感和现实的挤压感。然而，如果我们掀开"文革"那层比较沉重的历史帷幕，呈现在人们面前的竟是这样的表述："抗日战争是在毛主席正确路线指引下，亿万人民群众进行的一场大规模的人民战争。"① "国民党战场：它的军队几乎完全丧失战斗力，连续溃败，一溃千里，使大片国土被日寇侵占。解放区战场：我党领导的人民军队，遵照毛主席指示，深入敌后方，发动和武装群众，开展游击战争，英勇抗击日寇，建立了大片抗日根据地。"② 在政治话语的控制下，叙事极尽其遮蔽与张扬之能事，将抗日战争正面战场的功绩一笔抹杀，将在正面战场上浴血奋战的中国国民党及军队、军人以某种"策略"完全排挤到历史的边缘。

然而，尽管历史在不同的意识形态之下呈现出不同的文本形态，它

---

① 中国共产党历史学习提纲（上册）［M］．上海：上海市中小学教材编写组出版，1973：43．
② 中国共产党历史学习提纲（上册）［M］．上海：上海市中小学教材编写组出版，1973：31．

们之间有些相近、相左，甚至相互抵牾，但是历史不会淡忘对下面这些抗战时期在民族精神的召唤之下以"我生则国死，我死则国生"的精神与日寇搏杀的伟大人物的记忆。他们是"血战台儿庄"的李宗仁，死守南苑的佟麟阁、赵登禹，"站在那里，死在那里"① 的郝梦龄，气壮山河的王铭章，血染洪山的张自忠，"没有命令，死也不退"② 的谢晋元，"黄埔之英，民族之雄"③ 的戴安澜，"仗剑出川""不灭倭寇誓不还"④ 的李家钰……他们以男儿的刚性和必死的信念，书写了中华民族抗击外族侵略的永恒记忆，与左权、彭雪枫们一样，他们都无愧为民族的优秀儿女。

那么，为什么到上世纪末甚至到本世纪初大陆的历史书写均以遮蔽的叙事策略来对待这些同样奋战于抗日战场的中国国民党的抗战将领呢？

早在20世纪40年代初期（1942年），毛泽东同志在《在延安文艺座谈会上的讲话》中就十分明确地指出："在现在世界上，一切文化或文学艺术都是属于一定的阶级，属于一定的政治路线的。为艺术的艺术，超阶级的艺术，和政治并行或互相独立的艺术，实际上是不存在的……文艺是从属于政治的，但又反转来给予伟大的影响于政治。"⑤ 在此，文学艺术对政治的依附关系被政党领袖以纲领性文件形式确立下来。从此以后，直至上世纪末本世纪初，文学艺术的政治功能都被置于至高无上的地位，稍越雷池一步者必获其咎，特别是20世纪六七十年代，轻者被扣"右派"大帽，重者为此付出生命代价。应该说，延安时期处于内忧外患之际，外族侵略者尚未被赶出国土，国内尽管"统一战线"仍在维持，但经"皖南事变"后国共两党之间势难两立的局面已露出端倪——提出这一主张是有其时代合理性的，即规定了包括文学艺术在内的、一切为了抗战、一切为了人民的"政治第一，艺术第二"的基本属性，从而为抗战胜利提供了有力的保障……

① 谢春涛. 抗日：中国人一定要记住的人物［M］. 南昌：江西人民出版社，2005：51.
② 谢春涛. 抗日：中国人一定要记住的人物［M］. 南昌：江西人民出版社，2005：129.
③ 周恩来同志为戴安澜将军书写的挽联.
④ 李家钰将军原诗：男儿仗剑出四川，不灭倭寇誓不还。埋骨何须桑梓地，人间到处是青山。见谢春涛主编：《抗日：中国人一定要记住的人物》，江西人民出版社，2005年5月，第215页。
⑤ 中共中央文献编辑委员会. 毛泽东选集（第三卷）［M］. 北京：人民出版社，1953：867.

政党或者阶级之间的斗争总是围绕权力来展开的，而权力总是意味着不平等，因为权力总是"宰制性"和"非对称性"的。所谓"宰制性"和"非对称性"，汤普森作过这样的界定："当既定的权力关系处于系统性非对称状态时，就可以把这种状态描述为宰治之一种。当个人或由个人组成的团体以一种持久的方式被赋予权力，而且在以这种方式阻止（或者在某个重要程度上不允许）其他人或团体接近这一权力时，无论进行这种阻止时基于何种基础，权力关系都是'系统性非对称'的。"[①] 政治永远是第一位的，艺术永远是第二位的，由此确立了政治对于文学艺术的优先权，也确立了政治对于文学艺术的宰制关系。这种宰制关系的表现多种多样，譬如，文学艺术价值高下的判断标准不在于文学艺术作为独立学科门类的审美价值和娱乐价值，而在于它与政治之间的耦合程度。文学艺术的独立品格被政治消解甚至侵蚀，也就是说，文学艺术本身是没有多少话语权的。福柯在《话语的秩序》中指出，话语同时也是争夺的对象，历史不厌其烦地教诲我们：话语并不是转化成语言的斗争或统治系统，它就是人们斗争的手段和目的，话语是权力，人通过话语赋予自己权力。福柯的话无疑为延安时期"政治第一，艺术第二"作了极准确的注释：以政治的强制性来获取更多的话语权，是政治斗争的必由之路。

这样说来，始自"延安整风"，经由20世纪50年代初的"三反""五反"，跨越六七十年代的"文化大革命""反击右倾翻案风"等等，其实有着一脉相承的政治渊源，就是通过对政治的强化从内部来确立、稳固中国共产党的领导地位和话语权；在党外，同样是通过政治和文学的叙事策略与其他党派争夺话语权，特别是在新中国成立前和成立之初，与中国国民党之间的斗争，除极端化的军事暴力手段外，叙事在其中充当了一个十分重要的角色，发挥了异乎寻常的作用。美国著名学者爱德华·萨义德（Edward W. Said）在《文化与帝国主义》中曾说过："叙事产生权力，叙事还可以杜绝其他叙事的形成和出现。"[②] 以叙事方式来压制、杜绝其他叙事的形成和出现，从而确立自己的权力地位，政治家们是深知其中三

---

① J. B. Thompson, Idelolgy and Modern Culture: Critical Social Theory in the Era of Mass Communication, Stanford［M］. CA: Stanford University Press, 1990: 151.

② Edward W. Said, Culture and Imperialism, Published by Vintage 1993, p. XⅢ.

昧的!

所以，回望自抗战始到上世纪末、本世纪初，大陆抗战文本中无论是历史的还是文学的叙事，奋战于正面战场的国民党将领之被淡化处理甚至被完全遮蔽也就在情理之中了。任何政党在发展的过程中，特别是处于相对弱小的状态时，都会以强力手段来尽可能控制各种形式的媒体，一方面利用它们来推行自己的政治主张，另一方面是利用它们来压制对手。因为叙事能"产生权力"！这是弱小者对自己的能力缺乏充分自信所表现出的普遍性的心理焦虑，以及消除这种心理焦虑的常见手段。

二、抗战名将叙事研究的现实走向

2005 年 9 月 3 日，在"纪念中国人民抗日战争暨世界反法西斯战争胜利 60 周年大会"上，胡锦涛同志发表了重要讲话：

在波澜壮阔的全民族抗战中，全体中华儿女万众一心、众志成城，各党派、各民族、各阶级、各阶层、各团体同仇敌忾，共赴国难……中国国民党和中国共产党领导的抗日军队，分别担负着正面战场和敌后战场的作战任务，形成了共同抗击日本侵略者的战略态势。以国民党军队为主体的正面战场，组织了一系列大仗，特别是全国抗战初期的淞沪、忻口、徐州、武汉等战役，给日军以沉重打击。中国共产党领导的敌后战场，广泛发动群众，开展游击战争，八路军、新四军、华南游击队、东北抗日联军和其他人民抗日武装力量奋勇作战。平型关大捷打破了"日军不可战胜"的神话，百团大战振奋了全国军民争取抗战胜利的信心。敌后战场钳制和歼灭日军大量兵力，歼灭大部分伪军，逐渐成为中国人民抗日战争的主战场……在空前惨烈的抗日战争中，中国军民前仆后继、浴血奋战，面对敌人的炮火勇往直前，面对死亡的威胁义无反顾，以血肉之躯筑起了捍卫祖国的钢铁长城，用气吞山河的英雄气概谱写了惊天地、泣鬼神的壮丽史诗。杨靖宇、赵尚志、左权、彭雪枫、佟麟阁、赵登禹、张自忠、戴安澜等一批抗日将领，八路军"狼牙山五壮士"、新四军"刘老庄连"、东北抗联"八位女战士"、国民党军"八百壮士"等众多英雄群体，就是中国人民不畏强暴、英勇抗争的杰出代表。经过艰苦卓绝的长期抗战，中国人民从战略防御到战略相持，进而发展到战略反攻，终于在世界反法西斯战争走向胜利的进程中彻底打败了日本侵略者①。

如果我们对胡锦涛同志这段文字作修辞学分析的话，应该包含下列叙事要素：

（一）这次全民族抗战中，是"全体中华儿女万众一心、众志成城，各党派、各民族、各阶级、各阶层、各团体同仇敌忾，共赴国难"，不是哪一政党、阶级、阶层或者团体的功劳。这当然不能无视与敌作战的国民党正面战场上的将士。

（二）国民党开辟的正面战场与共产党开辟的敌后战场同样重要，它们"形成了共同抗击日本侵略者的战略态势"。为体现这一"同样重要"，叙事者又分述了以下要素来予以支撑：

1. 国民党正面战场的淞沪、忻口、徐州、武汉等战役与共产党敌后游击战、平型关大捷、百团大战等"同样重要"；

2. 共产党的杨靖宇、赵尚志、左权、彭雪枫与国民党的佟麟阁、赵登禹、张自忠、戴安澜相并列，叙事十分注意在国共两党无以数计的抗日将领中，非常有修辞意味地在数量上予以对等，充分体现其"同样重要"；

3. "狼牙山五壮士"、"刘老庄连"、东北抗联八位女战士、国民党"八百壮士"等英雄群体相并列。

（一）（二）两大叙事要素之间其实有十分密切的承接关系。前者为概叙，后者为细叙。但其修辞指向却是完全相同的，叙事效果也是十分明确的：中国抗日战争的胜利是国共两党所领导的军队"共同"抗击日本侵略者的结果。

这是迄此为止，大陆一方对国民党及其军队在抗日战争中所发挥作用的最新、更是最高评价。作为中国共产党的最高领导人，胡锦涛同志的这一评价，具有划时代的意义：

首先，它体现了尊重历史的姿态。如果根据"新历史主义"的观点，历史是"没有真相"的，福柯和德里达认为，人的思想从来就不是自主的、独立的。既然如此，人也就无法真正认识自己与周围的世界，因此历史的"客观性"和"真实性"都成了无源之水、无本之木。罗兰·巴特指

---

① 胡锦涛. 在纪念中国人民抗日战争暨世界反法西斯战争胜利 60 周年大会上的讲话［EB/OL］（2005−09−03）. news. xinhuanet. com.

出，历史写作只能反映历史学家所生活时代的政治、文化和宗教氛围，以及历史学家想揭橥"普遍"的规律。但不管在哪个层次上，历史写作都是为了表述某种意义或意思，不可能是纯粹事实的堆积。海登·怀特在完成《元史学》一书后发表了一系列论文，认为所谓历史的客观性其实是一种迷信①。然而，作为历史，文本的呈现姿态可以千姿百态，但历史本事是客观存在的。作为一门科学，历史如果抛弃真实而任由书写者进行闭门造车式的杜撰，历史学科存在的现实与历史必要性何从体现？因此，尊重历史也就是尊重科学。尽管在此前的 2004 年胡锦涛同志提出的"科学发展观"② 是针对经济发展提出的重大战略思想，但就文化艺术的发展来说，对科学的尊重，以科学的态度来指导文化艺术的发展，这不同样与"科学发展观"的理念相吻合吗？

其次，它是构建社会主义和谐社会实践的具体体现。在胡锦涛同志作《在纪念中国人民抗日战争暨世界反法西斯战争胜利 60 周年大会上的讲话》之前的七个月，他还在《省部级主要领导干部提高构建社会主义和谐社会能力专题研讨班上的讲话》里指出："把提高构建社会主义和谐社会的能力作为加强党的执政能力建设的重要内容"，"我们党明确提出构建社会主义和谐社会的重大任务，就是要求全党同志在建设中国特色社会主义的伟大实践中更加自觉地加强社会主义和谐社会建设，使社会主义物质文明、政治文明、精神文明建设与和谐社会建设全面发展。"③ 我们完全可以把后者看成是对前者构建社会主义和谐社会这一方针政策的贯彻与落实。这种和谐包含人与人之间、人与社会之间、人与自然之间的和谐。目前大陆与台湾之间的关系已由早期的隔绝、敌对发展到今天的"三通"，可以说关系已经有了质的变化。如果我们将之与胡锦涛同志的"建立互信、搁置争议、求同存异、共创双赢"十六字箴言结合起来进行考察，其实充分表现了中国共产党为早日实现祖国的和平统一表达出的足够诚意，也展示出让世人皆知

---

① 参见王晴佳、古伟瀛著：《后现代与历史学——中西比较》，山东大学出版社 2006 年 1 月版，第 58 页；海登·怀特著，陈永国、张万娟译：《后现代历史叙事学》，中国社会科学出版社 2003 年 6 月版，其中的十三篇文章皆涉及这一主张。

② 胡锦涛. 科学发展观是我党提出的新重大战略思想［EB/OL］（2004-04-04）. xinhuanet. com.

③ 胡锦涛. 在省部级主要领导干部提高构建社会主义和谐社会能力专题研讨班上的讲话［EB/OL］. （2005-02-19）. xinhuanet. com.

的积极姿态。而对抗战正面战场功绩的肯定，更是以分享历史话语权的积极姿态向海峡对岸伸出橄榄枝，不为打动对方，只是用积极的方式表明进一步改善海峡两岸关系的立场。这不是构建社会主义和谐社会的积极举措吗？

再次，它体现了强国宽容的心态。体魄强健者对疾病的态度是淡然的、不屑的，因为他有足够的能力来抵抗；而赢弱者最害怕疾病，因为他已经失去了反抗疾病的力量。经过三十年多的改革开放，中国取得了令世人瞩目的成就，我们的综合国力有了极大的提高，从而让我们聚集了更多的话语权。在党的十七大报告中，胡锦涛同志曾这样说："今天，一个面向现代化、面向世界、面向未来的社会主义中国巍然屹立在世界东方。"没有足够的实力支撑，是没有作出如此宣言的底气的！也正是如此的实力，培养了作为一党领袖的大气和正视历史的勇气。

十年之后的2015年9月3日，习近平在抗战胜利70周年纪念大会上发表讲话是这样表述的：

中国人民抗日战争和世界反法西斯战争，是正义和邪恶、光明和黑暗、进步和反动的大决战。在那场惨烈的战争中，中国人民抗日战争开始时间最早、持续时间最长。面对侵略者，中华儿女不屈不挠、浴血奋战，彻底打败了日本军国主义侵略者，捍卫了中华民族5000多年发展的文明成果，捍卫了人类和平事业，铸就了战争史上的奇观、中华民族的壮举。

中国人民抗日战争胜利，是近代以来中国抗击外敌入侵的第一次完全胜利。这一伟大胜利，彻底粉碎了日本军国主义殖民奴役中国的图谋，洗刷了近代以来中国抗击外来侵略屡战屡败的民族耻辱。这一伟大胜利，重新确立了中国在世界上的大国地位，使中国人民赢得了世界爱好和平人民的尊敬。这一伟大胜利，开辟了中华民族伟大复兴的光明前景，开启了古老中国凤凰涅槃、浴火重生的新征程。

在那场战争中，中国人民以巨大民族牺牲支撑起了世界反法西斯战争的东方主战场，为世界反法西斯战争胜利作出了重大贡献。中国人民抗日战争也得到了国际社会广泛支持，中国人民将永远铭记各国人民为中国抗战胜利作出的贡献[1]！

---

① 习近平. 在纪念中国人民抗日战争暨世界反法西斯战争胜利70周年大会上的讲话［EB/OL］（2015-09-03）. xinhuanet.com.

如果对习近平这段话所释放出的信息进行叙事分析，应该有这两方面值得注意：

其一，"一体认定"。这是一场"中华儿女"不屈不挠、浴血奋战，打败"日本军国主义侵略者"的战争。整个讲话稿中，习近平所用的表述或是"中国人民"，或是"中华儿女"，或是"中华民族"，或是直接用的"中国"。这就跳出了政党框架，站在民族、国家的高度来进行的"一体认定"，这既是政治智慧，也是政治度量，同时也是政治自信，而且表现出尊重历史的科学思维，在两岸仍未统一的当下，无疑是向世界宣示了对台湾的友好态度和两岸必将统一的决心。

其二，"全球定位"。中国人民以巨大的民族牺牲支撑起了"世界反法西斯战争的东方主战场"。这是站在世界的高度，对中国人民反法西斯所做出的贡献给出的定位，充分肯定了在二战时期，中国人民在反法西斯战争中的重要性。这既是对"东方主战场价值"质疑者的反击，更向世界表明中国人民是爱好和平的，甚至不惜用生命来保卫和平的坚强决心。

综上所述，我们今天开展对抗战名将的叙事研究，适逢中国历史上最为宽松的政治语境。或者说，在新的时代语境下，我们开展基于中华民族抗战历史的抗战名将叙事研究，不仅不会降低中国共产党在民众中的威望，反而会为我们能够正确地面对历史，从而赢得更多的尊重；也不仅不会因之而削弱中国共产党的领导地位，反而会为我们实事求是的态度而聚集更为广泛的民心与民意。从科学的角度开展对抗战名将叙事的研究，也是我们顺应时代政治潮流、与时俱进的积极的学术姿态。

其实，学术界是十分敏感的，早在胡锦涛同志在纪念中国人民抗日战争暨世界反法西斯战争胜利60周年大会上发表讲话的前四年（2001年11月），南京大学出版社出版了由张宪文主编的《中国抗日战争史（1931—1945）》和江苏人民出版社出版的郭汝瑰、黄玉章主编的《中国抗日战争正面战场作战记》（2001年）。这两部著作就已经比较大胆地将中国抗日战争正面战场的作战经过以客观的叙事态度进行叙述，可以说为胡锦涛同志的讲话提供了坚实的学术铺垫，也为其后渐趋宽松的抗战叙事研究张了目，但著者的心态相对来说仍然忐忑，很多地方还是作了技术性的处理。而胡锦涛同志讲话发表的前几个月相继出版的"重量级"著作，例如：《抗日战争正面战场》（中国第二历史档案馆编，凤凰出版传媒集团凤凰出版社，2005 年 8 月版)、《中国共产党与抗日战争》(沙健孙主编，中央文献出版社，2005 年 8 月版)，则叙事者的叙述心态要轻松得多：客观叙事的成分多了，主观判断的少了；政治的成分少了，学术的成分多了。今天，出版界以争相出版抗战时期的名将特别是国民党名将的传记和研究著作作为抢占图书市场的重头戏，市场上各种版本的此类著作琳琅满目，蔚为大观！这可以说是中共领导层的积极态度激活了这一领域的研究，也可以说是学术界对讲话的积极回应。

文化身份与名将叙事

——兼论戴安澜将军叙事

　　超越政治或意识形态架构，从文本出发对抗日战争时期中国军队中的著名将领进行叙事学的分析，是突破传统囿于单纯文学或史学文本的研究方法，将二者结合起来进行考察，以期打开新的视域的尝试。在汉民族文化背景之下，国人向来把源自司马氏的"究天人之际，通古今之变，成一家之言"作为衡量历史的标杆，于是把西人利奥波德·冯·兰克（Leopold Von Ranke，1795—1886）历史研究的"科学学派"理论奉为圭臬，对历史的真实性表现出极强的依赖性，某一历史人物一旦获得定评，其形象绝不容颠覆。其实，历史人物不同层面、不同角度呈现出的文本趣味却恰恰构成了本尼迪克特·安德森（Benedict Anderson，1936— ）所论述的"想象的共同体"。

　　那么构成这一"想象的共同体"的中国抗战名将叙事文本呈现出怎样的形态呢？自1931年的"九一八"事变至今已有80多年，不同时代、不同文本叙事者在不同的叙事理想的引领下制造出的名将叙事文本可谓浩如烟海、无以计数，不过如果对这些文本进行理性分析，可以将其归为以下四种类别：

一、国族认同追求的形象建构

　　中国的抗日战争是一场倾全民族之力进行的反侵略战争。自"九一八"事变开始，日本借明治维新以后积累的厚实国力，挟"武士道"之淫威，对饱经内战之苦而已疲弱不堪的近邻进行疯狂的侵略。在敌强我弱的形势之下，唯有唤起国民的民族情感，各民族和党派捐弃前嫌，携手共进，团结御侮，中华民族方有一线生机。1937年5月，毛泽东在延安召开的中国共产党全国代表大会的报告中，在充分分析了因日本的侵略而使中国当时的阶级矛盾退居次要位置，而民族矛盾上升为主要矛盾后认为，在此形势之下，我们就要组成统一战线，"我们的统一战线是包括资产阶级及一切同意保卫祖国的人们的，是举国一致对外的"①。"七七事变"发生后，1937 年 7 月 19 日，蒋介石在庐山也同样发表了演说，"中国民族本是酷爱和平的"，但"不苟求和平"，"万一真到了无可避免的最后关头"，那我们只有"地无分南北，年无分老幼，无论何人，皆有守土抗战之责，皆应抱定牺牲一切之决心"，"拼全民族的生命，以求国家生存"②。很显然，在外侮面前，作为其时国内两大政党领袖都有着一致的维护国家与民族统一的诉求。从国家层面，团结一致共御外侮，就成了整个民族在特殊时期共同的追求。而这一追求具体到现实中就是"一切为了抗战，一切服务于抗战"。于是，在这一约定之下，任何举动稍越雷池一步，都将招致骂名，甚或身败名裂沦为民族罪人。

最有说服力的例子莫过于梁实秋的"与抗战无关论"了。那是他接手主编国民党中央机关报《中央日报》"平明"副刊。上任伊始，他便在1938 年 12 月 1 日《中央日报》"平明"副刊登载《编者的话》，"现在抗战高于一切，所以有人一下笔，就忘不了抗战，我的意见稍有不同，于抗战有关的材料，我们最为欢迎，但是于抗战无关的材料，只要真实流畅，也是好的，不必勉强把抗战截搭上去。至于空洞的'抗战八股'，那是对谁都没有益处的。"应该说作为主编，他所写的这段文字明显含有约稿的意味，希望广大作者不必仅拘泥于"抗战"题材，"于抗战有关的"当然好，"于抗战无关的"，"只要真实流畅，也是好的"，从逻辑上来说几乎无懈可击，没有任何漏洞。尽管有人据此认为这是梁实秋"文学无阶级性"的自由主义文学观的自然延伸，他这段话的"真实"含义被认定为是鼓吹"与抗战无关论"。然而，即使是当下，无论是运用马克思主义文艺观或西方时髦的"新批评"，都无法索取这段话与"与抗战无关论"有着怎样的逻辑关联或语义相容。

既然如此，左翼文化人为何给梁实秋扣上这顶大帽子，将其打入另册

---

① 中共中央文献编辑委员会. 毛泽东选集（第一卷）[M]. 北京：人民出版社，1952：244.

② 舒宗侨，曹聚仁. 中国抗战画史 [M]. 中国书店出版，1988：73.

呢？这得从民族主义说起。

"民族"这个词是日本在明治维新后根据英文 nation 和中文"民""族"创造出的一个词语，因为"民族"这一基于生物学意义而诞生的概念与"种族"有着千丝万缕的关系，因而从它面世的时候起，"民族"这一词汇就被认定为具有极强的排他性，与之结伴的"民族主义"向来也就被西方界定为是狭隘的民族偏见。然而，任何事情都是两面的：一方面，民族主义既有可能催发像希特勒这样的民族主义狂热者畸形的民族情感而对人类犯下滔天罪行；另一方面，我们也无法否认在特殊的历史时期，特别是在战争时期，被侵略的一方为了捍卫自己的国家和民族权益而以民族主义作为唤醒国民的民族意识与侵略者进行浴血奋战时，民族主义还能被指认为狭隘吗？

因为民族主义从根本上说是对某一群体共同特征的认同，作为一种文化策略，这一文化身份的认同感极易使这一群体结盟或者共谋；而在战争时期也就往往用血性来维护这一群体的权益。中国人谚语中的"打虎还得亲兄弟，上阵须教父子兵"，从文化意义上分析，正是身份认同的生动体现。缘于此，抗战时期，正是在民族主义召唤之下，国人的民族意识得以觉醒，民族主义情绪不断高涨，才使国人树立了战胜日本侵略者的信心和勇气。

所以，梁实秋的这段"编者的话"从逻辑上说是严密的，从编者角度出发是合理的，然而在民族主义激发下而迸发的民族情感面前，他的这一言说招致"民愤"或者"国愤"是可以理解的。特别于日本在短短的三个月时间里占我东四省（黑吉辽热），策划华北独立等侵略行径日趋疯狂，灭我国家和民族之心日昭天下之时，在"三光"政策怂恿下犯下如"南京大屠杀"罪行披露于媒体之时，梁实秋这一单纯的报人办报思想也确实暴露出自由主义文人对政治、意识形态的反应迟钝和民族情感的天真、幼稚甚至麻木。如此说来，彼时彼地的语境之下，梁实秋之被"左翼"抛弃直至批判，似乎不免有些"左"的嫌疑，但将这一"事件"置于特定时空中进行考察，又是那样的入情入理。

"现在是团结抗战的时候，大敌当前，我们的一切都是为了抗战。"（1939 年老舍致张道藩的信）成了这一时期人们唯一的追求，侵略者的暴行催发而喷薄出的亢奋的民族情感掺不得半点杂质。也正是在这一民族情感的召唤之下，这一时期国共两党出现了自两党斗争以来少有的和谐图景。丁玲、萧军、西戎、老舍、柯灵、张恨水、舒宗侨、陆诒等大批文人都对抗日战场投去了极大的关注，而我们却看到他们此时表现的军人形象，已完全淡化了阶级界限，而是立足于国家和民族立场，建构中国战场上为国家和民族独立而战的军人的民族记忆。即使是此前国共两党的浪尖人物，也适时对对方在抗日战场上有成就的作战将领进行褒扬。

戴安澜将军

"外侮需人御，将军赋采薇。师称机械化，勇夺虎罴威。浴血东瓜守，驱倭棠吉归。沙场竟殒命，壮志也无违。"（《海鸥将军千古》）这是毛泽东 1943 年 1 月敬送给中国缅甸远征军第 200 师师长戴安澜的一首悼亡诗。首联借《诗经·小雅·采薇》表达了对戴安澜将军为御外侮而久历艰苦、饱受饥寒的敬佩；颔联、颈联则历数戴将军的功绩；尾联表达了深沉的悼念之情。从"赋采薇"典故的引用，到"勇夺""浴血""驱倭""殒命""壮志"修辞指涉的褒扬意味，诗人对戴安澜将军的敬佩及由之而滋生的华年早逝的感慨充斥字里行间。

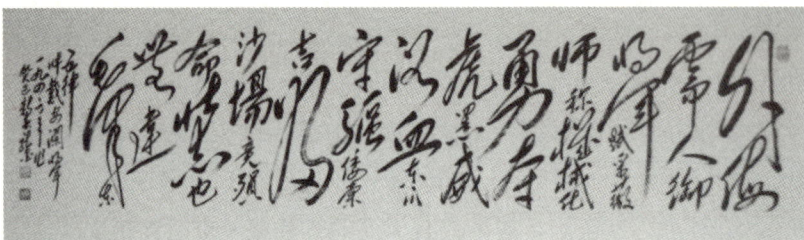

张墨仿"毛体"抄录

毛泽东生前诗作大多抒写一代伟人"粪土当年万户侯"和"数风流人物还看今朝"的壮烈情怀，他生性自信，连"秦皇汉武""唐宗宋祖"都难入其尊崇的视野，更遑论一位国军的师长?! 他的诗作中唯一出现过的他的战友名字也只有彭德怀①。那么戴安澜是如何进入他的文化视野的呢？毛泽东曾对埃德加·斯诺说："对于一个被剥夺民族自由的人民，革命的任务不是立即实现社会主义，而是争取独立。如果我们被剥夺了一个实践共产主义的国家，共产主义就无从谈起。"② 这充分表明在毛泽东的心目中，外侮当前，阶级政党矛盾已经退居次要位置，民族矛盾是当前首先要解决的问题。在延安会见史沫特莱时，他表明了更为明确的观点：共产党最关心中华民族的命运和我们后代子孙的命运。所以，美国传记作家罗斯·特里尔曾作过如此判断："毛泽东不仅是一位共产主义者，同时又是一位热情的民族主义者。"③

在中国革命的特殊阶段，毛泽东正是把握住民族矛盾的命脉，激发民族成员的豪情，才牢牢控制了民心，而毛泽东思想正是代表了大众的心声。由此，毛泽东褒扬戴安澜不就有了一个十分清晰的注脚了吗？

蒋介石即使在日本人侵入国门还提出"攘外必先安内"的主张，对于日益壮大的共产党军队总是欲置之死地而后快。然而，闻得八路军取得"平型关大捷"的消息后，他同样按捺不住内心的激动给朱德和彭德怀发

---

① 《六言诗·给彭德怀同志》：山高路远坑深，大军纵横驰奔，谁敢横刀立马，唯我彭大将军。《战友报》，1947-08-01。

② 埃德加·斯诺. 西行漫记 [M]. 北京：东方出版社，2005：425.

③ [美] 罗斯·特里尔（Ross Terrill）. 毛泽东传（Mao：A Biography）[M]. 胡为雄，郑玉臣译. 北京：中国人民大学出版社，2006：166.

电："宥（二十五——引者注）日一战，歼敌如麻，足证官兵用命，指挥得宜。捷报南来，良深嘉慰。"① 无论蒋介石内心有着怎样的"安内"情结，但从这封电文的文意层面还是可以肯定他对八路军此次战绩是嘉许的。

所以，在抗日战争时期正是在这样的以民族利益为首选的民族意识的召唤、统领下，抗战时期的名将叙事文本呈现出淡化阶级矛盾而着力建构为国家、民族而战的民族记忆。

二、亲情纠结中的名将书写

亲情是文明人类成熟的标志，它是以血缘或亲戚关系为基础而缔结成的道德或伦理关系。以亲情为基础构成的人际关系是感性的而非理性的。因此，主体与对象之间，在亲情视角的观照之下，主体的移情也就在所难免。就抗战时期的名将叙事文本而言，它集中地表现在他们的亲朋好友、妻子儿女等为他们撰写的回忆录、传记等中。所有的这类文本都呈现出基本相同的叙事框架：彰显名将生前在民族危机时的高风亮节和英雄气概，给对象罩上一道亲情的光环，而屈从于文本制作时代的意识形态，对与文本制作时代的意识形态相舛的名将言行，大多采取回避或有意遮蔽处理。其目的不言而喻的是从正面建构名将形象。

以戴安澜将军的相关叙事文本为例。戴安澜将军在缅甸牺牲后，关于他的回忆性文字很多，传记也有多个版本。而其中将军的子女东靖篱澄（戴覆东、戴靖东、戴藩篱、戴澄东之合称）的《永远的怀念——纪念戴安澜将军》② 中对相关叙事元素的处理最为耐人寻味。

在这本书后所附的"戴安澜年谱"中，1932 年是这样叙述的："7 月奉命率部参加对鄂豫皖苏区的第四次'围剿'。他对这种同室操戈一直引以为憾。"③ 戴安澜参加对鄂豫皖苏区的围剿是既成事实，这是无法回避

---

① 丛书编委会. 中国人民解放军历史资料丛书·八路军·参考资料（1）[M]. 北京：解放军出版社，1992：28.

② 东靖篱澄. 永远的怀念——纪念戴安澜将军 [M]. 南京：凤凰出版传媒集团，江苏人民出版社，2007.

③ 东靖篱澄. 永远的怀念——纪念戴安澜将军 [M]. 南京：凤凰出版传媒集团，江苏人民出版社，2007：340.

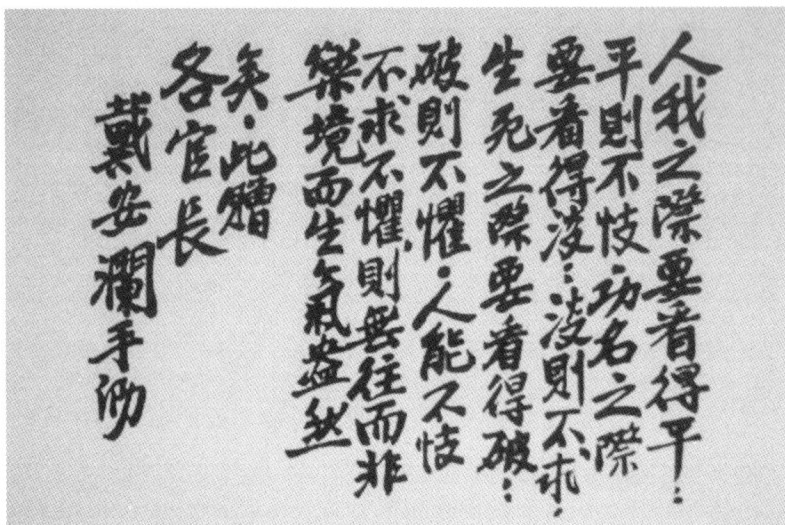

戴安澜将军手迹

的。那么，作者的"他对这种同室操戈一直引以为憾"的依据是什么呢？戴安澜真的有过这种"一直引以为憾"之感吗？将军已逝，对他的这份"遗憾"已无从考证，但是我们可以通过与其他文本的比读来认定这一"遗憾"的可信度。

1943 年 1 月，在为戴安澜将军举行盛大的悼念活动之后的两个月，即 1943 年 3 月（民国三十二年三月），在桂林编辑出版了《安澜遗集》①。这部遗集收录了戴安澜将军的部分与友人的信件、日记和他撰写的部分军事论文及十分有研究价值的小说体作品《自讼》，另外以附录形式收录了戴蔚文等的怀念性文章。其中《戴安澜将军传略》与《戴安澜年谱》可互为参照，在述及戴安澜 20 世纪 30 年代初的行迹时是这样叙述的："二十年调任第四师补充团团长。二十一年（即 1932 年——作者注）参加皖北霍邱，金家寨，阜阳剿匪诸役，迭奏奇功，自是头角渐露……"② 戴蔚文乃戴安澜堂兄，长戴安澜 14 岁，当年曾一起南下投考黄埔军校者。二人过从甚密，交往甚深，他对戴安澜是熟悉的。然而，他在戴安澜牺牲后关于"剿

---

① 安澜遗集编委会. 安澜遗集［M］. 桂林，1943.
② 安澜遗集编委会. 安澜遗集［M］. 桂林，1943：261.

匪"的述说中有"他对这种同室操戈一直引以为憾"的悔意吗？无从寻觅！甚至从"迭奏奇功""头角渐露"等词语中可看出叙事者反而对此是褒扬有加的，大有因乃弟有此一节而自豪的意味，也更看不出戴安澜对自己这一经历的"憾"意。

其实，作为职业军人，其天职就是"服从"。在政治斗争中，他们充当的是工具的角色，是没有多少话语权的。尤其是黄埔军校出身的职业军人意识中深植"亲爱精诚"的传统思想观念，对长官命令的执行几乎是不折不扣的，有很高的军人素质。既然如此，1932 年参加鄂豫皖"剿匪"只是他尽军人职责的行为，其行为本身无可指责，"迭奏奇功"和"头角渐露"正是他军人天赋得以张扬、军人抱负得以施展所能获取的最高评价。

从另一层面而言，《安澜遗集》中收录的出自将军之手的作品中，无一处指涉中共及八路军、新四军等。戴安澜将军是个自律性很强的军人，即使是战火纷飞的岁月都坚持写日记，日记的格制充分体现了他的军人简朴的风格，有话则长，无话则短，但有一点就是十分关注国家大事，这为研究他的生平、思想提供了极好的材料。《安澜遗集》中共收录了他的三段日记，即民国二十六年（1937 年）八月二日至二十七年（1938 年）一月十七日，二十九年（1940 年）一月一日至同年六月十四日，三十一年（1942 年）一月一日至同年四月十五日。后两段姑且不论，在第一段即1937 年 8 月 2 日至 1938 年 1 月 17 日期间，发生过中共军队被改编成八路军、新四军后的第一场战役，即"平型关大捷"，这一战役在中共抗战历史上可说是轰轰烈烈的重大事件，更何况指挥这次战役的 115 师师长林彪与他同属黄埔四期生，被宣传得沸沸扬扬的"平型关大捷"，为何未能进入他的视野？这不能不引起人们对于他对中共认识的想象，是不屑、不愿，抑或不能？也许都不是，而是这部遗集的编写者在编写的过程就已经作了加工，将这些比较敏感的内容给遮蔽了？"皖南事变"发生后，国共合作已经露出分崩离析的端倪，而桂林当时毕竟在国民党管辖内，对出版物进行管制或修改当属正常。

如此，其子女所整理的《戴安澜年谱》中何以要对此事作"他对这种同室操戈一直引以为憾"的叙事辩护也就容易解读了。戴蔚文之谓乃弟"迭奏奇功""头角渐露"是基于国民政府的视角所作的褒扬，而将军子女们之谓"他对这种同室操戈一直引以为憾"是基于中共一方的视角遮蔽，

戴安澜将军墓园（安徽芜湖赭山公园内）

事件本身在此显得并不重要，倒是不同的叙事视角而致的叙事差异让读者体会深藏其中的策略是如此复杂与耐人寻味。

亲情叙事的另一表现形式出自名将的亲朋好友，他们出于同上述名将子女们相同的叙事目的，对一些不适应政治语境的叙事要素予以回避、遮蔽，对叙事对象作尽可能适合叙事当下语境的想象，以使对象获得最高的价值认定。关于张自忠将军的叙事最能说明这一点。

1940 年 5 月 16 日，抗战正面战场第五战区右翼兵团司令兼三十三集团军总司令张自忠将军在枣宜会战中壮烈殉国。作为正面战场牺牲的最高指挥官，张自忠将军的殉国，直令举国悲痛，民国三十七年（1948 年），"张上将自忠传记编纂委员会"编写出版了一部十九卷本的《张上将自忠纪念集》（全一册），其中收录了冯玉祥将军最早发表于 1940 年 7 月 13 日《新华日报》上的《痛悼张自忠将军》①。在这篇悼文中，冯玉祥以诗人那饱蘸激情的语言叙说了张自忠"军人中的模范"的一生，充分肯定了张将军"英勇果断""肯牺牲自己""吃苦耐劳"等优秀品质，而对张自忠将

---

① 张上将自忠传记编纂委员会. 张上将自忠纪念集［C］. 上海：张上将自忠纪念委员会，民国三十七年九月九日，卷十四·悼文三六。

军在"卢沟桥事变"前职任天津市市长、后代理冀察政务委员会委员长、绥靖主任及二十九军军长期间，与日本人折冲、甚至妥协退让，以致有人将其污为"汉奸"①的经历只是轻描淡写地带过："民国二十五六年的时候，华北造成一个特殊的局面；他在这局面下苦撑。虽然遭到许多人对他的误会，甚至许多人对他的辱骂，他却心里有底子，本着忍辱负重的精神，以待将来事实的洗白。"②尽管后来的事实证明张自忠的这段历史被人误解，然而，在历史未作定论之前，冯玉祥对这段备受争议历史的叙述明显是有选择性的，而这一选择性缘于冯先生的亲情立场，这又与他们两人之间的关系有密切的关联。张自忠自1906年经由车震的举荐认识冯玉祥直至殉难，三十多年间，他们始终保持着十分密切的关系。在他们最后一次见面时，张自忠曾说过这样感人的话："尽我所有的力量报效国家，不给先生丢脸。活着我要活一个样子，死也要死一个样子。"③对冯玉祥的知遇之恩，张自忠欲以自己的"样子"相报！"样子"其实正是中国人最为看重的人格。叙事主体与对象之间的师生、父子、袍泽之情浸淫着的叙事之笔极其细致地叙说了张自忠性格中的丰富层面。

三、跨国族视域中的"他者"书写

海登·怀特认为，历史永远不仅仅是谁的历史，而总是为谁的历史。不仅是为某一特定意识形态目标的历史，而且是为某一特定社会群体或公众而书写的历史④。所以，在新历史主义者眼里，历史书写者所站的立场决定了历史文本的叙事倾向，历史本事与历史文本之间的关系总是处于疏离状态。米歇尔·福柯（Michel Foucault）在论及权力与意志的关系时就

---

① 见《大公报》（1937.9.28）《勉北方军人》：在北方军人的老辈中，便有坚贞不移的典型。段祺瑞先生当日不受日阀的劫持，轻车南下，以民国耆老死于沪上，那是北方军人的光辉。最近北平沦陷之后，江朝宗游说吴子玉先生，谓愿拥戴他做北方的领袖，经吴先生予以断然拒绝。这种凛然的节操，才不愧是北方军人的典型。愿北方军人都仰慕段、吴两先生的风范，给国家保持浩然正气，万不要学鲜廉寡耻的殷汝耕及自作聪明的张自忠！

② 张上将自忠传记编纂委员会. 张上将自忠纪念集［C］. 上海：张上将自忠纪念委员会，民国三十七年九月九日，卷十四·悼文悼文三九。

③ 冯玉祥. 痛悼张自忠将军［N］. 新华日报，1940-07-13

④ ［美］海登·怀特. 后现代历史叙事学［M］. 陈永国，张万娟译. 北京：中国社会科学出版社，2003：105.

认为，对权力的控制其实就是通过对话语的控制来实现的，反过来说，控制了话语权也就控制了权力。爱德华·萨义德（Edward W. Said）也曾说过："叙事产生权力，叙事还可以杜绝其他叙事的形成和出现。"① 所以，尽管在抗战初期国民党迫于各方压力与中国共产党组成抗日民族统一战线，国民党对中共的限制与封锁也相对松动，但好景不长，到1939年夏国共两党关系再趋紧张，于是国民党又加紧了限共、反共的步伐。其中双方除了军事斗争外，通过对叙事的控制来达到争取话语权的努力就势所必然。而跳出阶级的束缚，以第三方即"他者"的眼光来审视抗战时期的中国抗战名将的叙事文本又呈现出独特的审美趣味。

摆脱了阶级的羁绊，就避免了功利之心的介入，也就摆脱了权力的斗争。以如此超脱的心态来对待叙事对象，也就使叙事笔调显得异常的冷静与客观，当然对问题的观察与分析就更为明晰与深刻。

抗战时期西方国家来中国的记者笔下的中国抗战名将文本是其中最有代表性的作品。这些西方国家的记者中给国人印象深刻的当属阿格尼斯·史沫特莱（Agnes Smedley，1892—1950）与埃德加·斯诺（Edgar Snow，1905—1972）。而后者的《红星照耀中国》（又译《西行漫记》）被毛泽东评价为立下了"可与大禹治水相比"的功劳。1938年这部作品的胡愈之译本面世后，在中国掀起了轩然大波，它的影响远远越过了共产党人的预期。因为在新闻遭封锁、身份被"质疑"的状态下，共产党人几乎被剥夺了话语权，让世人无从知晓共产党人的真实身份与追求，于是在被控制的主流话语的引领下，共产党人也就被界定为让百姓望而生畏的"匪"。

"匪"在汉语语境里为极端贬义色彩的词，指涉的是专事打家劫舍、有组织、有武装的团伙。它们是被主流意识形态摒弃的边缘群体。共产党人就曾被指为"匪"。1931年5月11日《申报》即有这样的报道：《贺龙残匪溃窜干溪——段匪②被困莲花寺一带》

汉口通信、贺龙残匪、前审踞薛家坪、果盒坪一带、经各军追剿、伤

---

① Edward W. Said, Culture and Imperialism, Published by Vintage 1993, p. XⅢ.
② 段德昌（1904—1933），字裕后，号魂，湖南南县人，中国工农红军杰出的指挥员，1925年6月加入中国共产主义青年团，同年转入中国共产党；曾参加北伐战争，与周逸群、贺龙同为湘鄂西革命根据地的主要创始人，1933年成为王明"左倾"路线的牺牲品。

亡极多……现袁传佟三团、拟占领罗家集后、即向贺匪围击、同时袁团广营、已进剿洋坪残匪、又段匪残部、现在余家坪以北之莲花寺熊口市一带、大肆骚扰，已调李团星夜进剿……

在这里，无论是贺龙还是段德昌，共产党人的身份一律被认定为"匪"，而且与行文中的"大肆骚扰"行为相吻合。这一身份认定不仅将共产党人排挤到政治的边缘，还让共产党人在民众心目中造成十分恶劣的影响。然而，在话语权被别人操控的时代，这种强行的身份认定又是无法辩白的，因此，埃德加·斯诺的《红星照耀中国》的出现就以第三方的声音为共产党人作了身份辩护。

那么，斯诺又是如何书写中共抗战名将的呢？在《红星照耀中国·贺龙二三事》里，叙事者巧妙地通过李长林转述了作者认同的关于贺龙的叙事要素，不妨列之如下：

①"贺龙的部下就在那个时候也不是土匪。"

②"一个客人想证实（贺龙青年时代的胆大勇敢）是真是假，他在桌子底下打了一枪。他们说贺龙连眼都没眨一下！"

③"并不抢掠百姓。"

④"他的部下也不像许多军阀部队那样糟蹋民女，大肆吃喝，他不准他们抽大烟。"

⑤"贺龙除了军事之外没受过多少教育，但他不是一个无知的人。"

⑥"据说贺龙在湖南用一把菜刀建立了一个苏区。"

⑦"这支队伍在往西北长征中……成千上万的穷人在征途中参加进来填补缺额。"

⑧（哥老会中）"贺龙的辈分最高"。

⑨"他是个大个子，壮得像只老虎。他从不疲倦。"

⑩"他喜欢马。有一次，他特别喜欢的一匹漂亮的战马被一股敌军掠获，贺龙为了夺回他的马去打了一仗，果真夺了回来！"

⑪"贺龙虽然急躁，但很谦逊。"

⑫"自从加入共产党后，他对党一直忠心耿耿，从不破坏党的纪律。"

⑬贺龙憎恨富人在中国也已成了传奇。

⑭"（被贺龙抓的一个瑞士传教士波斯哈德，被判决关18个月。期满

获释后还给了一笔路费去了云南。）令大多数人惊讶的是，波斯哈德牧师非但没有讲贺龙的坏话，相反，据说他对贺龙的评论是：'要是农民知道共产党是什么样子，他们就不会有一人跑走了。'"①

这是按文本的条理罗列出来的叙事要素，其实可以将其整理为三个叙事层面：

（一）内在品质：②⑤⑩⑪⑫项可以概括为：贺龙有着十分优秀的内在品质——纯朴、勇敢、聪颖、豪气、忠诚、谦逊，有点急躁；

（二）外在特征：⑨项可以概括为：贺龙给人的印象是剽悍；

（三）百姓（世俗）认同：③④⑥⑦⑧⑬⑭项是百姓对贺龙的认识，可以概括为：贺龙和他的部下纪律严明，善待百姓，在普通民众中有很高的威望，他们站在老百姓一边，与富人为敌，这一点连外国传教士都不得不承认，所以深得民众的热爱，愿意把子弟送到贺龙的部队。

斯诺的叙述条理性非常强，逻辑也十分缜密，假如将他的这三层叙事意味叠合在一起，那么原本平面的三个属性即立体化地凸现出贺龙优秀的内在品质，他爱憎分明，深孚民望，在民众心目中，他是一位高大威武的英雄。唯一的不足是"有点急躁"，然而，"急躁"的性格特征体现在军人身上时，却恰恰表现出军人的血气和刚性。如此说来，这后13项要素具有强大的内在张力，它们通过叙事者的匠心组合所建构的形象，恰好与①项相呼应。其实，岂止是呼应，而是对"贺龙及其部下是土匪"这一判断的实质性颠覆！叙事者跳脱阶级束缚后，以第三者无功利、冷静的视角看到的是对象身上那鲜活的人性。

然而，"他者"身份具有跨国族性，文化上差异造成的隔膜是无法避免的，如是导致叙事时的茫然甚至偏差都是在所难免的。史沫特莱一次在采访张自忠将军时问："中国的傀儡汉奸这么多，主要原因是什么？你的看法如何？"张自忠仅仅回答了两个字："无知"，"话刚出口，他的身子就发抖，神情发愣，两眼发直，紧紧地凝视着我。"② 这就是文化隔膜造成的

① 埃德加·斯诺. 西行漫记 [M]. 董乐山译. 北京：生活·读书·新知 三联书店，1979：42-46.

② 艾格尼丝·史沫特莱. 中国的战歌·有良心的将军 [C] //史沫特莱文集（1）. 北京：新华出版社，1985：394.

尴尬。"汉奸"是有正义感的中国人认为最低贱、最为人不齿的民族败类，而此前媒体对他的"汉奸"身份的指认已在他内心郁积成挥之不去的阴影，深深地困扰着他呢，"哪壶不开提哪壶"！难怪对记者一向很客气的张自忠气得冲口而出"无知"了。

四、自我叙事中的生命书写

自我叙事（Self-narrative）就是谈自己生活体验的故事，是展现出"我是谁"的自我调查性故事，这些故事会包括诸如自传体形式的小说或散文、成长小说、自传、私人书信、日记、个人采访稿等文类①。如果我们把前述非个人化的"他者"想象界定为公共话语系统，那么这种个人化的自我想象就可以界定为自我叙事系统。倘以叙事者与接受者之间的关系为考察标准，可以把它们分为两大类。叙事者与接受者的身份分离为一类，或者说叙事者的目的是想通过叙事的碎片来为有限存在的自我建立自我生命历程的"纪念碑"，使得本是普通的个人故事与世事变化结合起来，赋予普通的个人人生经历以国族层面上的意义，个体偶然的生活体验被提升为群体或民族的必然生命过程。其目的无疑是通过个人故事的诠释获得当下政治、道德等的默认与首肯甚至是嘉许。"台儿庄战役"结束后，随着战场的转移，担任"清道夫"的殿后工作是最出力不讨好的活，随时都有可能被追击的敌人攻击。战争结束后有人作如是回忆："这时敌人大包抄过来，北边的于学忠部队也垮了，我们不能打下去，我叫张自忠先退，我部随着张部退却。我自己在最后指挥，敌人沿着铁路截击，天上飞机来，地下战车跑，我带着战防炮，掩护在村庄里，晚上才敢行动。"② 果真如此吗？兹征引两则资料：

（5月）16日，第5战区长官部命令徐州附近各部队由日军兵力不足的西南面向豫、鄂、皖地区突围。同时命令第27军团长张自忠指挥第59军，第21、第27、第139师占领徐州西北的九里山，西面之郝寨、夹河

---

① 书写我的生命故事：自我叙事与身分认同 ［EB/OL］.（2010-01-16）. http：//163.21.74.4/gesju971/PPT/923.ppt.

② 孙连仲.徐州会战简述［C］//文闻.我所亲历的台儿庄会战.北京：中国文史出版社，2005：43.

寨，西南的萧县、凤凰山、霸王山一线阵地，阻击日军，掩护主力撤退①。

5月16日，日军第9师团已进至萧县附近，正与赶往阻击的第139师激战中；日军第16师团亦接近谢场，徐州已直接受到威胁。李宗仁为避免在不得已形势下进行决战，决定放弃徐州作战略转移，遂令张自忠指挥徐州西北的第59军、第92军的第21师第27师增援第139师，在萧县、郝寨阻击敌人，掩护主力集结。同时下达了转进命令……张自忠奉令后，以第27师占领徐州东北的九里山阵地，以第59军（欠第180师）占领郝寨、夹河集一带阵地，以第92军（附第180师）占领萧县及霸王山一带阵地，掩护主力集结②。

比较上述孙连仲的回忆性叙述，尽管可以将前者解释为因时间关系回忆具有不确定性，然而，从历史叙述角度来看，他的这一"不确定性"叙述是无意呢还是有意为之，是否有"抢功"之嫌呢？死者长已矣，已经不会再为之辩解了，却不知当时随张将军担任掩护任务而幸存者，看到孙先生的这段话作何感想了。因此，这类自我书写，从本质上与上述非自我叙事的文本作用等同，通过重新反思自己的经验，汰除不合当下认同的因素或对不合当下认同因素作出新的诠释，以使自我得到顺应当下的形象重构。它有无法回避的功利倾向。

另一类则是叙事者与接受者的身份是同一关系，也就是说他既是言说者又是倾听者。这一类主要以日记为代表。而日记的最大特征是它的自我服务性，也就是为自我生命体验作一符合生活真实的记录，一方面为了强化记忆，另一方面是为了加强反思。如此也就决定了日记的私密性强而社会性被弱化的特征，使得叙事者在文本中表现出对当下人性的世俗化趋同，从而消解了社会性文本的崇高而彰显出"真我"。这一点在戴安澜将军的日记中被表现得淋漓尽致。

在公共话语系统中，戴安澜将军被书写成几乎完美无缺的民族英雄，有着英俊的外表、优秀的品格，作战勇敢、好学、勤恳，处事冷静而果断，好长官、好父亲、好丈夫……作为英雄的品性几乎无所不备。归根结

---

① 张宪文. 中国抗日战争史［M］. 南京：南京大学出版社，2001：455
② 郭汝瑰，黄玉章. 中国抗日战争正面战场作战记［M］. 南京：江苏人民出版社，2002：726–727.

底，公共话语系统建构的形象是崇高的。那么，自我叙事又是怎样的呢？且征引戴将军日记中的片断并略加评析：

> 到保（定）时，复大雨，疲惫不堪！惟闻沪战有利报告，精神复感兴奋。衣服尽湿，行李未来，潮湿的服装，惟有以热情温之了。（民国廿六年八月十四日）①

人道军人是冷血动物，难得激动，更无浪漫，不意戴将军却有着因"闻沪战有利"报告而在凄风苦雨的行军后以热情来温暖潮湿服装的浪漫情怀！

> 东（戴覆东，将军之长子——引者注）儿腹痛之疾，时愈时犯，为之系念不已。（民国廿六年八月三十日、三十一日合记）②

都说军人在腥风血雨中磨炼出的是粗粝人性，曹聚仁先生就曾说过："军人的性格，只能说是粗线条，经不起细细分析。"③ 却未曾想戴将军却有如此细腻的舐犊之情。

> 夜间一算题想不通，一夜工夫，而想不通一题，如何是好。（民国廿六年九月三日）④

勤奋、苦学、不服输的性格自不必说，但苦思无果而抓耳挠腮的无奈窘相实在是让人忍俊不禁，急躁的性格亦立跃纸面。

> 午后何代团长来，出示雒乃平致伊电报，谓我"权术凌人"，至为气愤；伊因我恶其不尽实作事，而予以警戒，离我之后，竟加恶评，我国之败坏，实由于此辈人太多也。奈何！（民国廿六年十一月廿五日）⑤

只道戴将军人格完美无瑕，人尽钦佩。却也竟有人"恶评"其"权术凌人"。事情的起因无从考证，但部下"意见"却不会是空穴来风。

> 几日生活，将规律破坏净尽，过后思维，悔之无及，毅力不足，后切

---

① 安澜遗集编委会. 安澜遗集［M］. 桂林，1943：44.
② 安澜遗集编委会. 安澜遗集［M］. 桂林，1943：51—52.
③ 曹聚仁. 采访外记 采访二记［M］. 北京：三联书店，2007：152.
④ 安澜遗集编委会. 安澜遗集［M］. 桂林，1943：54.
⑤ 安澜遗集编委会. 安澜遗集［M］. 桂林，1943：80.

戒之！戒之！（民国廿六年九月十二、十三、十四日同记）①

是什么样的"生活"让钢铁一般坚强意志的将军事后"悔之无及"，并自我警戒？与这相同的另一则日记：

由全（州）归来，沿途细思近来行动出轨之症结，就过去努力自修，原为立身处世打基础，今已粗具规模，理应更进一步。而今反在希望之时，自行堕落，此为器小易盈之过，今后当痛改之。（民国廿九年五月廿三日）②

公共话语系统中的戴安澜总是借他的"人我之际要看得平，平则不忮；功名之际要看得淡，淡则不求；生死之际要看得破，破则不惧。人能不忮不求不惧，则无往而非乐境而生气盎然矣。"来品评他的道德甚至人格水准，由"平""破""淡"可以判断戴将军有很强的自律精神，有极强的自控能力，属理智型性格，是不会轻易冲动的。却如何有"出轨""堕落"后的"痛改"呢？对生活失去希望，自我沉沦，沉湎于吃喝玩乐而不能自拔谓之堕落。这是一个对人精神层面负面评价十分严重的词。尽管现在已无从考究其"出轨""堕落"行为所指为何，但是，其行为已经背离社会的普泛价值准则，却是毋庸置疑的。从人性角度给我们留下了十分广阔的想象空间。

在日记中另一纠缠他的是关于"戒烟"，不妨罗列一处：

又全师今日举行戒烟，此事为更生之实验，又为国民经济节约之图谋，今已开始，望以恒心持之。（民国廿九年五月一日）③

对"戒烟"认识深刻，并勉励以"恒心"持之。结果又怎样呢？民国三十一年（1942年）连续的几则日记，更让人感觉到人性的弱点。

"今日有一重要事足记者，即余于今日彻底戒吸卷烟是也，余以最大决心，与最久之恒心与烟癖搏斗，不达目的则毋宁死。"（元月二十一日）似乎信誓旦旦，非戒不可。"今日早起，又因烟癖而致延迟。虽然延迟，但因戒绝之过程中有一重要之收获，两相比照，亦甚得也……夜八时即就

① 安澜遗集编委会. 安澜遗集［M］. 桂林，1943：56.
② 安澜遗集编委会. 安澜遗集［M］. 桂林，1943：132.
③ 安澜遗集编委会. 安澜遗集［M］. 桂林，1943：128.

寝，此亦因烟癖之作祟也，可畏哉。"（元月二十二日）明显有难以抵御烟癖来袭而信心不足了。果然，"晨在×团，对戒绝卷烟甚是得意，午后回来，又吸半支，懊悔不已，并发誓今后绝不再吸矣。"（元月二十四日），吸后"懊悔"，并再次发誓，但不到一天又犯："昨晚失眠，今早起晏，又因昨夜复吸卷烟，懊悔无已，岂余终不可救药耶……夜静思忍过。"（元月二十六日）后来的几天或谓"此次必将烟癖戒除也"，或曰"特为睡觉，以免再犯"等等。有人说"戒烟之难，难于上青天"，这不免有些夸张，但有过戒烟经历者必有体会，看似小事，但非意志顽强者不能成功。从戒烟一事的叙述所折射出的将军的意志力并不十分坚强，然而在与"烟癖"的拉锯战中人性的弱点与理智的对决，活画出人性的真实。

日记中暴露人性的弱点，有些甚至是隐私，其目的是自我勉励。如此，如果公共话语系统建构的形象是崇高的话，那么，自我书写却不避甚至是认同当下人性的世俗化，它对崇高有着深层的颠覆意味也深具解构性。公共话语与自我书写间的吊诡式的呈现，大大消解了作为英雄人物的神性，但也更多地凸现出人性的光泽和温度。同时，叙事者无疑欲通过这一引发个体危机感的反思而达到身份认同的动机也生动地昭示于文本之中。

综上所述，我们发现尽管历史人物在历史中的定位自有其自明性和相对稳定性，然而基于不同文化身份的叙事者，由于视角的限制或主观上的遮蔽、理论上趋同的追求，文本中呈现的却是相异甚至是相互抵牾的现实，而无论是相融甚或是相互颠覆，都是叙事者叙事理想的真实表达。从而使叙事这一表述手段在同与异之间表现出极大的张力和无穷的审美趣味。国族叙事者建构的民族英雄的宏大叙事，亲朋好友超越政治的亲情书写，"他族"叙事者跨越文化体系的陌生观照，名将本人甚至以现实中的不屑来消解英雄却呈示出非英雄但充满人性之"真"的表述，使建构英雄与解构英雄、构筑宏大与颠覆宏大之间摩戛激荡，从而让文本呈现出丰富的文化和情感层面，也使表面抵牾、颠覆的意象最后却以看似不谐调，实则和谐、生动地共构于本尼迪克特·安德森所谓的"想象的共同体"之中了。

张自忠叙事

中国现代文学史上"张自忠"是个不太引人注目的形象，这一方面是文学史编写中主流话语在政治挂帅语境之下的有意规避；另一方面则是这一人物本身的复杂性而让人难以触摸形象核心所决定的。20世纪80年代后，意识形态对文学及文学研究的捆绑渐趋松弛，时至今日，对抗战时期正面战场战绩的肯定，对国民党军队中为民族解放而积极抗战的将领给出合乎历史真实的正面评价，均已得到各方的认同。在"抗战60周年纪念大会"上，胡锦涛同志对中国军民的前仆后继、浴血奋战的精神予以高度赞扬，并列举了八位著名将领，其中有半数是国民党军队中的高级将领，张自忠将军即为其一。现在，回望历史，比读抗战文学中有关张将军不同的叙事文本，我们会饶有兴味地发现叙事者在不同主体精神的观照之下对这一形象的叙说，不仅映照出主体身份不同的定位，更可以通过不同的文本呈现所展露出的叙事对象那丰富的性格层面和人文肌理来感受叙事那超越时空的穿透力。

一、关于"汉奸"

之所以说张自忠这一形象本身复杂，是与这一历史人物抗战时期的经历有着密切的关联。如果撇开抗战前军阀混战时期的经历，只是考察他自抗战事发至枣宜会战牺牲，我们可以为他勾勒出一条"V"形的人生轨迹。这"V"形的前端是1933年的"喜峰口之战"，"仅持大刀与手榴弹"与装备精良的日军关东军血战，并取得"毙敌千余"的重大胜利，"增强了抗战的士气"①；而另一端则是牺牲前的"枣宜会战"，"我寡敌众，致遭

---

① 舒宗侨，曹聚仁．中国抗战画史［M］．北京：中国书店，1988：51–52．

包围"，但"仍奋不顾身，指挥部下继续抵抗"，终至殉国①。谷底则是"卢沟桥事变"前担任天津市市长、后代理冀察政务委员会委员长、绥靖主任及二十九军军长一段。

张自忠将军

毫无疑问，对前后两端，历史学家在叙事文本中给予了充分的肯定："他在临沂一战挫败日军锐气，为台儿庄大捷之先声；徐州会战结束后，担负后卫，掩护大军安然撤退。其后参加武汉会战、春季攻势、随枣会战、冬季攻势均有卓越战绩。像他这样彻底将身心乃至生命献给神圣抗战的高级将官在国民党军队中是罕见的，不愧为抗战军人之魂。"②"转战各地如台儿庄随枣及此次豫鄂诸役（即枣宜会战，称说不同——引者），均亲临前线，身先士卒，敌闻将军至，无不闻风披靡"③。在历史学家的笔下，国难临头之际，张自忠将军能十足地表现出作为中国军人的优秀品质，抱"我死则国生"的必死决心，可说为抗战时期的中国军人作了一次

① 舒宗侨，曹聚仁. 中国抗战画史［M］. 北京：中国书店，1988：275.
② 张宪文. 中国抗日战争史（1931—1945）［M］. 南京：南京大学出版社，2001：841.
③ 舒宗侨，曹聚仁. 中国抗战画史［M］. 北京：中国书店，1988：276.

完美的人格呈示。

但是，人生谷底的经历，在人们的记忆中能够轻易抹去吗？其时在全国影响力极大的民营报纸《大公报》（1937年9月28日）曾刊有一篇《勉北方军人》的文章，其措辞十分尖刻，在大力颂扬老将段祺瑞和吴佩孚具有民族气节的同时，把张自忠与汉奸殷汝耕并列一处：

在北方军人的老辈中，便有坚贞不移的典型。段祺瑞先生当日不受日阀的劫持，轻车南下，以民国耆老死于沪上，那是北方军人的光辉。最近北平沦陷之后，江朝宗游说吴子玉先生，谓愿拥戴他做北方的领袖，经吴先生予以断然拒绝。这种凛然的节操，才不愧是北方军人的典型。愿北方军人都仰慕段、吴两先生的风范，给国家保持浩然正气，万不要学鲜廉寡耻的殷汝耕及自作聪明的张自忠！

以段、吴"坚贞不移""凛然的节操"和"浩然正气"，反衬出殷汝耕与张自忠的"鲜廉寡耻"与"自作聪明"，行文重点显然落在后二人的身上，其叙事的倾向由此可见。当时，南京政府军政部派驻北平的简任参事在考察了北平情况后给南京的电报里也说："日人提出此间要员更动，艳实现。自忠、燮元、允荣、毓桂、张璧、仲孚、觉生将主要政，汉奸全获胜利。"① 言之凿凿，他的"汉奸"身份显已被官方与民间一致认同。

后来的研究资料显示，张自忠之留北平并非自愿。"卢沟桥事变"发生后，我英勇的二十九军奋起抵抗，予敌重创。但与装备精良的日本关东军相比，我军连普通枪支、弹药都无法保证，更缺乏重型装备，大多数士兵手中的武器只有两颗手榴弹与一把大刀。南苑一战虽然歼敌甚众，但二十九军却也付出了惨重的代价，副军长佟麟阁、师长赵登禹殉国。在此情势之下，冀察当局作出撤出北平退往保定的决定，同时安排北平市副市长兼二十九军副军长秦德纯留下掩护撤退及维持北平的治安。秦德纯深悉在被日本人占领的北平城维持治安，必定与日本人折冲，甚至妥协退让，这样一来"汉奸"的罪名是无法逃脱的，于是坚辞留平。无奈之下，宋哲元不得不指派在担任天津市市长期间与日本接触较多的张自忠暂留北平处理

① 第二历史档案馆. 严宽致何应钦密电//抗日战争正面战场（上）[M]. 南京：凤凰出版传媒集团，凤凰出版社，2005：228.

善后事宜。张自忠当然也知道留下来意味着什么，但军人以服从为天职，张自忠也只得接受命令。送别时他曾心情沉重地对秦德纯说："你同宋先生成了民族英雄，我怕是成汉奸了。"① 事实证明他的判断是对的，仅仅过去十天时间，待到他历经千辛万苦从北平传奇般地逃出之后，果然感到外界施加给他的"汉奸"压力几乎让他艰于视听。在去南京复命的路上，若非秦德纯的精心安排，在徐州火车站他差点就被闻讯赶来的学生揪出，倘真是那样的话，后果实不堪设想。此后每当想起当时学生与民众那"打倒汉奸张自忠""声讨汉奸张自忠"的愤激声浪差点将他吞没的一幕，总让他心有余悸。不过后来在接受《申报》记者的访问时，他还是表明了自己心迹："一为北平市百万生命和历代古都的文物免遭涂炭；二为廿九军全部及各高级将领安全撤至安全地带；三为我们和平愿望的最后挣扎。""所以才忍泪吞声……暂留北平。"② 然而，人们在日本军人侵犯国土、屠杀同胞、奸淫妇女的暴行面前，对亲日分子很难保持冷静、理智与平和的心态。这一点林语堂先生在《京华烟云》中以小说的形式为我们作了精准的叙述：身为汉奸的牛怀瑜回家后想收买儿子牛国璋，想让他也去当汉奸，遭到儿子的痛骂："汉奸！汉奸！"受到妻子的指斥："滚出去！滚出去！你给我滚出去！"妹妹黛云不仅骂他是"亡国奴！卖国贼"，而且策划了一次谋杀亲哥哥的行动，尽管怀瑜不在车上，没有杀到他，但杀了他的小老婆。由此我们可以看到，民族激情消融了父子、夫妻和兄妹的狭隘个人情感，成为意识形态化的"宰制性"话语而被言说，进而被所有的话语参与者所一致认同，却成为不争的事实。因此，张自忠还未到南京，国民政府以"放弃责任，迭失守地"而将其"撤职查办"③ 也就在事情发展的正常逻辑轨迹上。

笔者无意在此考证历史事实，只是为下面文学文本的想象提供一个更好的形象参照。

二、几种不同的言说

后现代历史叙事理论认为，历史叙事与文学叙事一样，只是叙述的

---

① 李萱华，陈嘉禅. 梅花上将张自忠传奇［M］. 重庆：重庆出版社，2006：219.
② 志厚. 张自忠将军访问记［N］. 申报，1938-04-02.
③ 查办张自忠［N］. 中央日报，1937-10-09.

方式不同而已；当代后现代主义者汉斯·柯尔纳（Hans Kellner）认为，历史研究不过是一种语言操作，"所有的历史……对有知识的读者来说，都只是故事的一部分，是一种明显或隐藏的历史叙述"①。所以，"必须打消人们认为历史能真实反映过去的念头，将历史写作视为历史学家对历史的一种文字描述，与文学、艺术创造毫无二致"②。但文学叙事毕竟是虚构性叙事，"心游八极"、上天入地地驰骋玄思，却是历史文本的叙述者们无论如何也是望尘莫及的。只是无论是历史叙事还是文学叙事，其"故事"或者"情节"建构都决定于两方面因素：叙事立场与叙事风格。

马克思主义认为，现实中的任何人，都具备也必须具备两种属性：社会属性和自然属性，而社会属性是人的本质属性；恩斯特·卡西尔则认为，人类区别于其他动物的最本质的地方是人类能创造符号和使用符号，所以人是"符号动物"，人的本质属性也就是他的"符号性"，即文化属性，故文化关系是社会关系的本质，是人区别于一切动物的根本标志③。基于不同立场和起点的哲学思辨能够启发心智，但也容易置人于莫衷一是的尴尬。太抽象的文化属性，其实远不及马克思主义从生产关系角度对人的属性界定更易于为大众所认同。人的社会属性是人作为社会成员所具有的属性，也就是他的群体属性；自然属性是作为自然人所具有的生物、生理本能。如果从艺术创作角度进行探究，我们会发现，对艺术家来说，社会属性需要他们必须履行作为社会成员的义务去表现主旋律；而自然属性要求艺术家必须充分张扬自己的个性去展示不同的风格。就抗战时期的文学叙事而言，叙事者正是在这两种属性的规约之下进入想象去实现他们的叙事理想和满足大众的审美趣味的。

（一）主旋律

在主流意识形态的规约下，作家的叙事理想与大众的审美趣味其实是同构关系。从作家来说，国难当头之际，为大众塑造出不怕牺牲、勇于牺牲的人物形象以鼓舞民众士气，激发每个国族成员积极投身抗战的热情是必然的选择；而从社会大众来说，则是通过这些英雄人物来满足

① 王晴佳，古伟瀛. 后现代与历史学：中西比较 [M]. 济南：山东大学出版社，2006：59.
② 王晴佳，古伟瀛. 后现代与历史学：中西比较 [M]. 济南：山东大学出版社，2006：60-61.
③ 恩斯特·卡西尔. 人论 [M]. 甘阳译. 上海：上海译文出版社，2003：46.

民族精神与民族强盛的心理期待，在艰难的抗战岁月中寻求最后胜利的权威解释与依据，以求得精神的寄托与依靠，这是民族精神召唤下的民族自觉。所以，老舍说："艺术么？自己的文名么？都在其次。抗战第一。我的力量都在一枝笔上，这枝笔须服从抗战的命令。"① "文艺，在这时候，必为抗战与胜利的呼声。此呼声发自民族的良心。"② 范长江也曾说过，就媒体而言"抗战是个分水岭，是一个试金石"③。这样，如果我们把抗战时期的文学看作类似冼星海《黄河大合唱》那样表现中华民族团结一致、殊死抗日主题的音乐作品，那么，尽管不同声部演员的音域不同、技巧各异，但这些不同声部却都有着同一的表达主题亦即主旋律。因此这一时期的艺术家在创作过程中首先必须有"抗战第一""抗战高于一切"的心理预设，并据此进行文学创作，自己的作品方有被主流话语系统接纳的可能。

应该说生活在某一时代的作家对自己所置身时代的意识形态和社会公认的价值体系有准确的判断，否则他就不配成为一个作家，最起码不能成为一个伟大的作家。尤其是在抗战时期，有正义感和良心的作家在民族意识的感召下，无论何党何派总是默认"抗战第一"或"抗战高于一切"的价值约定。所以老舍先生的话剧《张自忠》所表现的"民族精神"，史沫特莱《有良心的将军》中"尽了天职"的道德颂赞，冯玉祥《哭张将军自忠》"民族英雄民族花"的人格定位，梁实秋先生《记张自忠将军》的"谋国之忠，作战之勇"等等，都一如周恩来同志在张自忠将军殉国三周年时所说的张自忠将军的"忠义之志，壮烈之气，直可以为我国抗战军人之魂！"④ 以正面塑造抗战时期的军民形象为原则，以激发抗战热情为归宿，在"抗战"旗帜的引领下，作家对创作主题的默认，与其说是时代向作家提出的要求，还不如说是时代对作家的召唤。

所以，上述四部作品回荡着相同的主旋律。不过，本文的兴趣并不在此，笔者所要探讨的是何以不同身份的叙事者在张自忠这个人物的叙事想象中表现出如此的一致，又为什么会呈现出不同的性格层面与人文

① 老舍. 这一年的笔［N］. 大公报（汉口），1938-07-07.
② 老舍. 三年来的文艺活动［N］. 大公报（重庆），1940-07-07.
③ 范长江. 退步与进步［J］. 新闻记者，1941，2（1）.
④ 周恩来. 追念张荩忱上将［N］. 新华日报，1943-05-16.

肌理?

（二）多声部

1. 民族主义言说

在中国现代文学史上，作为文化人的老舍形象总是勾起人们内心深处的伤悼情怀，他在人们面前的影子似乎总是那样的茕茕孑立与卓尔不群。这不仅仅是其最后自沉太平湖的悲怆记忆，更重要的原因乃是他创造的文本所建构的人物与情节系统呈现出的悲悯意境。无疑，老舍是中国文学史上一位伟大的作家，他所塑造的系列形象足以使他的文名不朽，然而他呈现给读者的人物与读者的阅读期待似乎相去甚远。纯朴的祥子由单纯走向堕落（《骆驼祥子》），激进的马威沉湎于单恋不能自拔（《二马》），坚决的王德最终对现实妥协退让（《老张的哲学》）……与鲁迅先生揭露抨击国民的"劣根性"不同的是，读者感受到的是老舍有揭露的激情，而无抨击的自觉，感性的呈现比较多，而理性的批判比较少，人性中丑恶的一面被叙事者放大以后，对读者造成巨大的压抑。这也许与他对现实的理解和创作心态有着极大的关系，"我恨坏人，可是坏人也有好处；我爱好人，而好人也有缺点……我初写小说，只为写着玩玩"①。在文化革命的时代，这样的文学主张自然不被接受。正因为此，老舍先生生前的文坛声名不佳，甚至招人非议。鲁迅先生在《致台静农》的信里批评林语堂的创作时说："如此下去，恐将与老舍半农归于一丘"（1934 年 6 月 18 日）。与老舍先生交往甚深的罗常培先生在 20 世纪 40 年代中期也说过："老舍这二十二年的创作生活，文坛上对他毁誉参半。"② 老舍政治上不属于任何派别。生活在政治强权语境之下的作家，如果政治归属模糊，派别身份不明，那势必招致群体的排挤。因为政治上不属于任何党派和集团，创作上也就无所谓"左翼"与右倾的身份认定。老舍始终保持着自己身份与创作的独立性，自然与主流意识形态形成隔膜而被指为另类。

但是，政治上的无党无派并不表明他民族立场的暧昧。抗日战争爆发后，他大张旗鼓地为民族抗战摇旗呐喊，并且身体力行地创作了大量作品，"是的，大时代到了；这是伟大文艺的诞辰，但写家的伟大人格必须

---

① 老舍. 我怎样写《老张的哲学》[J]. 宇宙风，1935，（1）.

② 罗常培. 我与老舍·老舍写作生涯（附录）[C]. 天津：百花文艺出版社，1981：279.

与它同时降生。行动,行动,只有行动能锻炼我们的人格;有了人格作根,我们的笔才会生花。""出来吧,艺术家们:青年们热烈地等着你们,呼唤你们呢!大时代不许你们'悠然见南山',得杀上前去啊!"① "在战争中,大炮有用,刺刀也有用,同样的,在抗战中,写小说戏剧有用,写鼓词小曲也有用。"② 那份情感的亢奋与激烈,既表现了一位民族主义者强烈的爱国情怀,也表现了作为作家的道德责任与义务以及由此激发的强烈的民族责任感与使命感。话剧《张自忠》为代表的抗战戏剧作品就表现出与主流话语完全合拍的声调。

话剧《张自忠》是在张自忠将军为国殉难后,受军界的朋友之托而创作的。这部作品的创作前后花了三个月时间,修改五次,但作者自己觉得"结果还是不成东西","我失败了"③。原因很简单,擅长小说人物的形象刻画,把灵动的细节点化得鲜活异常的老舍,这次使用了自己并不熟悉的话剧。所以,尽管"卖了很大的力气",然而由于"舞台需要的是'打架'","而我老是以小说的方法去述说",还是未能让"主要的事体""整出整入的掀动,冲突","结果呢,小的波痕颇有动荡之致,而主潮倒不能惊心动魄的巨浪接天。"④ 为此,对于追求完美的老舍来说,内心的遗憾是不言而喻的,但他并不后悔。戏曲这种大众化艺术形式在中国有着广泛的民间基础,故就话剧演出后取得的宣传效果而言,远远超过了小说,而抗战文艺价值的最终体现就在宣传效果上,这对老舍产生了巨大的诱惑。因此,艺术上的缺憾并没有让他放弃这种艺术形式反而乐此不疲,并最终以《茶馆》成就了中国现代文学史上最杰出的剧作家之一。从根本上说老舍前期话剧作品的艺术缺憾,是小说平面化的语言表现技巧与戏剧艺术立体化——语言的动作性之间的艺术上的不兼容造成的。

但如果抛开《张自忠》的舞台艺术技巧,从剧本叙事所建构的情节和刻画的人物形象而言,足以让这部作品在"抗战文学"中有其不可动摇的位置。剧情从张自忠重掌军权后带领军队参加"临沂之战"开始展开,经

---

① 老舍. 大时代与写家 [J]. 宇宙风,1937,(53).
② 老舍. 八方风雨 [N]. 新民报,1946-04-04—05-16.
③ 老舍. 三年写作自述 [J]. 抗战文艺,1941,7 (1).
④ 老舍. 闲话我七个话剧 [J]. 抗战文艺,1942,8 (1-2).

"徐州突围"并掩护友军撤退，到"枣宜会战"殉国。呈现在读者或观众面前的张自忠，对墨子庄之流疾恶如仇，对百姓和士兵则关爱有加，冲锋时身先士卒，撤退时掩护在后，身负重伤却坚辞后撤，面对死亡毫无惧色，临终前口中念的还是"我们要尽到我们的责任！""我们的责任"是什么？是军人对国家、民族的忠诚，是保家卫国的天职。当然，对于像张自忠这样从旧军人脱胎来的将军，思想中当然也包含了一些旧有的道德成分，那就是对封建君王的忠诚，表现在张自忠身上就是对其时国民党最高领袖蒋介石的忠诚。应该说在紧急关头，把民族的存亡置于个人生死之上，那种大义凛然、视死如归的悲壮，足以感天地而泣鬼神！特别是终幕前他说的最后一句话"敌人——近了，去死！"大概是全剧最富动作性的语言了，它不仅凸现出主人

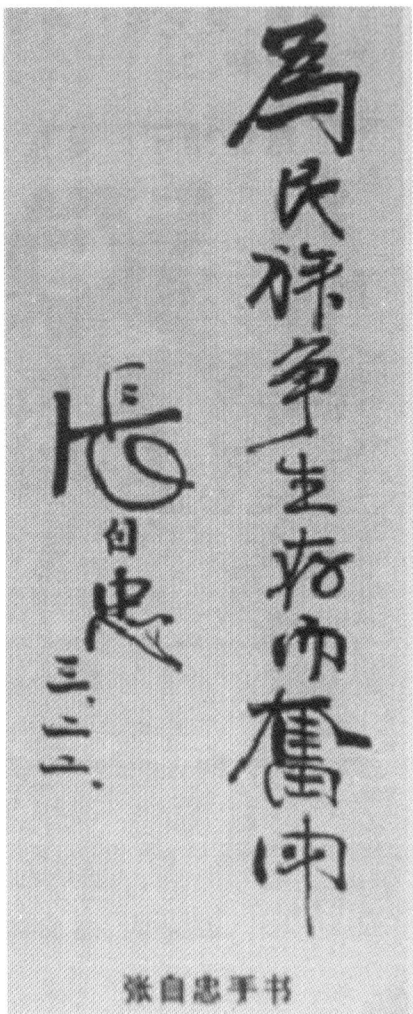

张自忠将军手迹

公的无畏，从艺术上说这一极富造型美的动作性语言，唤起的是读者或观众对抗战时期民族英雄的想象；对于老舍来说，这正是他要彰显的"民族精神"，从宣传的角度说也极具鼓动性。可以想见，此剧的演出单从剧情而言会对观众产生怎样的心理震撼，对年轻人又会产生怎样的献身沙场、保家卫国的心灵召唤！

尽管老舍在政治上不隶属于任何政党和阶级，在学术上不归于任何学

派。但他能"超脱于政党、政权之外,遵行自己的宗旨,即:为民族效力"① 他的创作从不为哪个政党、阶级歌功颂德,也不用为哪个党派进行辩护。他始终坚持自己自由独立的立场,以民族主义者的声音呼唤国民起来抗战,这在当时的作家大多寻找政治归属、急于表明社会身份的情势下,是十分难能可贵的。在民族存亡这个大是大非问题上,老舍更是表现得旗帜鲜明。1937 年 10 月,德州失陷后,他意识到"不能教我和我的笔一齐锈在家中"②,于是毅然决然地抛妻别子,踏上南下的列车,直奔当时全国抗战的中心武汉,并随即投入与抗战宣传相关的活动当中,创作了大量为群众喜闻乐见的通俗作品,包括鼓词、相声、《新三字经》、诗配画、京剧、坠子、通俗小说等等,尽管其中的很多艺术样式是他初次尝试,艺术上并无多少值得称道之处,但由于宣传效果好,他照样乐此不疲。至于"中华全国文艺界抗敌协会(文协)"的筹备成立,老舍更是立下汗马功劳。作为作家,这一时期独立或与人合作创作的抗战题材的九个话剧作品(《张自忠》为其中之一),是鼓动民众积极抗日的强劲号角。

基于这样的叙事立场,在《张自忠》中对历史材料的处理就显得极具技巧也极富审美趣味。

回顾第一部分叙述的张自忠的"V"形人生经历,无法回避和抹平那处于低谷的一段,尽管这里有误会,但这种误会与国民党抗战初期的对日政策相关,故"我不敢用"③。由此我们也可以感受到福柯所提出的权力对话语的决定作用。这样一来,一边是无法抹平的"低谷",一边是政治话语的宰制。但这难不倒小说家出身的老舍,他采用了"点化"的手法,把主人公曾经的"黑影""点化成了墨子庄先生"。剧本里的墨子庄酷似莎士比亚《威尼斯商人》中的夏洛克,以极端世故的身份出现,自诩"我有我的身份地位","在党政军学四界,四界,都有个名声,地位!"他市侩油滑,"心地卑鄙,而自诩多才"④,没有丝毫责任心和自尊心,大敌当前不

---

① 王玉林.老舍的文学思想和文学道路考辨[J].珠海城市职业技术学院学报,2006,12(2).

② 老舍.这一年的笔[N].大公报(汉口),1938-07-07.

③ 老舍.张自忠·写给导演者[M]//老舍全集(第九卷).北京:人民文学出版社,1999:204.

④ 老舍.剧中重要人物说明[M]//老舍全集(第九卷).北京:人民文学出版社,1999:210.

仅不愿意让自己的儿子上前线，"教我的儿子来送死，休想！"还唆使洪进田参谋"明哲保身，另辟途径"，"日本人来了，金子还不是金子，现大洋还不是现大洋吗？"更显示出为金钱锈蚀的灵魂，已经麻木甚至没有了羞耻感。不仅如此，他还暗中挑拨军民关系；在军中散布"无法与日本对抗"的消极言论；贪生怕死，毫无男儿气概，大炮一响立时两腿发软不得动弹，似乎八面玲珑的外表无法掩盖其虚弱的灵魂。这恰好与张自忠形成极其鲜明的形象反差。张自忠回到部队，记者采访时问他"回军的感想"时，他说："在抗战以前，乱嚷抗战而不认真去准备，是幼稚；既战而后，怀疑就是无勇无耻！中央派我回来，我带着部下去死拼！完了！"忠勇无畏、干练朴质的军人形象栩栩如生地呈现出来。

作家巧妙地将张自忠的前期"点化"成墨子庄这个代表着卑鄙龌龊的人物，并让他与代表正义光明、无私无畏的张自忠之间进行激烈的矛盾冲突，不仅解决了话剧的舞台演出受时间制约的问题，使情节更为集中，更为重要的是通过这样艺术化的处理，就把张自忠从那曾经的"黑影"中剥离出来，通过他的斗争达到对自我否定的目的。对读者和观众来说，即使对张自忠那段生活有过不理解，现在的自我否定也实现了他精神和人格上的蜕变与升华，从而让民众对这个曾经有过"污点"的人物产生宽恕之情，由宽恕而称许至认同，"点化"的艺术功效尽现于兹矣！

这样一来，从历史的角度无疑把张自忠的人生历史进行了重构，这不是脱离真实了吗？

其实，这种做法在后现代主义者眼里却是再合理不过的。海登·怀特认为，历史事件之间的关系，在历史学家从事研究时，并不显而易见地存在。这些事件之间的联系仅仅存在于历史学家的大脑里，是他们在分析这些事件时对它们进行不断的排列组合，以作出合乎情理的阐释。犹如万花筒的构成原理一样，其元素十分有限，但经过不断、反复地转动（组合），能翻出无以数计的花样，其中总有一样是你希望得到的。怀特把这一过程叫作"情节建构"①，并且指出可以通过"凝缩"：包括一些事实而排除另外一些；"移植"：把一些事实从边缘移植到中心，或从中心移置到边缘；

---

① 海登·怀特. 后现代历史叙事学［M］. 陈永国，张万娟译. 北京：中国社会科学出版社，2003：325-327.

"曲解"：把一些结合起来，而把另一些分离开来；"辅助阐释"：与读者直接对话，为一般话语的显在形式提供明确的认知基础①。其实也就是"通过'压制'和'抬高'等方法，遮蔽一些事件，突出另外一些事件"来达到建构合乎主体需要的情节②。历史文本的叙事皆可如此进行情节建构，那么，以想象为突出特征的文学作品，其"遮蔽"与"抬高"不是更可理解的吗？

老舍先生正是把张自忠将军那处于"低谷"的材料经过从中心向边缘的移置，使这一"边缘化"的历史从读者或观众的视野里淡出，如此他人生的两处峰顶也就在无形中被置于醒目位置，从而使张自忠这一人物形象在文学文本中得以重构。重构的结果，培养了读者或观众对张自忠这一形象的认同。不过，这已经不是历史上张自忠，而是剧作家主体精神观照之下、符合美学规范与现实需要的张自忠想象了。

作家建构情节、塑造人物除了与其社会属性所决定的叙事立场密切相关外，还与他的自然属性所决定的性情、气质有着极大的关系。老舍先生是个极端纯粹的人，极力追求人格的完美。这种完美人格的集中体现就是老舍先生视为"宁贫死、病死或被杀"也不能失去的"珍宝"——"气节"③，所以，日本人占领德州后，1937 年 10 月 15 日为"不能等待敌人进来，把我的那点珍宝劫夺了去"④。他竟抛妻别子，只身从济南南下武汉。其时，他们最小的孩子还只有两个半月大，对于"热爱生活、热爱孩子的人"⑤ 来说，倘或不是担心日本人来了以后逼迫他做汉奸而玷污了自己"气节"的话，他怎么可能作出如此冷酷的决定！对气节的重视与追求，内化到人性中自然成就了老舍高洁的品性与刚烈的气质，这种刚烈的气质挥发出来，我们就看到祁天佑的投河（《四世同堂》），王掌柜的悬梁（《茶馆》），大鹰的自刭（《猫城记》），王队长的自焚（《火葬》）等等，我们自然就不难理解他笔下的人物为了这一"气节"何以选择如此暴烈的

---

① 海登·怀特. 后现代历史叙事学［M］. 陈永国，张万娟译. 北京：中国社会科学出版社，2003：117.

② 赵稀方. 小说香港［M］. 北京：生活·读书·三联书店，2003：3.

③ 老舍. 痴人［N］. 文汇报，1945-12-23.

④ 老舍. 八方风雨［N］. 新民报，1946-04-04—05-16.

⑤ 冰心. 老舍和孩子们［J］. 人民戏剧，1978，(7).

方式来结束自己的生命了。而作家在"文革"时的自沉太平湖，其实也是用生命来捍卫这一"气节"最尊严的方式。

老舍还是一个感性强烈的作家，他自己曾说过："我的感情老走在理智的前面，我能是个热心的朋友，而不能给人以高明的建议。"① 感性的老舍有着丰富的想象与对题材和现实的敏感，能够让作品激越飞扬，但只凭感性来认识世界，势必缺乏应有的深度，也使得作品缺乏对现实、人物的穿透力。

回到本文，老舍性情是刚烈的，刚烈的性情养成了他宁折不弯的个性品质与气质。而这恰恰与张自忠将军因极力想"早点死! 早点光荣的死!"② 来证明自己的清白，不是产生了心灵的契合吗? 所以，老舍先生笔下张自忠的刚毅、勇武，生命最后时刻的悲壮，正是叙事者与对象之间气质的契合与生命本质的沟通。

2. 自由主义者的歌唱

从叙事角度与老舍先生的张自忠想象恰成对照的是梁实秋先生的《记张自忠将军》。

在中国现代文学史上，梁实秋先生一直是"左翼"作家论战的对象。他与鲁迅先生之间的笔墨官司旷日持久，直至鲁迅先生逝世，表面上的对垒才告结束，然而意识形态中超越个人论战范围的两大阵营之间的较量即使时至今日也还在持续着。梁实秋是一位国家社会党成员，积极主张文学的无阶级性，坚持文学必须表现人性的观念。但抗战时期"一切为了抗战"，需要艺术家应该能像老舍那样投入抗战宣传中，并能用手中之笔对抗战发挥直接的、立竿见影的作用。如此，他的这种表现抽象的、虚无缥缈的文学主张自然很难不招致非议。抗战爆发后，主持《中央日报》"平明"副刊的梁实秋写过一篇"编者按"："现在中国抗战高于一切，所以有人一下笔就忘不了抗战。我的意见稍为不同。于抗战有关的材料，我们最为欢迎，但是与抗战无关的材料，只要真实流畅，也是好的，不必勉强把抗战截搭上去。至于空洞的'抗战八股'，那是对谁都没有益处的。""我老实承认，我的交游不广，所谓'文坛'，我就根本不知其坐落何处，至

---

① 老舍. 我怎样写《老张的哲学》[J]. 宇宙风，1935，(1).
② 舒宗侨. 成功成仁的楷模 [N]. 中央日报，1940–07–08.

于'文坛'上谁是盟主，谁是大将，我更是茫茫然。"①

对于前一点，从艺术的健康发展角度进行评价，梁先生并没错，空洞的"抗战八股"不仅于抗战宣传和艺术无益，也是有限的宣传资源的浪费，而他却为此而背负了几十年"与抗战无关论"的罪名；至于后一点，言语中多少流露出对老舍等组织成立"文协"的揶揄。为此，老舍曾针锋相对地予以回击：

本年12月1日，贵报《平明》副刊，梁实秋先生之《编者的话》中，竟有"不知文坛坐落何处，大将盟主是谁"等语，态度轻佻，出语僄薄，为抗战以来文艺刊物上所仅见。值此民族生死关头，文艺者之天职在为真理而争辩，在为激发士气民气而写作，以共同争取最后胜利。文艺者宜首先自问有否拥护抗战之热诚，与有否以文艺尽力抗战宣传之忠实实现，以自策自励。至若一抽象名词（指中华全国文艺界抗敌协会——引者注）隶属于谁之争议，显然无关重要，故本会虽事实上代表全国文艺界，但决不为争取"文坛坐落所在"而申辩，致引起无谓之争论，有失宽大严肃之态度②。

从本质上看，他们的文学主张并非水火不容，方向是基本一致的，只是民族主义者的老舍态度更为激烈、纯粹，而自由主义者的梁实秋则较为温和、平实。晚年时期的梁实秋曾写过一篇精致的散文——《记张自忠将军》，回忆在抗战期间访问张自忠将军时的所见所闻。那么，在这位"左翼"文坛论敌者的笔下，张自忠又是怎样的呢？除表现张自忠的"忠""勇"之外，给人印象最深的是"简单"。"简单"，不仅是全文的叙事起点，还因为贯穿始终，所以还有着十分强烈的结构意义。住得"简单"："土屋""木桌""板床""薄被"，"四壁萧然"，简单到"令人不能相信其中有人居住的程度"；人更"简单"：身躯高大，光头净面，衣着普通，不善言辞与应酬，"对于政治军事一字不提"，"可是眉宇间自有一股沉着坚毅之气"；吃得"简单"：青菜、豆腐，肉片、肉丸"点缀"其间。而对于张自忠那段"低谷"，文章只字未提！

吃、住的简单是因为主人的简单，这种简单不是大脑简单，而是人格

---

① 梁实秋. 编者的话［N］. 中央日报·平明，1938-12-01.
② 老舍. 给《中央日报》的公开信［C］//中国现代文艺资料丛刊（第一辑），上海：上海文艺出版社，1962.

的质朴无华，品格的高洁通透。是为人性中的单纯之美。梁先生笔下的张自忠身上没有政治的痕迹，没有阶级的标签，甚至没有作为威猛军人的强悍气魄，只是如一介书生的"温恭蕴藉"。这里没有弥漫的硝烟，没有隆隆的炮声，更没有腥风血雨，只有战争间歇的恬静。战争的血腥与暴力似被作者恬适情怀覆上一层温情的面纱而悄然隐退。这正是作者雅适情怀浸润过的人、物、景。

梁实秋先生素被称为"四雅之士"，即雅文、雅舍、雅士、雅量。"雅"是他人生的最佳境界，是人格的最高品位。雅的本质就是本色而不张扬，简单而不繁复。"文如其人"，他的这一品质向作品渗透，作品自然也就烙上相应的痕迹。他在《论散文》中写道："散文的美妙多端，然而最高理想也不过是'简单'二字而已。简单就是经过选择删芟以后的完美的状态。"雅到极致即为"简单"，所以散文"简单"境界与人物"简单"境界的遇合并非偶然，恰是作者对人生"雅境"追求在作品上的扩展与延续。在这一点上，梁实秋与老舍之间的气质差异是明显的。这只需一事即可看出。1938年8月左右，同居重庆的他们都叙写过这段生活。相同的居处，梁实秋先生跳荡如珠玑的文字呈现的"雅舍"尽管"瘦骨嶙峋，单薄得可怜"，"有窗而无玻璃，风来则洞若凉亭，有瓦而空隙不少，雨来则渗如滴漏"，但梁先生却有着独特的美感体验："看山头吐月，红盘乍涌，一霎间，清光四射，天空皎洁，四野无声，微闻犬吠，坐客无不悄然！""细雨蒙蒙之际，'雅舍'亦复有趣。推窗展望，俨然是米氏章法，若云若雾，一片弥漫。"[①] 所以它是"有个性""可爱"的"雅舍"。那份恬然自适、随遇而安的宁静心态与老舍恰成对照：

重庆的房子，除了大机关与大商店的，差不多都是以竹篾为墙，上敷泥土，因为冬天不很冷，又没有大风，所以这种简单、单薄的建筑满可以将就。力气大的人，一拳能把墙砸个大洞。假若鲁智深来到重庆，他会天天闯祸的。这种房子盖得又密密相连，一失火就烧一大片[②]。

行文中不乏幽默之处，但这房子是仅能"将就"着住的"简单、单

① 梁实秋. 雅舍小品全集［M］. 上海：上海人民出版，1993：4.
② 老舍. 八方风雨［N］. 新民报，1946-04-04—05-16.

薄"的住所而已，既看不出有什么可爱，更无法感受其何美之有，反而传递给人强烈的"失火"焦虑。

因此，从这一意义出发，梁实秋先生将张自忠将军那人生低谷段之排斥于笔端，完全是为了这一充斥政治意味的"芜杂"不致伤害到作者所极力追求的"简单"。为实现这样的目标，对象的"芜杂"竟被轻易"删芟"了！

张自忠将军墓园（重庆北碚区梅花山）

3. 亲情的哀泣

与老舍对张自忠的认识处于感性层面完全不同，冯玉祥先生与张自忠有着深厚袍泽情分。自 1906 年经由车震的举荐认识冯玉祥直至殉难，三十多年间，他们始终保持着十分密切的关系。所以，闻知张自忠殉难的噩耗，冯先生声泪俱下、饱含真情地吟下了一首哀歌：《哭张将军自忠》①。如果说老舍在话剧中是很理性地按照写作前的叙事理想去"建构情节"的话，我们透过文本看到的叙事者是一种冷静的姿态，也许他的内心也是心

---

① 参见《新华日报》1940 年 7 月 17 日。

潮澎湃，但最起码表面上是一副冷峻的面孔，似乎在叙说一件与己无关的事；那么，冯玉祥先生这首诗却是袍泽情深的真情流露。诗题里劈面的一个"哭"就有一种震人心魄的修辞效果。中国文化赋予了男人"有泪不轻弹"的刚性品格，更何况是经历无数风雨、饱经沧桑的钢铁一般的冯玉祥！不是情到真处，不是伤到心里，如何会露出男人那羞于对人的一面。整首诗都是在这样的情绪中激荡而出的。诗基本以七言的格式，三十行的篇幅叙述了张自忠将军生平中的重要经历，作为军人所需具备的一切优秀品质，夸赞他是"爱国""爱民""爱兵"的"大英雄"，是"民族英雄民族花"！

我们无须苛求这种直白、浅显的"丘八诗"，说它们"热烈有余""深刻不足"。与话剧的宣传功能一样，这种浅显的诗歌形式在抗战时期有着广大的读者群体。因为那一时期的普通士兵或百姓很少受教育，这种通俗易懂、押韵上口的诗句与民间的"打油诗""顺口溜"十分相似，无须太多的琢磨即能理解，故而赢得了下层士兵与民众的青睐。而作为战争的主体，这部分人是最需要国家与民族、英雄与英雄主义的思想启蒙，激发他们为国家民族而英勇献身的豪情。冯玉祥先生当然深谙此理，他在作品的最后写道："我们谁人又不死？／而此死法为第一！／随我朋友已服纱，／个个决心把敌杀，／我们要学张将军，／死在阵前不死家。"

不过，与老舍站在民族主义立场以民族代言者的身份叙说不同，冯先生在诗中尽管也有"国家损失真良将""国家民族大损失"的集体性代言式抒写，但毕竟还是基于个人立场，抒发的还是"二十五年如手足""如断我臂伤我心"的私人情感。

同样，叙事过程中也会遇上张自忠将军的"低谷"，他却比老舍处理得更为干脆，仅"多少闲言能忍受"这么一句就轻而易举地把历史叙事中那"不光彩"的一页给翻过去了，并且流露出对张将军的信任和对"闲言"的不屑。这不是政治上的包庇，而是叙事者从叙事的需要出发而作出的选择。为"情节建构"的需要而作的遮蔽是正常的。在这里，我们看到后历史主义叙事理论再次得到印证。

4. "他者"的叙说

与老舍称说张自忠"尽到我们的责任"这一承载着对国家民族无限忠诚的概括性言说相呼应的，却不意是一位外国作家，她就是艾格妮丝·史沫特莱（Agnes Smedley）。这位集作家、记者、社会活动家于一身的国际主义战士，极富正义感和同情心。她积极参加以莫斯科为基地的第三国际，并且为世界各地输送领导人。在国民党对舆论进行封锁的情况下，她冲破重重阻力，把共产党及其军队积极抗战的事实报道给国际社会，为八路军募集药品，组织外国记者和考察团到延安考察，鼓动白求恩、柯棣华等外国医学专家到中国战场进行人道主义援助，与中国人民结下了深厚的友谊。她在《中国的战歌》一书中曾这样说："我一直忘掉了我并不是一个中国人！"1949 年 10 初，当新中国成立的消息传到卧在病榻上的史沫特莱的耳中，她写信给朱德总司令深情地说："假如哪一天我能重回中国，我一定要亲一亲它的土地。"① 史沫特莱在她的《有良心的将军》中说："他（张自忠——引者注）的良心驱使着他转战每个战场"②，"他临死前嘴里不停地说着：'我已尽了我的天职了'。"③

　　按说史沫特莱是西方人，尽管此次是第二次来中国，但在中国的时间并不很长，对东方文化的体认怎么如此深刻呢？她与老舍和梁实秋的身份有着某些暗合之处，她是个自由行动的革命者，没有加入美国或其他任何国家的共产党，但对革命却保持着极大的热忱。这是因为幼年时的贫困与苦难磨炼了她的意志，激起了她内心对独立、自由和人格尊严的憧憬与向往。来中国之前，她曾积极投身支持印度的民族革命；来中国之后，与中国共产党的高层保持密切接触，被称为"中国人民的老朋友"。

　　由于特殊的身份，她能超越政治与阶级甚至民族的界限，以自由主义的视角来审视、品评她所看到的一切，当然也使她笔下的人物烙上了"史沫特莱"的印痕。印痕之一就是"良心""天职"。这是从中国传统文化层面对张自忠军人形象的建构与表达，是不带任何政治与阶级色彩的。尽管在有限的时间里，她对博大精深的中国文化难有深入的研究与理解，她的这一言说方式也可能受到老舍《张自忠》的启发与影响，但她与老舍在民族主义上的内在暗合，使得她看到了与老舍相同的中国民族军人身上的

---

　　① 艾格妮丝·史沫特莱. 伟大的道路［M］. 梅念译. 北京：东方出版社，2005：540.
　　② 艾格尼丝·史沫特莱. 中国的战歌·有良心的将军［C］//史沫特莱文集（1）. 北京：新华出版社，1985：391.
　　③ 艾格尼丝·史沫特莱. 中国的战歌·有良心的将军［C］//史沫特莱文集（1）. 北京：新华出版社，1985：399.

闪光点。

但她毕竟是外国人，文化的差异是根深蒂固的。当她问张将军"中国的傀儡汉奸这么多，主要原因是什么？你的看法如何？"时，张自忠仅仅回答了两个字："无知"，"话刚出口，他的身子就发抖，神情发愣，两眼发直，紧紧地凝视着我。"① 这就是文化隔膜造成的尴尬。但她对"良心"与"天职"的理解还是相当准确的。印痕之二是对政治与阶级的超越。兹征引作者刻意叙述的一个情节：

我请我的秘书送一短笺给张自忠将军，请他许可我到那边（新四军所在地——引者注）去。后来才知道我的短笺到达时，张将军正和一位重庆来的高级军官谈话。重庆军官说新四军的挺进游击队是非法的，无权在这个地区活动！

"非法的吗？"张将军问道，"什么是合法的？什么是非法的？他们在我们的后方肃清了许多伪军，他们动员民众成立抗日救国会，他们给我们抓来了日本俘虏，这些都是非法的吗？如果是，什么是合法的呢？"

于是，他拿起笔签署许可我去访问游击队的通行证。他一边写一边说："这又是一个政治问题。因为游击队队长是共产党，游击队便是非法的，非法个屁？只要一个人打敌人，他的政治观点如何，我才不管！"②

她不惜笔墨为我们建构的这个情节饶有趣味。如果联系恰好一年后的"皖南事变"来思考，国民党在对日作战的同时，对共产党领导的新四军的发展极为不满，采取了积极的压制甚至残酷的军事镇压手段，对八路军、新四军进行严密的舆论封锁。因此，为记者签署通行证，允许她经国统区进入新四军的驻地，无疑是个十分敏感的政治问题。作者笔力集中之处，展现的是张自忠将军那种敢作敢为的果敢风格，不怕涉嫌"政治"地为新四军所作的"辩护"，昭示出将军独立的人格与价值标准。这正是叙事者"超越政治"的叙事理想在对象身上的清晰投影，也是通过所表现的人物将主体叙事理想完美折射与呈现的典型例证。

---

① 艾格尼丝·史沫特莱. 中国的战歌·有良心的将军［C］//史沫特莱文集（1）. 北京：新华出版社，1985：394.

② 艾格尼丝·史沫特莱. 中国的战歌·有良心的将军［C］//史沫特莱文集（1）. 北京：新华出版社，1985：397-398.

　　文学作品是作家想象的产物，即使其所涉及的是历史人物或历史事件，即使已经有了某种先在的故事模式，作家在处理的过程中不会也不可能把这一历史人物或事件作毫无差异的复现，而只能是作"蒙太奇"式的叙事再现。经"蒙太奇"处理后的故事就无一不表现和渗透着叙事者的立场与个性倾向。所以，就叙说张自忠的这四部作品而言，一方面，它们既反映了基于民族立场的在抗战时期文学必须反映抗战、为抗战服务的共同追求；另一方面，也暴露出作家的叙事立场、个性表现与艺术追求的差异对叙事的影响，更为我们呈现了表现对象丰富的性格层面与人文肌理。因此，对张自忠的叙述，老舍的悲壮慷慨，冯玉祥的英勇无畏，梁实秋的深婉蕴藉，史沫特莱的"责任"与"良心"，其实都是作家主体精神观照下的想象，它烙上了作家的个性印痕，成为蕴含着叙事者独特意味的审美表达。

冯玉祥叙事

在中国旧军人中，冯玉祥氏当为最为复杂的人物。在所有有关冯氏的文本资料中，有"基督将军""耶稣基督的好兵""倒戈将军""乱国将军""布衣将军""爱国将领""抗战名将""丘八诗人"……语义指向的复杂性、矛盾性甚至是人格的背离性，构成了中国近代史上一个独一无二的冯玉祥形象。也正是这种复杂性，使冯氏呈现给世人的生命轨迹显得奇诡与复调，更给叙事者和读者留下丰富的叙述空间与形象张力。

冯玉祥将军

冯氏原籍安徽巢县，即今安徽省合肥市下辖的巢湖市，出生于直隶青县（今属河北省沧州市）。抗战期间，他的重要经历是1933年5月26日出任"民众抗日同盟军"总司令一职，全面抗战爆发后曾任第三、第六战区司令长官、第三战区督导长官、国防最高委员会委员、军政部长、军政部陆海空军抚恤委员会委员长等职。遭蒋介石排挤后，他仍然在鄂、豫、湘、川等地为抗日摇旗呐喊、奔走呼号，募集了大量财物，为中国抗日战争的胜利立下了不朽功勋，也因此而获得国民政府抗战"青天白日勋章"、美国总统二战银质"自由勋章"和国民政府首批"抗战胜利勋章"等巨大的荣誉。而若论起以其草创、训练出的"西北军"旧班底的抗战名将则更是英雄辈出，诸如：赵登禹、佟麟阁、张自忠、宋哲元、韩复榘、吉鸿昌、石友三、刘汝明、张维玺、孙殿英、张之江、鹿钟麟、梁冠英、李鸣钟、门致中、张岚峰、高树勋、孙良诚、孙连仲、冯治安、邓宝珊、庞炳勋、秦德纯、吉星文等皆为其部将，尽管其中不乏晚节不保沦为汉奸卖国贼的，如张岚峰、庞炳勋者流；也有骑墙首鼠徘徊人鬼之间的，如韩复榘、石友三者流；但其部将中更不乏赵登禹、佟麟阁、张自忠、吉鸿昌、冯治安、吉星文等抗战英豪，更有声名远播、让日本侵略者闻风丧胆的二十九军"大刀队"！

一、"多变"叙事

对冯氏而言，可谓成也"多变"，败也"多变"，"多变"是其性格基调，更是为旧道德所诟病甚至唾弃的人格污点，它影响、左右了他的人生走向与轨迹。"倒戈将军"之"美誉"盖源于此。

倘对其一生行止作详细考证，不难发现冯氏有案可稽的倒戈达八次之多：滦州起义倒清廷；护国运动倒袁世凯；武穴停兵倒段祺瑞；北京政变倒吴佩孚；反奉战争倒张作霖；五原誓师倒北洋；国共分裂倒共产党；中原大战倒蒋介石。

对冯氏之"倒戈"，两种观点针锋相对可谓南辕北辙！

署名任永义的曾作《冯玉祥论》，认为冯氏被斥为"倒戈将军"，这在当时北洋军人眼中，是"大逆不道"的，一直为北方旧社会的观念所不容。在中国传统道德里，"忠"排在第一位，所以冯玉祥民国十三年（1924年）的倒吴佩孚一直被北方社会所诟骂。但作者认为这种建立在封建社会关系上的"忠"，如果是忠于国家和民族是值得彰显的，而如果仅仅是忠于某个人则当别论，"其实在反封建的革命的意义上看，由于观念上的否

定，发而为行动上的倒戈，是应当赞许的。""由于观念上的否定发而为
行动上的倒戈，他在这种不断的变中，磨炼自己，而成为一个光辉的人
物。""他在北洋军人中，冲破蛋壳，而创造出新天地，由一个北洋的旧
军阀群中走出来，而变为革命人物，打倒他的老长官吴佩孚，而变成了
孙中山先生的信徒——这在当时民十三年，革命势力还仅处广东一隅的
时候，若不是由于观念上的否定，作为一个投机的人，是决不会也不敢
行的事。冯氏后来始终没有和革命乖离，而能够站在前线，这不是用
'投机'二字即可解释的。所以'倒戈将军'四字，对于冯氏并不能看
作是一种污辱。"

美国《时代》周刊封面

　　在分析冯氏"倒戈"的原因时，作者认为这源于冯氏出身贫寒，少小
时饱尝生活的艰辛，深谙民间疾苦，"他一面看到老百姓的传统的忍耐和
纯朴的服膺天命之说，一面又看到老百姓的潜在的力量。这对于冯氏后来
事业上的影响是很大的。""由于他的正确性，和他的不断的自我教育，不
像普通一般人，自己从被损害群爬出来，等到本身也有了力量，就向旧日
的同伴露出狰狞面目，以能加入损害者群为光荣。冯氏自始至终是同情于
老百姓的。因此他的政治上的观点，始终是与广大的人民站在一起的。他
的变，也是基因于此。"把冯氏之"变"或"倒戈"推到了从未有过的历

史高度予以充分肯定①。

李群曾作文《倒戈将军冯玉祥》，该文主要观点有二：首先，列举冯氏是个"倒戈将军"的种种"倒戈"之举，"背叛祖国及长官者以冯氏之次数为最多，其一生事迹中，曾数易其扶助者"，"如民国四年在四川反叛陈宦；民国七年在武穴反段祺瑞；民国十年春在常德叛张敬尧；民十年秋在西安毒死阎相文，自为督军；民十一年反叛赵倜，篡夺河南督军；民十二年反黎元洪，驱之出北京；民十三年反曹锟、吴佩孚，囚曹于清华宫，并逼宣统出宫，抢夺财宝；民十四年反张作霖勾结郭松龄叛变；民十五年反段祺瑞，十六年反唐生智，骗得河南省；民十九年反蒋总统，引起中原大战；民二十、二十一年，时降时叛，有曾甘愿作以前中国著名之军阀，目前又与共党勾结，背叛中央政府"。历数冯氏一生为"变"的一生，为"倒戈"的一生，但所"倒"均为旧军阀，从哲学角度讲，其否定之否定，也是进步的表现②。

而在河南省姓氏文化研究会冯姓委员会会长冯海军先生看来，冯玉祥"倒戈将军"的称号，正是他审时度势、不断探求救国救民道路的一种尝试③。

持相同观点的还有新中国成立后任复旦大学教授的陈仁炳先生，他充分肯定了冯氏在中国历史上的地位："从这个半殖民地半封建的中国近五十年史来看，几乎每一页都有冯的名字。"而他对其"倒戈"是这样评价的："其实，倒戈这名词本就建筑在封建社会的主人同奴才关系上面，倒戈即是奴隶胆敢不顺从主人（例如袁世凯和吴佩孚）的别名。"④

而署名良的作者于冯氏遇难后作文《哀冯玉祥》，在所有对冯氏之死的纪念文章中，此篇最为一边倒，认为"他的惨死，对于中国人来说，是件值得重视的事"。因为他的一生就是"战斗的一生"，其原因有二：

对内，他坚决地和内部的敌人（自己）战斗，所以他刻苦上进，从一个目不识丁的小兵爬到一个大将的地位；而更可贵的是，他能永久保持着

① 任永义. 冯玉祥论 [J]. 新时代, 1948 (14): 2-5.
② 李群. 倒戈将军冯玉祥 [J]. 新政治家, 1948, 1 (3): 17-19.
③ 张君瑞. 将军冯玉祥　黄沙上建碧沙岗 [J]. 河南商报, 2014-04-14.
④ 陈仁炳. 冯玉祥之死 [J]. 展望, 1948, 2 (18): 3.

一颗谦虚的心和求进步的心，就这方面说来，冯氏可当二十世纪的浮士德，他的精神是值得我们学习的。

对外，冯氏则更是一名勇敢的战士。读近代历史，我们会感觉他就是一面照妖镜：从讨袁，倒段，倒曹，北伐，到抗日，他一直是站在历史的正面，决不像一些卖身投靠的贱货，嫁鸡随鸡，嫁狗随狗，因循苟且，他能及早认出奸佞国贼的真原则上，而把他们一脚踢开，不致被他拖连着一起身败名裂。这是冯氏不凡之处。至于有些怕历史裁判的人送给他的外号，"倒戈将军"，若明白了他所"倒"的都是些什么东西，就已经够了①！

燕南更将其每次的"倒戈"都认定是"思想进步"的表现：

我们看，第一次，跟了冯国璋，倒宣统的戈，那是革命；难道清廷不应当推翻？第二次，跟了段祺瑞，倒袁世凯的戈，铲除洪宪帝制，在袁氏的地位来说，当然他们是造反，可是以民族立场说呢？第三次，倒曹吴的戈，那时曹锟以贿选窃据大位，民众本来是敢怒而不敢言，他这一下，是挂了吊民伐罪的旗帜的。第四次，倒张雨亭的戈，一直到"国民革命军"改称"第二集团军"，他是响应着国民政府的北伐的。收复北京，逼走雨帅；北伐第一支军队到达的，就是他部下的先锋韩复榘②！

就权威角度而言，笔名大华烈士的简又文先生以亲历者身份叙述的冯玉祥当更为"真实"。简氏在20世纪20年代初结识冯，旋即被冯任命为其创办的今是学校校长，1926年加入国民党后，被派往冯玉祥领导的国民革命军第二集团军总部工作，与冯氏过从甚密，对冯的行踪了若指掌，对冯的思想活动亦洞若观火。简氏抗战结束后转入太平天国史的研究，他以历史学家的视角对冯氏所作的叙述，具有特别的代表性。

在《冯玉祥传》中简氏叙及冯入行伍不久发生的几件事：其一是，俩兵病，作为该棚正目的丁某有照顾病兵的义务，但他不仅不尽义务反而怕连累其他兵员而欲弃逐病兵；作为副目的冯玉祥主动承担看护义务至病兵痊愈，此举不特未受表扬反招丁某讥讽和对病兵的痛哭侮辱，冯忍无可忍

① 良．哀冯玉祥［J］．北大清华联合报，1948，（1）：2.
② 燕南．关于冯玉祥先生［J］．论语．1948，（161）：15–17.

举拳相向。其二是，当了正目的冯玉祥带兵刻苦，成绩优异，待兵如子；有哨官祁某苛待兵士，训练时谩骂痛斥，讵料冯氏苦劝未果反激起对方火气，拔刀砍人，冯愤激至极，拔刀相向。其三是，职位高于冯氏的管带祖护自己的亲信偷拿军服，冯"立刻除下军帽军刀，一齐向管带的怀里扔去"①。简氏认为，从这几件轶事可以看出冯"日后屡次'倒戈'的心理背景"。其实简氏所谓的"心理背景"无非就是冯之行径是秉持正义的，只要正义在手，不管对象是上司或更高官员，都是可以"倒戈"的。这在著作的另一处有更准确的定位："因为他一生倔强刚介性成；他的字典中有'革命'——或可称'倒戈'——'成功'或'失败'，然而永无'投降'字样。七十年的生活，如是如是，一一可考。"② 在这一叙事目标的引导之下，进而高调推导出冯氏思想境界超越同辈的结论，"冯氏自受了民族主义与爱国主义精神的洗礼之后，所练之兵与所建之军，皆自许为国家的与国民的武力，绝未自觉是属那一系的。所以一向大凡自认为有利于国民者则不惮生死以负焉。由彰彰的史迹证明：皖系需要他助力时便拉拢他（尤其因为他是皖人），事后便弃之如遗了；直系需要他发展时也拉拢他，事后反排挤他，压迫他了；甚至奉系需要他救援时，又何尝不拉拢他？但事后更要攻击他消灭他哩。正因他一向态度超越，不务名利，孤立独行，无派无系，所以时时遭妒忌，受排挤，挨打挨骂，无时或已。"③ 在简氏看来，冯的一切行为都是基于"民族"的"爱国主义"，基于此，与其他军阀相比较，大有"夏虫不可语于冰""井蛙不可语于海"的孤傲了！

且看简氏是如何叙述民国十三年（1924）冯的"倒吴（佩孚）"事件的。

简氏认为"倒吴"之远因之一是升迁不公所致："计冯氏自三年④起任旅长，蝉联八年之久，至是始得升师长，而与其同辈，甚或资历较浅者（如吴佩孚等），早已飞黄腾达，荣膺显职，手握重兵，左右时局矣。"⑤ 而其原因者何？"此殆由其革命热诚，在在表露，而且性格独立，不善逢迎，

---

① 简又文．冯玉祥传［M］．台北：传记文学出版社，1982：39-41.
② 简又文．冯玉祥传［M］．台北：传记文学出版社，1982：71.
③ 简又文．冯玉祥传［M］．台北：传记文学出版社，1982：91.
④ 民国三年，即1914年。
⑤ 简又文．冯玉祥传［M］．台北：传记文学出版社，1982：108.

时时遭忌，处处招怨之故也。"① 其意谓：包括吴佩孚在内"飞黄腾达，荣膺显职"者，皆"善逢迎"者！似乎世人皆浊，唯冯独清！

是耶，非耶？

1939 年 12 月，吴佩孚死后，中共元老董必武有过这样的谈话："吴佩孚虽然也是一个军阀，他有两点，却和其他的军阀截然不同。第一，他生平崇拜我国历史上伟大的人物是关岳，他在失败时，以不出洋，不居租界自矢……吴的不出洋、不居租界的口号，表现了他不愿依靠外国人讨生活的性情，他在失势时还能自践前言。这是许多人都称道他的事实。第二，吴氏做官数十年，统治过几省的地盘，带领过几十万大兵，他没有私蓄，没置田产，有清廉名，比较他同时的那些军阀大都腰缠千百万，总算难能可贵。"② 尽管董必武也深深担心吴有"落水"为汉奸的危险性，但事实证明，他并未成为汉奸！秀才出身的吴佩孚一生奉行"三不主义"，即不住租界，不积私财，不举外债，一生不违，堪为奇迹。1937 年北平陷落，日本人选中落泊后寄居北平的吴佩孚出任北方伪政权领袖，吴答应出山，提出的要求却是日本无条件撤出所有中国领土③。其不甘受辱的民族气节和狷介个性若是！吴有自书联一副："得意时清白乃心，不怕死，不积金钱，饮酒赋诗，犹是书生本色；失败后倔强到底，不出洋，不入租界，灌园抱瓮，真个解甲归田。"甚至最后用生命诠释了一个爱国者高洁的品性和至情至性的民族气节，这在民国天空中也可算得佼佼者，作为首位入选美国"TIME"（《时代周刊》）封面人物的华人，刊载时的照片下方附有两行文字："GENERAL WU" "Biggest man in China"！④

依吴氏这样狷介的个性，他会去奉迎别人？

简氏认为冯"倒吴"远因之二，是冯氏在督陕期间于吴佩孚五十大寿时，派员送去冷水一罐以拜寿，且云"君子之交淡如水"，这种"任性奚落人家"的行为连简氏都感到过于"怪僻"，"矫枉过正、讽刺凌人、不近人情、令人难堪"！在"巴结之者均以珍宝或谀词致贺"的喜庆氛围中，

① 简又文. 冯玉祥传［M］. 台北：传记文学出版社，1982：108.
② 董必武. 日寇企图搬演新傀儡［J］. 群众，2（15）：647.
③ 陶菊隐. 狷介与风流·吴佩孚将军传、蒋百里先生传［M］. 太原：山西出版集团、山西人民出版社，2007：2.
④ 一九二四年九月八日之"TIME"封面。

冯氏这一"冷水浇背"之举，让吴觉得是"奇耻"，"衔恨在心""岂能或忘"①？关于这一事件，冯氏在其自传第二十五章《督陕》中也是直言不讳地作如是描述："当洛吴做五十岁生日时，刘（指刘骥——作者注）送了八十多把万民伞（每连一把）和许多金银古董，而我却本着'君子之交淡如水'的意思送了一罐子凉水为礼。一罐子凉水当然比不过金银古董，因此我说话就不能生效了。"②且不论冯氏这种怪僻促狭会给人带来多少难堪，但言下之意吴佩孚好金钱的推定是毫无疑问的，简氏的"以珍宝或谀词致贺"同样给吴作了贪财的判断。这与陶菊隐先生叙述的吴佩孚恰相抵牾：

> 十二年（1923）四月二十二日（旧历三月初七）吴五旬寿诞，吴禁止部属入洛庆寿，且在各报刊有"谢入洛宾客启"。吴对部属向以严厉称，所以各将领不敢来，只有豫督张福来地则居咫尺，谊则有金兰之好，自觉万无不来之理。入见时吴睁着一双怪眼说，"你来干吗？"张敬谨回答，"为大帅祝寿而来。"吴厉声说，"怎么，你没看见我的电报？有工夫拜寿，何不破工夫约束你的兄弟，你的兄弟比赵前督的兄弟（赵倜之弟赵杰）有何分别？"其时有河南各界代表多人在座，张不觉愧汗如雨。吴又提出逐四凶、除八怪，所谓四凶、八怪都是张手下的红员，有乃弟及督署参秘两长、军需处长等人③。

素来洁身自好以清廉闻名的吴氏，断断不会以金钱来衡量人与人之间的关系。

依简氏的观点，"倒吴"的近因有八：

其一，直系控制华北以后，内部"因势力与权利冲突"而分为曹锟的保定派与吴佩孚的洛阳派，两派为求发展自寻靠山，保定派借重冯玉祥，洛阳派依定的是豫督赵倜。保定派欲去赵倜，"而其谋竟破坏于吴之洛派"，"至今冯氏尴尬殊甚，有苦难言"。待赵倜联奉攻直，冯氏终于找到

① 简又文. 冯玉祥传［M］. 台北：传记文学出版社，1982：114–115.
② 冯玉祥. 我的生活［M］. 北京：世界知识出版社，2006：290.
③ 陶菊隐. 狷介与风流·吴佩孚将军传、蒋百里先生传［M］. 太原：山西出版集团、山西人民出版社，2007：67.

一个出口恶气的机会，"借以全力"，扑杀了赵倜。自此，吴"更恨冯氏入骨矣"[①]。

其二，赵倜既灭，其资产被冯氏悉数充公，因吴对赵"犹未忘情"及"赵财产过多，思尝一脔"，"因不得分享而致怨恨"。

其三，豫省驻军甚杂，"财政收入有限，不敷分配"，"吴自居太上督军地位"，对冯氏索要无度而不得；冯亦认为吴"擅自截留税款，目无余子"。于是两厢"感情"遂"日恶一日"。

其四，"吴滥荐多人至开封求职，冯氏无以应，吴衔恨益深"。

其五，为"吴对冯氏之嫉忌"，盖其时冯、吴同居一省，但冯励精图治，声名鹊起；而吴只"发号施令""作威作福"，所辖豫西地区盗贼如毛。如此悬殊之政绩，让吴"不禁相形见绌"，嫉妒之心遂起。

其六，是为冯氏在豫省急速招兵买马，补充兵员，经训练后迅成战力，军事实力得以大幅提升，此"正中其（指吴氏——作者注）大忌矣"。

其七，当时华北自北京以至汉口，"全部皆在直系势力之下"，独有河南为不是嫡系的冯氏所雄踞，为造成华北"清一色"的直系地盘，故而有将"异己"的冯挤出河南的必要。

其八，吴氏为小人包围，听信张福来等人的谗言，排挤冯氏，尽管有张方严及李济臣等人的极力相劝，但吴氏一意孤行，"去电北京政府"，坚请去冯氏，以拔去"眼中钉"为快。

这八大近因不如说是吴的"八大罪状"，是叙事者为冯倒吴而罗列的正当、合理的想象性理由，几乎每一点都难以经受推敲。陶菊隐先生曾有下列一段表述：

> 直奉构兵时豫督赵倜（字周人）有断吴后路之意，不料黄雀在后，还有一个断他后路的就是弃陕督如敝屣的冯。冯部抵洛阳后，赵与乃弟赵杰（绰号三麻子）化装逃遁，事后吴请命北政府以豫督一席酬冯[②]。

此处之吴为吴佩孚，而冯亦即冯玉祥，这段叙述中透露出的信息，赵

① 陶菊隐. 狷介与风流·吴佩孚将军传、蒋百里先生传［M］. 太原：山西出版集团、山西人民出版社，2007：129-130.

② 陶菊隐. 狷介与风流·吴佩孚将军传、蒋百里先生传［M］. 太原：山西出版集团、山西人民出版社，2007：60.

已起"断"吴后路之心，看不出吴有"依定"赵倜的可能！如此说来，吴的恨冯也就是想象性推断。再如近因之五，简氏认为吴氏自觉不如冯氏故"嫉忌"之。且不论吴氏是否此类小肚鸡肠之人，从其时（20世纪20年代初）的地位而言，已官至直鲁豫三省巡阅使的吴佩孚即将走向其人生的巅峰，而其时尚为豫督的冯玉祥不过是吴所辖三省中的一省军事长官，无论是官阶还是社会影响力都远在吴氏之下，在吴氏眼中，冯有什么可以让他"嫉忌"呢？

至于原因之二，对赵"犹未忘情"，对赵之财产"思尝一脔"则更是叙事者的想象。

综之，持此观点者对冯氏的倒戈之举是支持的，叙事者试图从变革、发展的视角来定位冯氏"倒戈"的意义与价值，以历史发展的眼光来判断与衡量"倒戈"所倒对象为落后、腐朽之徒，是符合历史的发展规律之举，对冯氏的"倒戈"给予高度的正面评价。正如楚子作者所批评的，如果现在还拿"倒戈将军"或"武夫"等名词来称呼冯氏，作者讽刺道"这可算'夏虫不可与语冰'了"①。

另一种声音则大相径庭，对冯氏的"倒戈"挞伐有加，毫不留情面。执此一端者，陈辞的观点当最为有代表性，在《盖棺论冯玉祥》一文中，陈氏认定"冯玉祥是二十年来中国政治上的风云人物"，但"自从他崭露头角时起，他便是一贯地走着反复善变的道路"。他认为一个善良的中国人受传统道德的影响，"忠恕和仁爱是中国人底基本态度"。这种态度浸润下形成的温柔、敦厚、守信、重义、朴实、坚韧的优良品格，也就成为中国人做人的道德标准与规范。"而冯玉祥这个人，就是背离了上述一个中国人应有的做人标准的"。他还指认冯氏是"极其虚伪的人""不学无术的低能儿""蔑视中国基本的道德观念"，指责中掺杂着谩骂，最后慨叹曰："终冯氏一生，'反叛'十余次，我们姑不详论其每一次'反叛'的政治意义和影响，单就一个中国人做人的道理说，这是不应该的。而且他反叛的都是自己的直属领袖，或是共患难的朋友，朝秦暮楚，反复无常，使人害怕。人们锡以'反叛大王'，'倒戈将军'的雅号，也可反映舆论对他的

---

① 楚子. 冯玉祥的"写给中学生"[J]. 文艺月刊, 1937, 2 (1)：159.

齿冷。"①

朱正龄的《论冯玉祥》观点也十分激烈，谓冯氏"是个多变的人物"，其原因有二：一为冯玉祥生于一个多变的时代，时代造就了他多变的性格；其二是冯氏出身行伍，"仅读了一年半私塾，所以他自己没有中心思想，只好随着时代变迁而变迁，环境的变迁而变迁"。该文又说，"冯氏虽为一善变的人物，但也有其不变的原则，那就是他个人的利益高于一切，凡有妨碍他个人利益的事件或人物，均加以无情的扬弃"，于是每当变动的紧要关头，"冯氏则不惜出卖友人以成全其个人之利益"②。

中国文化史上，文官有文官的规范，武官有武官的操守。不得越雷池半步，否则即招人指摘。《三国演义》中的关羽之所以成为与孔子"文圣"相比肩的"武圣"，盖源诸其忠肝义胆，是为毛宗岗谓"三绝（智绝之诸葛亮、奸绝之曹操、义绝之关云长）"之一绝者。其"挂印封金"自觉抵御金钱、地位与美色的诱惑，义不改主；"华容道义释曹操"自立的军令状甘冒杀头风险，为报答曹操的知遇之恩而对曹网开一面在战争的关键时刻放走了曹操；"义释黄忠"战斗处胶着状态，对方马失前蹄将骑手掀翻在地，本是其制胜的绝佳机会，他却急回马举刀猛喝曰："我且饶你性命！快换马来厮杀！"正是这些义举成就了关羽"武圣"的美名，也使他成为中国军人的模范与标杆！

作为中华民族传统道德的"忠、孝、节、义""仁、义、礼、智、信""温、良、恭、俭、让"等等，其中一部分明显属于封建糟粕，在社会发展和历史演变中被逐渐摒弃，但更有其精华部分积淀为中华民族公认道德标准，如"诚信""礼让""廉洁"等。军人更要有行为规范，黄埔军校的校训即是"亲爱精诚"，这则校训由首任校长蒋介石亲拟并经国父孙中山先生核定。中华民国十四年（1925 年）元旦，蒋氏对黄埔军校学生训话时阐述："亲爱"是要求所有革命同志能"相亲相爱"；本校的宗旨"精"是"精益求精"；"诚"是"诚心诚意"。

然则冯氏之"善变"恰与上述旧道德相抵牾，这是他一生甚至身后都不得不背上"倒戈将军"这一耻辱绰号的根本原因。

---

① 陈辞. 批评之批评：盖棺论冯玉祥［J］. 中央周刊, 1948, 10（38-39）：10.
② 朱正龄. 论冯玉祥［J］. 曙光, 1948, 2（1）：26.

对这一带有一定程度污辱意味的称号，冯氏是有耳闻的。上述"倒吴"事件后，吴与冯氏之间曾有书信对话。可以理解的是，曾"信服足下，倚为心腹"自认为袍泽情深的冯背信弃义之举，确实让吴氏对冯充满鄙夷与不屑，被人奉为"基督将军"的冯"竟背耶稣真言"：

> 此次奉命讨张，佩膺命为总司令，若非足下怂恿，声明致讨，大总统必不能遽下讨伐之令，佩亦不敢冒天下之大不韪，轻赴南敌；若事前声明有所反对，尽可商议，可进则进，可止则止，愚若佩孚，当不能根据不稳之后路，贸然独往。及讨伐令下，彭（寿莘——作者注）为第一路，王（怀庆——作者注）为第二路，足下为第三路，前敌战事方殷，足下遽尔倒戈，包围京府，声言和平，实则逼佩出走；佩死且不惧，何况出走！唯足下此次所为，失信总统，是为不忠；遗憾袍泽，是为不信；留玷教会，是为不仁；遭恨国人，是为不义。且与经文，全背，窃为佩所不取耳[①]！

军阀间关系其实就是相互利用的关系，也就是利益关系，但即使是军阀，相互之间处事也有约定俗成的规则，最起码也有旧道德的约束，倘似这等不忠、不信、不仁、不义，名为"基督将军"却背弃基督教义之人，也就难怪吴氏讥讽其为"卖笑求利者"，为"引狼入室"之吴三桂，"奸卖耶稣"的犹大！也就无怪乎吴氏有"与足下袍泽数年，以心相印，今被暗算夫复何言！"的深喟与感叹了[②]。

作为当事的另一方，冯玉祥是如何回应的呢？

冯氏认为，"民国以还，内争不已，此兴彼仆，覆辙相寻；追本穷原（源），皆由一二贤豪，自负太过，未能'知共和图主权'（？）在民之真谛，往往以一人之固志，强天下人以同从，稍有异议，辄以武功相加"。其结果是"败者固心有未平，胜者复气焰迥盛"，而必将给百姓带来深重灾难，"吾民何辜，遭此荼毒？"其意谓自己发动的"北京政变"（即倒曹吴）完全是为民着想，是救民于水火之举！故而"此次陈师承德，目睹民艰，勒马悬岩（崖），情难自已，故有旋师回都，倡导和平之举"。而抵京

---

① 吴佩孚. 吴佩孚冯玉祥之往还函［J］. 民视日报五周纪念汇刊, 1924：7-8.
② 吴佩孚. 吴佩孚冯玉祥之往还函［J］. 民视日报五周纪念汇刊, 1924：8.

后，"首捕李氏彦青，其余府中媚少，府外诌臣，亦早星散"，而"凡此诸端，皆吾兄曩日痛心疾首，而碍于情，绌于势，未能断行者；弟不过一一代行之而已"①。与吴佩孚低调反讽有理有据且层次分明的指斥相比，吴氏的所谓"目睹民艰"与"倡导和平"高调，却显得苍白而无力！

当然，上述叙事者在叙述过程中两厢矛盾的叙事取向是有其深层的心理动因的，即褒者之所以褒、贬者之所以贬并非信马由缰随性而作，恰恰是叙事者在叙事目标的指引下的故意行为。

杨义先生对叙事的身份曾作过这样的解释，"所谓叙述者无非是作者在文本中的心灵投影，或者他故弄玄虚的一种叙事策略"②。也就是说，叙事身份决定了叙述者的叙述立场，为了达成他的叙事理想，叙事者往往在叙事过程中不断调整自己的叙事策略，以使所叙之事朝着"我"的目标发展。以吴佩孚与冯玉祥的叙事视角而言，由于他们相对彼此而言其视角是封闭而非开放的，加上内视角的缘故，双方的心事彼此无法准确把握，只能依据常理或道德水准来忖度对方，然而秀才出身的吴佩孚书生气太浓，终为袍泽兄弟所"涮"；而冯的所谓"目睹民艰""倡导和平"的内视角主张，随着叙事者的死亡，视角已然灭失，只能看作是一种基于个人立场的辩护词罢了。

简又文是历史学家，"因为历史不仅要多方搜集材料，全面地实录史实，而且要探其因果原委，来龙去脉，以便'究天人之际，能古今之变'。"所以，"没有全知视角，是难以全方位地表现重大历史事件的复杂因果关系、人事关系和兴衰存亡的形态的。"③ 加上简氏曾为冯之属下，叙事倾向上偏向老上司，而用全知视角想象性地补入冯氏"倒吴"的远因、近因，也就再合情合理不过了。

二、"民众抗日同盟军"叙事

就亲自投身抗日而言，冯氏的"民众抗日同盟军"当为其一生最为重要的事件，由于他身份与性格的复杂性，关于这一行为的文本叙事间的相

---

① 冯玉祥. 吴佩孚冯玉祥之往还函 [J]. 民视日报五周纪念汇刊，1924：8.
② 杨义. 杨义文存（第一卷）[M]. 北京：人民出版社，1997：200.
③ 杨义. 杨义文存（第一卷）[M]. 北京：人民出版社，1997：210.

互激荡而呈现出的叙事张力，表现得尤为耐人寻味！

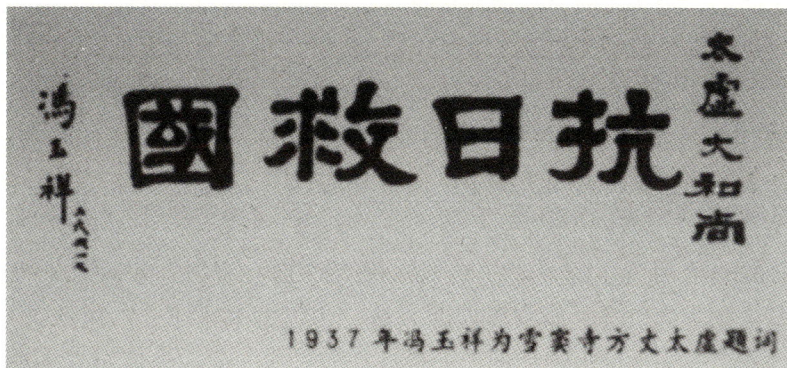

冯玉祥手迹

（一）事件的背景

自 1931 年九一八事变始，国民党政府奉行"攘外必先安内"的不抵抗政策，东三省相继沦陷，3500 多万同胞流离失所，生活在水深火热之中。尽管 1933 年 2 月 24 日所谓的"国联"高票通过"十九国委员会报告书"，不承认日本在中国领土内以武力造成的伪国，但日本对"国联"的报告书置若罔闻，日军关东军竟于三天后即 2 月 27 日兵分三路向热河发起进攻。中国军队虽然动员了三十五万军队在喜峰口、古北口等处惨烈抵抗欲拒敌于长城之外，但收效甚微，经两个多月的作战，日军还是突破了长城线，先后占领了滦东诸县，并剑指北平。在此危急时刻，国民政府令亲日派代表黄郛北上与日本谈判，结果于 5 月 31 日与日本缔结了丧权辱国的"塘沽协定"。

冯氏自 1920 年 10 月中原大战失败后即蛰居晋南汾阳山中，一边过着隐居生活，一边等待时机试图东山再起。九一八事变后，国内政治形势发生了重大变化，团结御侮的救亡浪潮风起云涌，冯在 1932 年国民党四届一中全会提案中，鲜明地提出"实行武力收复东北失地"的主张，并给出包括组织国防委员会、后勤保障、军事布防、征兵制度及全国总动员等具体操作办法。这份提案不仅批判了"政府盲信国联，不图自拔，甚至请划中立缓冲地，以求和平"的错误主张，还警醒人们"除以武力与暴日周旋外，别无保全领土主权之良策"。所以战不仅能收复失地，还可以挽救外交之颓势；"不战则徒足以助长暴日之恶焰，而启其他帝国主义侵略远东之野心，共管瓜分，祸不旋踵"。故"当兹外侮紧急，危系存亡，必须以断然之决心，最大之毅力，于死里求生，始可转危为安，救亡图存"①。应该说冯氏清醒地意识到在强大的侵略者面前，国联的作用是微乎其微的，想救亡必须靠我们自己。但他的主张并未得到重视，后冯虽曾于1932年2月12日出席由蒋介石在徐州主持召集的军事会议，然而因抗日策略分野，无法达成共识，在冷落与失望中，他于1932年3月退居泰山，重启"读书生活"。

1932年8月发生的"汪（精卫）张（学良）交恶"事件，宋哲元获主政察哈尔省的机会，而宋属西北系统，为冯的老部下，冯氏认为，汪、张鹬蚌相争，为他的出山提供了千载难逢的机遇，就在宋哲元于9月1日率部赴察哈尔就职后的一个月，冯悄然结束泰山的"读书生活"，径移张家口谋求抗日。但赴张之初，他一方面受困于经济，致抗日行动一延再延；另一方面，也是最重要的方面是掣肘于宋哲元。作为光杆司令的冯玉祥，其径移张家口的深层心理是凭借宋哲元二十九军的实力来施展自己的抗日抱负。而政治上持重稳健的宋哲元明确表示不同意老上级于国家军政系统之外独树一帜，因而冯仰凭宋哲元支持组军抗日的计划也就不得不暂且束之高阁②。

1933年2月，冯氏苦苦等待的出山机会初露端倪：

其一，宋哲元离察。1933年2月，热河战起，宋奉命率部赴长城一线拒敌，偏远的察哈尔成了强者竞技的舞台，所谓"山中无老虎，猴子称霸王"，冯氏俨然以长者身份公然攫取察哈尔的实际控制权。

其二，民心所向。自九一八后，山河破碎的凄惨，流离失所的痛楚，与国民党消极抗战的态度使普通民众寄望国民党收复失地的期望形成极大的落差。于是，冯氏的振臂一呼，恰与沦陷区人民的痛苦呼号以及国统区和大后方激越的抗战呼声相合拍，因而得到相当广泛的民众团体的同情与支持。至四月中旬，上海、广州等地有六十多个人民团体曾电促冯领导抗日③。

---

① 冯玉祥. 实行武力收复失地案原文［N］. 中央周报，1932，（187）：40.
② 李云汉. 冯玉祥察省抗日事件始末［J］. 近代史研究所集刊（台湾），1971，（2）：298-230.
③ China Weekly Review, Apr. 22, 1933：289.

其三，经济支持。发动军事必须有强大的经济实力作为后盾，冯氏曾这样描述："我在察哈尔早就想抗日，早就准备，早就打算，不过经济没有办法，所以一延再延，不能发动，后来朱子桥①先生送了我十万块钱，我才打起抗日的旗子来。"②"巧妇"有了"米"，就有了施展才华的可能与机会。

其四，军力储备。尽管冯氏当时手中无可用之兵、可调之将，但作为西北系的老长官，其影响力依然存在，于是就在宋哲元离察之时，即召其旧部方振武、吉鸿昌等部赴察待命；召原驻汾阳的二十九军教导团（约3000人）星夜兼程抵达张垣。

在冯氏看来，此次举兵可谓占尽天时、地利、人和！

于是，就在长城防线被突破、黄郛与日军的停战谈判业已签订协议时，冯意识到不可再等，遂于1933年5月26日通电全国，独树抗战大纛。这振臂一呼，招致社会各界的强烈反响，称赞声、嘲骂声汇成一片，在抗战史上亦可谓蔚为大观。

（二）抗日耶？夺地耶？

无疑，无论冯的主观意图或对其就"民众抗日同盟军"总司令作何解读，"抗日"一定是冯的初衷。且看5月26日通电的全文：

日本帝国主义对华侵略，得寸进尺，直以灭我国家，奴我民族，为其决无变更之目的。握政府之大权者，以不抵抗而弃三省，以假抵抗而失热河，以不彻底局部抵抗而受挫于淞沪平津。即就此次北方战事而言，全国陆军用之于抗日者，不及十分之一，海空军则根本未出动。全国收入用之于抗日者，不及二十分之一，且扣留民众之义捐，禁其使用。要之，政府初无抗日之决心，始终未尝实行整个作战计划。且因待遇不公之故，饥军实难作战。中间虽有几部忠勇卫国武力，自动奋战，获得一时之胜利，终以后援不继而挫折。迩者长城全线不守，敌军迫攻平津，公言将取张垣，不但冀察垂危，黄河以北悉将不保。当局不作整军反攻之图，转为妥协苟

① 朱子桥（1874—1941）名庆澜，字子桥，浙江山阴人，生于山东省长清县；曾任督军，为人爽直、居官清正；九一八事变后，朱于北平设立辽、吉、黑、热四省民众后援会，积极张罗人力，劝募物资，以支援东北抗日义军；全面抗战开始后，朱常奔走于前线后方，救济难民，是著名的爱国人士。

② 张功常.冯玉祥胶东游记［M］.上海：上海军学社，1934：60-60.

安之计。方以安定人心之词自欺欺人，前次前敌将士抗日所流之血，后方民众为抗日所流之汗，俱将成毫无价值之牺牲。一时之苟安难期，他日之祸害益深，国亡种奴，危机迫切。玉祥僻居张垣，数月以来，平、津、沪、粤及各省市民众团体，信使频至，文电星驰，责以大义，勉以抗日。玉祥念御侮救国，为民众共有之自由及应尽之神圣义务，自审才短力微，不敢避死偷生。谨依各地民众之责望，于民国二十二年五月二十六日以民众一分子的资格，在察省前线出任民众抗日同盟军总司令。率领志同道合之战士及民众，结成抗日战线，武装保卫察省，进而收复失地，求取中国之独立自由。有一分力量，尽一分力量，有十分力量，尽十分力量，大义所在，死而后已。真正抗日者，国民之友，亦即我之友；凡不抗日及假抗日者，国民之敌，亦即我之敌。所望全国民众，一致奋起，共驱强寇，保障民族生存，恢复领土完整。谨布腹心，敬祈赐予指导及援助①。

十分明显，电文前部申说兴兵抗日的缘由与动机：政府本应该调动主要兵力和金钱用于抗战，但该为不为，能为不为；届亡国灭种之际，既然政府不抗战，"国家兴亡，匹夫有责"，我们来尽心尽力地抗战。行文中确实不免有怨气，即对政府的强烈不满，因之，冯氏的英文传记作者谢里登（James E. Sheridan）曾明言："在基本意义上，冯的支持抗日乃为反蒋。"②谢氏的这一判断明显颠倒了逻辑关系，使得因果联系被倒转，从而引导人们产生冯氏反蒋是目的的错误性想象。

诚然，冯氏与蒋为结义兄弟，但面善而心不和甚至相互攻讦却是有目共睹的。冯氏曾口述经夫人李德全整理著有《我所认识的蒋介石》③ 一书，从文后的《跋一》补录的1948年4月29日北平大血案判断，此著当成书于作者遇难前四个月左右。全文梳理了自己与蒋氏几十年间的恩怨情仇。在《自序：我与蒋介石》中，冯氏列举了二十五条写作该书的理由。但从读者看来，这与其说是二十五条写作理由，毋宁说是列举蒋氏的二十五条罪状！而其后的"总而言之，看了这本书，一定能知道蒋是一个什么样的

---

① 《国闻周报》第十卷第二十二期（民国二十二年六月五日）.

② James E. Sheridan, Chinese Warlord, the Career of Feng Yu hsiang ［M］. Stanford University Press, 1966: 271.

③ 冯玉祥. 我所认识的蒋介石 ［M］. 西安：陕西师范大学出版社, 2007.

害国殃民的强盗"，更是著者与蒋交往几十年后对蒋介石所作的历史定位与人格判断。

《我所认识的蒋介石》全书分九篇，其篇目名为《初识蒋介石》《不抵抗政策》《动摇不定》《民心尽失》《为政不仁》《一意孤行》《蝇营狗苟》《倒行逆施》《穷途末路》，不难看出篇目中选词的倾向性。这九篇由77章构成，其章节名中充斥大量的诸如"消灭异己""投降""言行不一""压迫""汉奸""杀人""血口喷人""阴谋""谣言""收买""食言""傀儡""背叛""挥金如土""屠杀"等包含强烈情感色彩的扎眼辞藻，更遑论正文中的叙述字眼了。

我们无意追溯冯、蒋之间的恩恩怨怨，其中有军阀派系之斗，也有党内权力之争而结下的恩怨情仇。然而，二者在抗战态度上的分歧，当是其中一大主因。

在抗战的态度上，二者的分歧是显然的。蒋之"攘外必先安内"而"安内"首须"剿共"；而冯则积极主张抗战。仅以冯氏就任"民众抗日同盟军"前一段时间的日记来分析他的动因。

1933年年初，日军在长城一线展开疯狂进攻，敌我之间的军力悬殊是显见的，但冯认为这是蒋消极抗战的结果，"本日已知山海关大战何（柱国）失利情形。判断张（学良）与蒋（介石）仍是不抵抗，而一般民众之抵抗仍不能表现，真可痛也。"[1]（1933.1.3）长城一线历来是汉族抵御外来侵略的生命线，重兵把守的山海关失守意味着日军向内地的侵略进入新阶段。作为军事家的冯玉祥深知这一点，所以"早起，便想起前方正在打仗，不抵抗的仍是不抵抗，真是使我忧心如焚。国家养了军队即是这种混账情形，真是伤心之至。"（1933.1.17）字里行间，恨铁不成钢之情毕现。而且他每思至此，皆寝食难安，"昨夜未能眠好，精神十分疲倦。左一睡，右一睡，大睡特睡。每一念及东三省、山海关，心中如同刀割一般。蒋是不抵抗，张也是不抵抗。但是国民党又怎样呢？同一的不抵抗罢了。我是要赶快辞去这国民党的中央委员为最要，否则一旦人民起来要同国民党算账，那可不得了。"（1933.1.18）他对时局的焦虑、对不抵抗的愤激，跃然纸上。为此，他曾写过一首诗《早二点有感》（节选，《日记》

---

[1]　冯玉祥. 冯玉祥日记［M］. 南京：江苏古籍出版社，1992.

1933.1.26）：

　　　山海关啊，山海关，

　　　热河又在正危险。

　　　南京过的热闹的旧新年，我的热泪拭不干，拭不干。

　　　我们的民族落到这步，真也可怜。

　　　向谁乞怜？

　　　只有大众起来自家干。

　　　流血拼命，

　　　真平等即在目前。

　　当日正值农历春节即大年初一，"丘八诗"的艺术水准姑且不论，但诗人凌晨两点辗转床第，山海关失守后，日军剑锋直指热河，形势之危急，压得人透不过气。本应万家欢庆的日子，却面临着山河破碎、民众遭蹂躏的悲惨状态。而南京政府仍旧"商女不知亡国恨"地"热闹"地过着"旧新年"，着实让人焦心！这不能不激起诗人"大众起来自家干"的雄心。但帐下无可使大将，手中无可用之兵，没有军权的冯也只能枉自嗟叹。"蒋之不抗日，张（学良）之不抗日，真是李完用的办法，可恨之至！如不能除去他们，中国民族之亡即在目前了⋯⋯日日说努力，何尝见到什么事努力呢？土地被人占去了，人民被人奴隶（役）了，这到底成了个什么民族呢？吃仍是照旧，睡仍是照旧，什么什么仍是照旧，真不知世界上没有努力的人类吗？你自己不肯努力，还希望如何如何，这不是做梦是做什么呢？中国之夫差，中国之勾践，真不能再见吗？这全在咬牙咬得紧不紧。如真有决心，当很快地将一切改变了态度及办法方算是对的呀！改办法，改办法！"（1933.2.3）国难当头，亡国灭种之际，掌权者不思抵抗，不见努力，依然照吃照喝，这对于急于改变现状的冯来说，不能不让他心生怨愤，继而怨恨！正是这种消极抗战，使他的"我只有到前方，与日人死拼。被日人把我杀了，是我的最快事"（1933.2.4）保家卫国之志难以实现。而随着日本侵略势头不断加剧，冯抗战的急迫心理愈见强烈，"热河又紧了，又是这个样子。为什么没有一点预备呢？什么政府啊！什么政府啊！"（1933.2.12）"国家到这步光景，还是不抵抗，谁能想到呢？"（1933.2.26）对国家机器从希望到失望进而绝望，可以想见冯经历了怎样的情感煎熬，无奈之下只得毅然决然地作出决定，"我不能等着革命，须自己努力方能有成。"（1933.2.27）"打倒不抗日的，自己干起来。"（1933.3.4）而其后热河、多伦的相继失守，更坚定了他举兵的决心，更坚定了报国的必死之心！"我是抱定要报答国民的厚恩的，决不轻易离开张家口的。如日本把我轰死呢，即算成全了我。否则即去掉我一支臂、一条腿，亦算罢了。至于取巧，我是至死不干的啊！"（1933.4.26）多伦被陷后，唐山沦陷，密云、大沽又相继失守，平津告急！"而害民贼、卖国贼尚无觉悟。"（1933.5.15），于是拍案而起："我要站在民族及无产阶级立场，起来干！"（1933.5.14）从这段时间冯氏日记的叙述态度看，叙事节奏明显加快，断不似往日叙述拖沓烦冗，往往鸡毛蒜皮的小事，都要长篇大论的风格。自1933年5月4日，一直到举兵前夕，日记叙事呈现片断化特点。以5月23日为例：

> 不动不说了，动须要快。
>
> 本日国儿同王致义往保定，带去洋一千二百元，为先买棺材。
>
> 阮又玄来，来问如何干法。汤东去，不知如何。
>
> 宋决南去了，不知如何打算。
>
> 打红军，官打兵不打，死的多是大官。
>
> 打日本兵打将不打，死的没有大官。
>
> 这二事真是值得研究的事。

句式简短，如发军令，只述结果，不及原因。如第一句，联系后来事发，此处之"动"显然指涉5月26之举兵之事；第二句"买棺材"可见其决死之心！即使后半的"值得研究"的思考，也仅指出现象，同样未及结果。就任"民众抗日同盟军"总司令职第二天，冯曾作一诗《作就职诗》：

> 就职就职，就民众抗日同盟军总司令之职。
>
> 为什么就职？是为民族而抗日。
>
> 就职就职，就了职要办什么事？
>
> 为解除人民痛苦，为此而就职。
>
> 就职就职，为与日本帝国主义死拼而就职
>
> 不为别的事，有之则为除国贼。

不管诗发表出来是向不抵抗的南京政府表示抗议也好，或向希望收复失地的沦陷区民众表明立场也好，"抗日"仍然是第一位的关键词！

其实，早在两年前的 1931 年 9 月 23 日，距"九一八"事变仅五天时间，在全国一片抗日热潮的激励下，冯就曾发出电报，强烈谴责国民党的不抵抗政策，"日本出兵辽宁，此间已有所闻，凡有血气，莫不痛心"，"此次外患之来，实由蒋政府历年压制民众，诚心媚外所致"而"介石欲造成其独裁政治"乃这一切之根源。兵临城下，"事急矣"，"为国家计，为人民计，不论君等诬我何罪，致（置）我何地。即用十五世纪之野蛮烈火烧我，我亦必本真理以君等。"一颗为国、为民拳拳之心，激荡于字里行间！但蒋介石政府却"一旦爆发，不思亟图抵抗之方，以赎既往之罪，乃漠然视之不以为辱，犹为无骨气，无人格之言"。有指斥，更有哀怨。对"听候国联，主张道德，主张公理"认为是"梦呓"，"试问中国数十年来积受帝国主义压迫之惨，国际公理，究竟安在？""国人稍有知识者，皆知国联组织，不过一列强宰割弱小民族之屠场耳。"后来的历史，印证了冯的判断是正确的，认识是清醒的。因此他大声疾呼："吾国同胞，亟应猛醒，否认媚外政府，从速组织代表民意之机关，各抒意见，共救危亡。团结全国民众之力量，一致对外。督促全国军队开赴前线，及各重要口岸，正式抵抗日帝国主义之侵略，而为正当之防御，雪此无上之奇耻。"他警醒国人"中国存亡，在此一举"，并坚决表示"誓死与全国同胞共赴国难，粉身碎骨，义无反顾"。不几天又发出宥（9 月 26 日）电，再次呼吁抗日，共赴国难①。

而要追溯抗击日寇、爱国情结的渊源，更可以从他早年所受家族影响说起。简又文在《冯玉祥传》中曾叙及冯氏幼年经历的一件事。光绪二十年岁次甲午（1894 年），冯父毓亭公所在保定练军奉命赴大沽修炮台，冯父亦往。盖众人皆以为此去是与日本作战，必无生还，故官兵家属送行者，大都抱头痛哭。毓亭公"壮烈无惧色"对送行的两个儿子说："你们好好地做人罢，不必挂念我。我是去和日本人打仗，为国家拼命，没有什么害怕，算不着怎样的大事。"简氏感慨道："在这一小别中已给他的小儿

---

① 刘涓迅. 察哈尔民众抗日同盟军大事记［C］//中国人民政治协商会议河北省委员会，文史资料研究委员会. 冯玉祥与抗日同盟军. 石家庄：河北人民出版社，1985：176–177.

068

子一个极深刻的人格印象，与极其超优的军人模范，尤其重要的便是：于不知不觉间，将一粒单纯爱国的种子，种在他的丹心里；三十年后开花结果，立功于国，誉满全球。"① 不久父亲由天津回保定，挈次子（冯玉祥）去大沽②。到大沽后，日本军舰在拦沙岗"挂口"，开炮轰击大沽口炮台。"我一到这里，看见这样被威胁的情形，就感受很大的刺激。心里想：'今后不当兵则已，要当兵，誓死要打日本，尺土寸地决不许由我手里让日本夺了去！'"③ 冯氏对日本人的敌对情感，就是这样慢慢地培植起来的。

冯玉祥手迹

由此，冯玉祥与蒋介石之间的矛盾就并非谢里登所言"冯的支持抗日乃为反蒋"，意即抗日是为了反蒋；而是因为蒋之消极抗日甚至不抗日引起他对蒋的失望、绝望，直到愤恨而最后反蒋。尽管不排除之前军阀之间权力斗争留下的阴影，但在对当局绝望，而国家又面临危局之际，冯玉祥主动举起抗日大旗，再以狭隘的权力之争来度量，似乎也显得太小肚鸡肠了。

况且，事发之后，媒体急速跟进，连篇累牍的报道一如滚油中滴进冷水，一下炸开了！

自然，支持者大有人在。特别是对蒋消极抵抗政策极端不满，自始即主张武力抵抗的爱国人士，对冯这一壮举给予了充分的肯定和支持。

《微言》刊登《冯玉祥的再起》一文，将冯玉祥就职民众抗日同盟军总司令一职认为是爱国之举，是正义之举；对冯之兴兵抗日的心理渊源进行探讨，认为冯自"九一八"始即有抗日决心，"主张全国一致坚决抗

---

① 简又文. 冯玉祥传（上）[M]. 台北：传记文学出版社，1982：16.

② 此处与冯玉祥《我的生活》叙述有些偏差，简又文说当年采访冯氏时，此为1895年事，即其父首次（1894年）去大沽的第二年；《我的生活》则叙述为是1894年陪同父亲一起。

③ 冯玉祥. 我的生活 [M]. 上海：上海教育书店，1947：32.

日"，而且"屡次宣言决与暴日死拼"，只因手无军权，而军阀"安内"政策"事事予以牵制"，故不能成为事实。在城下之盟（指《塘沽协定》）即将订立之际，"痛国亡之无日"，于是"誓与暴日背城借一"①。对冯武力抵抗之举认为是匹夫责无旁贷的义务，文章对于冯无疑持肯定态度。

而针对其时舆论在民众抗日同盟军收复多伦后，指责冯氏"通共""假抗战""多伦无日军"等诽谤言论，有人专文对之进行了深刻而透彻的反驳，并对当局强行取消甚至派兵围剿民众抗日同盟军、逼迫冯离开察哈尔表示极度愤慨。

固然，你"冯玉祥"氏此番之行止，似乎正如我们中央发言人所责难的那样，"既不抗日于长城沿线血战之际，而复抗战于华北停战协定签字以后，如果真心抗日，决不如是"。可是想着军事的行动，既须备其行者之糇粮，又须谋其留者之成守；而冯玉祥氏既没有其借外债的权位，也没有其征赋税的财富。时机之失，在冯玉祥氏固然是"难辞其咎"。而在我们的中央发言人的地位，如果反躬自省地检点一下，那冯玉祥氏之"只能如是"，正是冯玉祥氏的"过人之处"；换言之，正是冯玉祥氏之"真心抗日"的表示②。

行文中对所谓中央发言人的言论进行的驳斥，十分清晰地表明了作者支持冯玉祥抗日行为，甚至有为其鼓与呼的意味，且不惜大段引用天津《益世报》（1933.7.16）之社评对冯大加赞赏：

有人或者这样说，冯玉祥的收复多伦，不过是沽名钓誉的幌子，不过借此号召而已。我们以为，今日果有人，能收复承德，能收复沈阳，收复长城外各地，彼即以此沽名钓誉，国民却愿馨香祷祝，永奉为民族英雄。或者更有人说，吉鸿昌并没有从日本人手中夺回多伦，彼不过驱逐伪军李守忠而已。我们以为虽如此，仍不能抹煞收复失地的事实。此日北平当局接收战区，又何尝不是从伪军李际春手中接收？两方事迹相同，而方式却不同。一方面是与伪军李际春开对等会议，准许李际春改编；一方是与伪军李守忠战数昼夜，将李守忠驱除。比较之下，似冯玉祥为其难而政整会为其易。为国家计，冯玉祥收复多伦的方式，较他方收复滦东的方式，更

---

① 梁念子．冯玉祥的再起［J］．微言，1933，1（3）：1.
② 望邨．"察哈尔"与冯玉祥［J］．团结旬刊，1933，（1）：9.

有光荣。

认为人们对冯玉祥行为的支持"并不是'过分袒护'的褒奖，而是'言出于衷'的公论"①。在肯定冯氏举止的文章中，此文观点最为犀利，态度也最为鲜明，一定程度上代表了其时主张武力抵抗一派的声音。

署名"若伯"者，对冯氏出兵张垣持完全肯定态度，行文情真意切：

"冯玉祥在察出兵抗日，姑不论其观点出发于本身利益或别种个人作用，但光复多伦沽源等处，已是不可抹煞之事实；如是枪尖向外，自我牺牲，其一种刚强不屈的精神，勇往杀敌的豪气，百世后犹足令人崇拜不已！"接着分析作为旧军阀他们大多以个人利益为重，视国家、民族利益于不顾的本质，尽管冯玉祥为旧军阀、甚至是一位著名的"倒戈将军"，但作者认为："众人皆浊要求其独清，责诸今日乱离的中国军人所没有其人，不过冯虽狡诈，尚未诱杀贼卖，冯果私囊饱满，从未闻其有巨大私款寄存于外国银行，冯虽曾为倒戈将军，但所倒者是军阀，以军阀倒军阀好处虽不见得，但远胜日运用其阴谋狡计以倾陷友军者。"并且肯定这种做法，"若此举（指树立抗日大旗——笔者注）而无之，举国皆顺民矣，敌人不要笑死乎？要之，冯玉祥此举虽不能彻底抵抗，到底有远胜于无，冯玉祥之为人比较其他军人毕竟远胜一筹！"②

不过，从影响力而言，对冯就任"民众抗日同盟军"总司令一职积极武力抵抗予以肯定的，当属自认"民国遗老"的章太炎。冯于五月二十六就任并通电全国"武装保卫察省而收复失地，争取中国之独立自由"。三十一日，章太炎即与马相伯特为电勉："执事（指冯玉祥）之心，足以代表全国有血气者之心；执事之言，足以代表全国有血气者之言；执事之行，必能彻底领导全国有血气者之行。某等虽在暮年，一息尚存，必随全国民众为执事后盾。"③他认为冯氏之举为"有血气"！这给懦弱的投降派以当头棒喝！而救国会"七君子"之一的章乃器先生亦专文评价冯玉祥，一方面对现实中部分人以"抗日为中央之整个计划""抵抗则失地愈多"为借口，对冯之武装抵抗进行诋毁者予以严词驳斥；另一方面以不抵抗的

① 望邨. "察哈尔"与冯玉祥［J］. 团结旬刊，1933，(1)：9.
② 若伯. 毕竟冯玉祥远胜一筹［J］. 南星杂志，1933，2 (7)：16-17.
③ 汤志钧. 章太炎传［M］. 台北：商务印书馆，1996：376.

张学良、东北汉奸李际春和郝鹏举为镜子，反观冯玉祥真抗战的勇气，对冯氏的人格称许有加！"冯玉祥，总是一个牺牲者，他较之得高官厚禄而说是牺牲的人，所牺牲的虽不同。而为牺牲的则一。我的意见是，牺牲了别的不要紧，然而千万不可牺牲了人格！"①

在所有支持的声音中，《民间周报》的一篇文章态度立场当最为坚定，认为"冯向来是有充分骨气的，不忍见中国沦亡"，"无论南京怎样劝他不要抗日，他却一概不理"，在国家民族危亡之际，应该枪口一致向外，所以，"听了冯的话，就晓得他确是好汉子，不像那些贪生怕死之辈，不顾国家存亡，甘心投降日本，或者惹起内战，减少对敌人的力量的"②。

《革心》杂志载文《冯玉祥之心》，对冯氏不仅表示深深同情，更表达了钦敬之情。对冯此番起兵困境作了精准分析。

冯氏深知此次起兵"本自找死。但弟认为抗日旗帜之下。良心较安。文天祥诗曰'人生自古谁无死，留取丹心照汗青'。每诵斯言，辄为奋起。论者多谓冯氏为一政治投机者。并谓此次举事张垣，必遭失败。余谓不然。冯氏此举。咸知其不能成功。观于冯氏本自找死。是冯亦自知因其抗日。内不容于当局。外不容于强寇"。可谓内外交困，更兼"以十余万乌合之众。内无以应中央之精兵。外无以就强敌之劲旅"。兵力孤弱，"然而冯氏明知其不可为而为之。"不是对形势不能作出正确的判断，"盖受良心所驱使也"。因此，作者认为再联系冯氏引用文天祥诗句，不能不感受到他的为抗日所许必死决心。故"一片丹心，亦可照耀千古"。尤其与卖国失地之丧心病狂者相比较，"荣辱岂啻蓓葓"。文末作者深自感慨："吾于冯玉祥之心。极表同情与敬佩。试看今日之中华。本良心救国者，又有几人哉。"③ 赞美之情可谓溢于言表！

冰心也曾为冯氏的抗日之举欣然赋诗《对冯玉祥抗日感作》：

> 冯君英武久驰名，义愤填胸二载中。
> 通电守察激壮士，整军抗日结同盟。
> 挥戈杀敌民心振，秣马兴戎战鼓鸣。

---

① 章乃器. 今日的冯玉祥 [J]. 新社会（半月刊），1933，5（3）：4-5.
② 重. 冯玉祥是好汉子 [J]. 民间周报，1933，（17）：4-5.
③ 学清. 冯玉祥之心 [J]. 革心，1933，（2）：11.

三省健儿齐响应，收回失地在斯行①。

作者以敏锐的笔触和饱满的激情，对冯氏的整军杀敌表示由衷的钦佩，以及在民众心目中产生的强烈反响，同时更表达了期冀借此"收回失地"的愿望。

支持者如是，而在主流意识形态引导下的媒体对冯玉祥举兵抗日，反对的呼声更是一浪高过一浪。

陈方溪曾著文称："冯玉祥不是抗日，而是争夺察哈尔地盘；冯玉祥不是抗日，而是与南京政府的支店——北平政整会——争做日本在华北的政治代理人；冯玉祥不是抗日，而是结（给）予日本侵略上的便利。"可谓完全否定冯氏抗日这一积极行为的价值，甚至把冯氏的抗日说成是日本侵略中国的帮凶。之所以如此说，是因为"翻开他个人历史，是不折不扣的军阀典型"②，这样说来，身为军阀或身份"不正"的抗日行为其抗日用心都是值得怀疑的了，这种彻头彻尾的"唯身份论"不唯抬升"中央军"抗日主力的地位，更抹杀了包括马占山东北抗日义勇军抗日的功绩，显然是违背历史真实的。

署名"加"的作者似乎比较反动，在《北平周报》上发文极尽挖苦、讽刺之能事。未知《北平周报》是一份怎样的报纸，其"通讯处"标署的是"北京大学第一院"，但从文中攻击共产党和为汪精卫辩护的立场来看，应该是属于汪伪系的宣传工具。文中说及冯玉祥："你们为什么没有老婆呢？不是由于南京要人们每人几十位姨太太，把你们应得妻子占了去，而使你们为'旷夫'吗？你们为什么没有饭吃呢？不是由于南京要人及资本家们大餐汽车洋房，把你们吃饭的能力和工具占了吗？"冯氏说理往往借实例深入浅出，而且毫无顾忌，这大概戳痛了汪精卫们的软肋，御用文人们自然不会闲着而奋起反击了，污冯氏为"无事生非，假借名义，争地以战，杀人盈野，牺牲男儿的头颅以完成自己的王业"；"贪官污吏""榨取民众膏血，造成官僚资本以再剥削民众"；"收集流亡，以武装强夺民食的土匪军阀"；认为"不配站在总司令的台上，喊出革命的口号"③。文章极

① 冰心．对冯玉祥抗日感作［J］．威县赵家庄校友会年刊，1934，(2)：20．
② 陈方溪．冯玉祥"抗日"的收盘［J］．抗争，1933，2 (14)：2-3．
③ 加．冯玉祥的旷夫论［N］．北平周报，1933-07-23．

具挑衅性，把冯的抗日义举污为偏狭的个人主义行为。

《冯玉祥究欲何为》一文中，把冯氏在张垣的抗日行为说成"收编土匪"，"联络赤匪"，谓其在停战之时力主抗战是"假'妥协苟安'等名词，思所以中伤中央而树立以冯氏为中心之华北新政权"。冯氏此"倒行逆施"之举必然招致"不堪设想之祸殃"①。文章几乎就是彻头彻尾的汉奸论调。

《出路》刊文认为冯玉祥带兵收复宝昌、多伦等地，"出尽一时风头"，"后来因为抗日瘾过足了，知机而退，把抗日军事结束，从此以后，天下是更进一层太平了"。冯氏是"知机"而退，还是为中央政府所迫而放弃继续抗日？今天的文献已经揭秘。而"从此以后，天下是更进一层太平"却是彻底的不抵抗主义，甚至是投降主义！文中还全文照录全国律师公会江西公会等六十二团体电请冯玉祥统率健儿，抵抗强敌，亦录如下：

> 张家口探投冯焕章先生勋鉴，日寇东北、侵凌堂奥，我中央政府既表示决心抗日，敦请明公出山、信使络绎，全国民众、尤深引望。若公志在前驱，不肯言禄，应请领导民众、团结内部，统率健儿、陈兵塞上，与强敌一决死生，天下后世、决无有义其后者。若因审慎出处，瞻顾徘徊，对国家未见其是，即自处亦难免其非，用援春秋之义，迫切陈词，幸赐垂察、全国律师公会江西公会等六十二团体同叩。

这封电文请"明公"出山带领人民抗战的殷切之心显而易见，却被指作为"这六十二个团体拍电给冯玉祥，并不是真个要他去抗日，只因为冯是著名的倒戈将军，勇于内战"。而"凡是勇于内战的人，一定是怯于对外的人，所以要趁此机会，试他一试"。既然如此，倘若冯玉祥真是个"勇于内战"的人，那他不会激昂慷慨地就任民众抗日同盟军的总司令的，但事实并非如此，"万不料他竟在这一次抖擞精神，勇于对外，收复了如许失地，这是出乎意料的事"②，作者被自设的前提回过头来扇了自己一个嘴巴！

署名"裳"者，更是对冯氏起兵颇多微词："当华北停战协定签字，

---

① 逸. 冯玉祥究欲何为 [J]. 自觉, 1933, (16): 2-3.
② 有泚. 冯玉祥之今昔 [J]. 出路, 1933, (10): 12-13.

和平方幸告成的时候，蛰居张垣已久的冯玉祥，就竖起了抗日旗帜，自称为民众抗日同盟军总司令，名义上，固然是冠冕堂皇的了，不过我想冯玉祥既有抗日决心，为什么不起于热河陷落，多伦失守，平津告急，滦东危殆的时候？这倒是一个大可研究的问题。"似乎认为冯氏选定的这个时间不很合适。而且"收复多伦，不废一矢一弹，不过乘机取巧罢了。总之冯玉祥的抗日，不过假借抗日名义，欺骗民众，想扩充私人地盘，与中央对垒，哪是真心抗日呢?"① 似乎冯氏名为抗日，实则欺世盗名!

持此论调者不乏其人，《兴华》发表"政治述评"，认为冯氏在张垣就职民众抗日同盟军总司令是别有用心之举，"对外的意义，远不如对内的意义较为浓厚，亦即冯氏对于现政府所主持之停战运动，以硬性手段提出异议也。"该文认为，"如玉碎确胜于瓦全，现政府果何乐而不为?"为投降不抵抗极力辩护，"现政府今日所领袖之人力物力，固较任何在野派系为优越，但以此优越之力量而用于抗日，犹虞其难乎为继"②。这就不单单是不抵抗，甚而至于是鼓吹投降了。有雄厚的实力为什么不抵抗？若等一切准备就绪，国早就不国了。

李碧峰同样如此质疑："如果冯氏确有抗日的决心，则早应投袂而起，何待今日？南京政府一贯的把枪口内向，置东北失地于不顾，事实昭彰，人所共见，如果冯氏真的是为抗战而反×（蒋），则早应有个明白表示，何待于停战协定告成?"其认为，冯氏抗战时机选择不当，真的可以如此理解吗？是否可以这样理解，冯氏此前一直在等待政府抗战的决心以及国联的调查结果，而且这是一个很正当的理由，但作者却武断地下结论："这完全是想在华北先造成自己军事政治的中心地位，然后要挟南京争做出卖华北的经手人……所以今日还利用人民反对协定，主张抗日的情绪，高举旗帜，自总兵戎"③，云云。

更有甚者则直呼其为"政治投机者"，作者一边质疑其"日军在热河滦东长城边一带，猛烈进攻的时候，冯玉祥那时只说些风凉话，绝没有什么积极抗日的表示行动；及至停战谈判实现之后，冯玉祥才树起他的'抗

---

① 裳. 冯玉祥的抗日［J］. 救国，1933，(7)：63-64.

② 冯玉祥通电抗日［J］. 兴华，1933，30 (21)：40-41.

③ 李碧峰. 关于冯玉祥［J］. 抗争，1933，2 (5)：5-6.

日'旗帜"，一边数落冯玉祥在察省驱逐"中央所任命的省政府官吏，党部委员干事等"，指其行为"令人费解"。然后作者引《泰晤士报》之论："冯氏在有一时期，曾被人称为'基督将军'……冯氏之'忠诚'，盖已证明完全为其个人。至其借宗教或救国之名义，以作私人之企图，更为千真万确之事实!"文章断然下结论：冯玉祥"不过一位'政治投机者'而已"①。王纯根、周瘦鹃主持编辑的《礼拜六》是为"鸳鸯蝴蝶派"（又名"礼拜六派"）的代表性刊物，向以强调文学娱乐功能，意在发挥文学读物的消遣作用为宗旨，是其时沪上市民文学代表，有着相当大的影响力，由于身处"孤岛"时期的上海，对比较"政治化"的话题大多保持缄默，冯之抗日触动了作者哪根敏感神经？从民族立场审视，作者的价值取向想来毋庸赘述了。

也许我们没有必要再列举太多此类内容，但几乎同一时间的一幅画不能不在此转出：

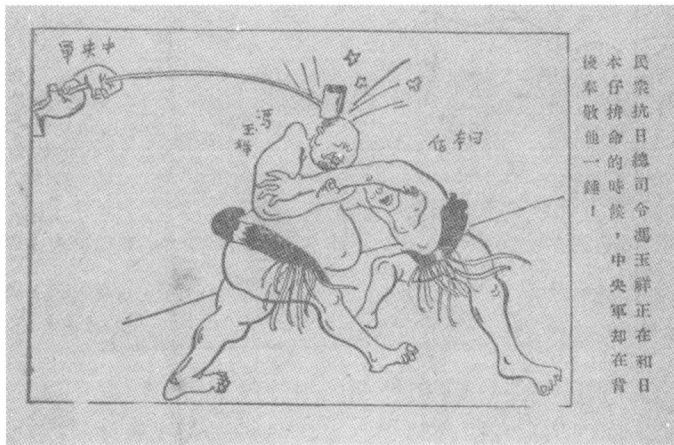

此幅漫画②作者以幽默夸张的线条勾勒出冯玉祥与日本人正你死我活地搏斗中，双方应该势均力敌，却不意"中央军"在冯的身后举起锤子猛然砸在冯的头上，火星四溅！三方的态度立场昭然！作者不仅表达了对冯氏的同情与支持，更重要的是对本应团结一体共御外侮的"中央军"背后

① 自在. 政治投机者冯玉祥［J］. 礼拜六，1933，（507）：3-4.
② 民间周报，1933 年第 18 期：1.

使阴招的愤慨！画作无疑揭示了冯氏起兵抗日时身处外敌与内鬼之间的尴尬而两难处境。

而身处特殊时空下的冯玉祥，也许比文本叙事所处的二难更难吧！

三、"亲共"叙事

冯玉祥与共产党的关系，已经解密资料显示，这已经不是秘密，但在当时这又是十分敏感的话题，冯氏之所以被解除兵权、及至终而被开除国民党党籍都与此有着密切关系。

遭遇"中原大战"失败后，冯玉祥陷入政治与军事上的窘境，尽管冯前期曾有反共倾向和行动，但出于团结一切可以团结的力量以壮大声势之考虑，中共派李大钊与冯玉祥进行接触，并对其军队进行思想和军事上的指导。然而，旧军阀思想作风的孽根性难以短时间消除，在与共产党接触的过程中，冯玉祥反复无常，这样也就形成了与共产党之间的分分合合的关系。直到九一八事变后，经过长时间与共产党的沟通与反思，"冯玉祥从思想上、言论上和行动上，都以各种不同方式体现了倾慕中国共产党，拥护中国共产党以及逐步和中国共产党合作的立场，重新确立并逐渐加深了同共产党合作的思想"①。这也就是蒋介石、汪精卫公开指责冯氏的"联共赤化"之罪状。

那么，冯玉祥与共产党的关系到底怎样？姑且以成立"民众抗日同盟军"为叙事分析的切入点，看他与共产党的关系是如何表现的。

（一）部将中的共产党人

九一八事变后，中共出于建立强大统一战线、团结一切可以团结的力量共御外侮的目的，在冯氏身边安插了大批共产党身份的工作人员，一方面为在冯氏内部扩大共产党的影响；另一方面是在冯的军队中发展有进步倾向的年轻人加入中共。

据吴成方叙述，"冯玉祥身边或与之过从甚密者有共产党背景的有赵彦卿、胡鄂公、肖明、蔡子华，张存实、武止戈、许权中（军事工作），

---

① 尹洁. 抗日战争中冯玉祥与中国共产党的关系述论［D］. 西安：西北大学，1995.

张慕陶（李金刃），宣侠父（与许权中同为师长）"①。吴成方1926年即加入中国共产党，青年时代参加过五四运动和"二七"京汉铁路工人罢工斗争。20世纪30年代，他被陈赓选为"北方政治保卫局"（内部叫"北平特科"）的骨干，专门负责冯玉祥方面的工作。作为高级特工，他对冯玉祥身边人物身份是了如指掌的。而他列举的这些人除了共产党员的身份外在冯部又有怎样的影响力呢？赵彦卿，冯部交际处处长，以牧师身份工作在冯的周围，是冯与共产党之间重要的联络人，深得冯的器重；胡鄂公，在中国共产党成立之初即在李大钊介绍下加入共产党，成为为数不多的秘密党员，是周恩来领导的"上海特科"成员之一，同时又是国会议员和教育部次长；肖明，1922年加入中国共产党，1926年由苏联回国后，受党组织委派，到冯部任总司令部政治副主任，深受冯的赞赏；张存实，1926年在苏联加入共产党，亦为"上海特科"成员之一，曾在冯部任少校副官；武止戈，1923年加入中国共产党，1931年从苏联回国后不久即赴张家口协助冯玉祥筹组察哈尔民众抗日同盟军，先后担任抗日同盟军高级参谋和北路军前线指挥部参谋长等职；许权中，1925年加入中国共产党，1933年5月受党组织派遣，任察哈尔民众抗日同盟军军委常委，十八师师长、副军长；张慕陶，原名金印，1925年加入中国共产党，1933年为帮助冯玉祥建立发展民众抗日武装，开展统一战线工作，改名张慕陶，由中共委派担任张家口特委书记，民众抗日同盟军成立后，张慕陶被选任为军事委员会常委兼总政治部主任，可以说是这支队伍中影响力最大的共产党领导人；宣侠父，1923年加入共青团，不久即转为中国共产党党员，1925年经李大钊推荐，前往张家口到冯部做思想政治工作，察哈尔民众抗日同盟军成立后，他被选任该军中共前线委员会委员、军事委员会常委，兼二路军政治部主任、第五师师长。民众抗日同盟军依法成立后，由军事委员会推举十一人组成军事常务委员会，其中张慕陶、宣侠父、吉鸿昌三位共产党人名列其中；此外，还有同盟军高级参谋兼干部学校校长的张克侠（1929年加入共产党），北路军政治部主任张曙时、总务处长余心清，由汾阳军校调入张家口后编入抗日同盟军第二师的三个团长尹心田、贾振中、周茂兰，

---

① 吴成方. 抗日同盟军的酝酿和成立［C］//中国人民政治协商会议河北省委员会，文史资料研究委员会. 冯玉祥与抗日同盟军. 石家庄：河北人民出版社，1985：2-6.

营以下干部周茂繁、王华岑、张公干、李景合，赵进先、李启明、冯洪国、朱大鹏、陶汉章、王浩和、李汉章、王洁清、王介夫、张涛、赵力钧，胡一廷、周秉忠、马继增，冯玉祥的机要秘书胡家权等人，都是共产党员身份。

在冯军内部竟有如此多的共产党人担任要职，而且其中相当一部分是早期的老党员，是共产党中的精英分子，他们深得冯的器重和赏识，冯与共产党的关系之密切自是不言而喻的。正是因为这样，冯的行动一定程度上就受到共产党的影响甚至左右，譬如，抗日同盟军纲领起草人之一就有张慕陶（另一人为徐维烈)[1]；而冯就任抗日同盟军总司令也是由中共授意，吴成方就曾说过："到了1933年3月，抗日同盟军的发起准备工作已有了一些眉目……我们与冯玉祥商议，决定由他出任抗日军总司令，并且在察哈尔组织新的抗日政府。"[2]

（二）冯氏的态度

既然身边有数量如此之多的共产党人，那是否冯用人失察呢？大概不能作如是判断。1932年8月间，曾发生冯的传令员王华峰（共产党员，开封军校学生）暗杀冯部旧军需处长魏宗晋事件，从而引起冯部丁树本领头的反对共产党的狂潮。尽管后来查明这纯属王华峰的个人行为，未得党组织的授意，但为了安全起见，"忍痛把他一贯最信任的传令员张公干、李平一、郭永照（都是共产党员）暂时送走"[3]。很明显，送走的目的是出于对他们的了解，是保护他们。而在"王华峰事件"刚刚平息，宣侠父就率人由南京来见冯，此事立即"引起他左右旧部的怀疑，认为宣是蒋介石派来作情报的（当时宣是南京军委会少将参议，又是蒋的浙江同乡，黄埔军校第一期学生）。冯对宣侠父有较深的了解，也知道他是一贯不受蒋介石收买利诱的早期共产党。"并且为宣公开辩护："我是最了解宣侠父的，也

①　吴成方. 抗日同盟军的酝酿和成立 [C] //中国人民政治协商会议河北省委员会，文史资料研究委员会. 冯玉祥与抗日同盟军. 石家庄：河北人民出版社，1985：8.
②　吴成方. 抗日同盟军的酝酿和成立 [C] //中国人民政治协商会议河北省委员会，文史资料研究委员会. 冯玉祥与抗日同盟军. 石家庄：河北人民出版社，1985：7.
③　陈天秩. 抗日同盟军成立前后我党与冯玉祥先生的联系 [C] //中国人民政治协商会议河北省委员会，文史资料研究委员会. 冯玉祥与抗日同盟军. 石家庄：河北人民出版社，1985：36.

最相信他是抗日爱国的好朋友。"① 这更说明冯对身边共产党人的身份是充分了解的。对此，冯有着自己清晰的判断。抗日同盟军收复察东四县之举，引起南京政府的极度恐慌和嫉恨，一方面进行舆论中伤，另一方面调集兵力意欲武力威逼，并且派出特务人员对同盟军各部人员进行拉拢收买，对此冯极为气愤，召集总司令部全体官员讲话："汪精卫说我们收复察东四县没有打仗……还有人说我们是'赤化'，我认为'赤化'就是革命化，就是流血化，这有什么不好！如果我不是年龄较大了，得失之见较深了，不用他们臭奉承，老子一定要'赤化'到底。"② 可见，冯并不担心"赤化"，也不回避"赤化"，甚至还大胆承认和解释"赤化"，表示要将"赤化"进行到底！曾在一次谈到"赤化"问题时，他拍案怒呼："我是忠于中山先生三大政策的老国民党员，中山先生联共也是赤化吗？只要抗日救国，赤化就赤化吧！"③ 尽管这难免有任性成分，但足见其光明磊落之风。

若上述表达因对蒋氏或国民党之不抗日而产生的不满而心生怨气故而表露出"亲共"言论有负气成分的话，日记中的私人化叙述应该是言为心声了。他在日记中曾有这样的表述："午前十时，傅主席作义来谈，该部一师调往昌平，或是古北口紧急之样。谈及江西之事，他说共党动作，若只用武力必不能成。如他自己在绥远时曾捕一共党，能通四国文字。问其是否共党，则慨然承认。其家人保之，说某某不是共党，然其自己自认是共党，可见主义之重要，动人之深矣。"（1933 年 4 月 30 日）④ 从中可看出，他对共产党人的钦慕之情是溢于言表的。

然而，冯氏早期对共产党的认识是表象的，他在日记中曾对"共产学说"进行过肤浅的解读，认为"现在提倡共产者"，"虽持之有故，言之有理，然决不适于我国国情"。因为我国没有如苏俄式的无数农奴，他们被"大地主极端之压迫，难于生活，不得不铤而走险"，这样才会导致革命，

---

① 陈天秩. 抗日同盟军成立前后我党与冯玉祥先生的联系［C］//中国人民政治协商会议河北省委员会，文史资料研究委员会. 冯玉祥与抗日同盟军. 石家庄：河北人民出版社，1985：37.

② 宋聿修. 抗日同盟军成立前后见闻［C］//中国人民政治协商会议河北省委员会，文史资料研究委员会. 冯玉祥与抗日同盟军. 石家庄：河北人民出版社，1985：59.

③ 胡家权. 我在冯玉祥身边工作的一段回忆［C］//中国人民政治协商会议河北省委员会，文史资料研究委员会. 冯玉祥与抗日同盟军. 石家庄：河北人民出版社，1985：146.

④ 冯玉祥. 冯玉祥日记［M］. 南京：江苏古籍出版社，1992.

而我国"本无农奴也，亦无大地主也"，"我国行之，徒招致破产之惨剧耳，有何可共之有耶"，所以"削足适履，强己从人"地"妄欲以之试验于中国"，是"置四万万同胞于万死而无一生之绝地也"！可见其眼光短视（1927.5.31）。特别是1927年夏受蒋介石的诱惑与离间，在其所统辖的西北军内采取残酷的清党行动，几乎表现出其反动的一面，这从其日记中也可以得到印证。"谕令省府严防共党""鲍罗廷为共产党员，应令其回国"（1927.6.22），到兵工厂对工人讲话时，"告以革命宗旨，并勉以努力工作。勿受共党煽惑"（1927.6.23），对"政治人员讲话"，"告以当认清主义，勿受共党所诱惑，勿为第三国际所利用。"（1927.6.26）对第九师营副以上官长讲话，要求"严防共党"（1927.6.28），认为共产党"之在两湖，凡有几亩地或几间房者，无不目为资产阶级，一概打倒。高唱有土皆豪、无绅不劣之口号"，实际是"滥行捕人杀人，专以捣乱社会秩序，破坏国民革命消灭国民党为目的"，故其罪"诚不容诿"（1927.7.21）。随后，他的态度似乎开始转变，是对共产党认识加深了呢，还是现实对他的触动呢？"会王复初，谈共产学说自有其科学上之根据，余愧无深刻研究，实不敢率尔反对。"不过，还是认为"中国之共产党，行为多过火处，致使一般人民闻而生畏，未免过于幼稚耳"（1927.8.5）。而针对国民党的"以党治国"的结果，他不禁感叹："查共产党之薪水，不论阶级之高下，职位之大小，均是一律，其精神诚足以令人佩服之至。"（1927.8.22）对此，他也流露出艳羡之心。然冯毕竟是个以"变"而闻名者，不几天（1927.8.25）即"告任祐民，应采用迅速手段，将共产党尽数拿获"。

那么，冯氏在20世纪30年代的"容共"甚至"联共"，就不能不作新考量。

前文已经论述，作为旧军阀，在面临外族侵略时，冯的表现是积极的，不仅言论上鼓与呼，而且亲力亲为。然而，他清醒地认识到，仅凭他单枪匹马地抗战是不会有结果的，尤其是中原大战的失败，不仅军事上遭受重创，几致一蹶不振，更使其在国内各方面的影响力如江河日下，西北军时期的冯氏只要动一动、中国都得抖三抖的霸气已然不再。冯是个有野心的人，素日与蒋介石称兄道弟平起平坐的他，岂能甘为人下?！战后，他退居山西，不久应老部下韩复榘之邀隐居山东泰山，韬光养晦，深自反省，实在是如勾践之卧薪尝胆，待机而发，东山再起。

我们姑且抛开道德评价，对冯氏的"倒戈将军"不予置评，但是有一点是可以定论的，那就是冯氏审时度势以趋利避害的心理动因，是他在关键时刻作出断然决定的重要砝码。

1932年秋，隐居泰山的冯氏见韩复榘"对蒋介石日益效忠，对自己时时防范，遂想别移他处"，而此时恰逢南京政府任命宋哲元为察哈尔省主席，宋为自己的老部下，"西北军五虎将"之一，而察哈尔又是抗日前线，还是原西北军老地盘，可谓占地利之优势，于是他于1932年10月9日移居察哈尔省省会张家口①。1933年初，热河失守，宋哲元的二十九军受命移驻遵化、蓟县、宝坻以镇守长城一线，冯氏几成张家口无冕之王，这可谓天时。但已被剥夺军权的冯氏，手中可用之兵十分有限，上已述及。因此，仅占天时与地利远不足以成事，而蒋介石对冯氏又是防范有加，不可能在军事上施与一兵一卒。随着冯对共产党这股新兴力量的不断壮大、影响力日见迅猛的了解，于是他就想借共产党这一"人和"之跳板以顺势起跳。

此当为冯氏"容共""联共"的真实心理动因。

（三）中共的态度

中共对冯玉祥的态度至为复杂，一方面作为旧军阀的冯玉祥在1926—1927年间不敌蒋介石的重金收买而公开与共产党为敌，在其军队内部大肆"清党"，以及1933年抗日同盟军失败后冯总结失败原因时指责所言："一半因为抗日，而一半仍怀别种企图。"而这后一半的所谓"企图"就是想利用共产党达到自己政治上的目的；而另一方面，在20世纪30年代初、中期，在国民党连续几次围剿后，尽管最后没有真正意义上消灭共产党，但对红军造成的创伤是十分沉重的。在政党纷争而近危亡、他族侵略而至国破的困局前，祭起统一战线这面大旗，无疑是正确的。毕竟，冯曾经有同情共产党的经历，更重要的是曾主掌西北军，瘦死的骆驼比马大，即使当下，手中也还握有十几万的兵力！正如上面所论述的，冯欲借共产党作为东山再起的起跳踏板；中共也想借冯的影响力对内减轻国民党对自己的挤压，对外组成合力共赴国难。双方诉求趋向一致，于是一拍即合。

① 张宪文等. 中国抗日战争史（1931—1945）［M］. 南京：南京大学出版社，2001：151.

应该说，在成立"民众抗日同盟军"这一事件层面的合作，是冯与中共之间的蜜月期，双方各有所图，但彼此心照不宣，这一点中共高层对这段时间的冯玉祥给予了肯定或者较高评价。毛泽东在《论反对日本帝国主义的策略（一九三五年十二月二十七日）》一文中说："让我再讲一点历史……冯玉祥于一九三三年在察哈尔还曾经和共产党一度合作，建立了抗日同盟军。"① 这段话透露出这样确定的信息：1933 年察哈尔抗日同盟军的成立是中共与冯玉祥"合作"的产物。周恩来同志对此也有类似的褒扬之辞："第一个阶段，从'九一八'到西安事变，有五年多时间。国共两方面斗争的中心，是抵抗日本侵略还是不抵抗日本侵略。我们这方面，在全国人民面前所提出的，是要求停止内战，一致抗日……'九一八'以后，我们向全国国民党的军队提议，在停止进攻、给予人民以自由权利和武装人民三个条件之下，订立停战协定，以便一致抗日。毛泽东同志在报告中已经写了。我们的号召得到了若干国民党军队的响应。例如察北同盟军、福建人民政府和十九路军，以后的东北军、十七路军，都响应我们，跟我们合作。"② 在其中所涉词条"察北同盟军"之下是这样解释的："即一九三三年五月冯玉祥和中国共产党合作在察哈尔省组织的民众抗日同盟军。主要领导人还有吉鸿昌（共产党员）、方振武等。同盟军在张北、沽源等地与日本侵略军进行了激烈战斗，把日伪军完全逐出察哈尔省境。由于蒋介石和日本侵略军的双重压迫，同盟军的抗战活动于同年十月失败。"③ 文章强调的仍然是"冯玉祥和中国共产党合作"才有察哈尔省民众抗日同盟军的成立与发展。

然而，毕竟是军阀出身，更因为冯氏早年与共产党的交恶及平生"倒戈将军"的"美名"，中共高层对冯玉祥并没有多少好感，甚至是"看不起"。

1959 年的"庐山会议"上，林彪说："彭德怀是野心家、阴谋家、伪君子，是冯玉祥。中国只有毛主席是大英雄，谁也不要想当英雄。"④ 其时

① 中共中央文献编辑委员会. 毛泽东选集（第一卷）［M］. 北京：人民出版社，1991：146.
② 中共中央文献编辑委员会. 周恩来选集（上）［M］. 北京：人民出版社，2004：414.
③ 中共中央文献编辑委员会. 周恩来选集（上）［M］. 北京：人民出版社，2004：414.
④ 李锐. 庐山会议实录［M］. 郑州：河南人民出版社，1999：189.

在中共高层中林彪属大红大紫式的人物，有着相当大的影响力。这段话无疑有阿谀毛的意思，但林彪给彭德怀所扣的四顶大帽子中，把冯玉祥与野心家、阴谋家和伪君子相提并论，则准确地折射出在中共高层无论是意识还是潜意识中对冯玉祥的不屑。而这也得到了毛泽东的回应："人们只看到你（指彭德怀）简单、坦率，心直口快，初交只看到这一面，久了，就从现象看本质。弯弯曲曲，内心深处不见人。人们说你是伪君子，像冯玉祥。真伪有矛盾，不能说全部假，对敌斗争是真的，心中很严重的东西不拿出来。"① 很明显，毛泽东这是对林彪把彭德怀定位于"伪君子"式冯玉祥的认定。

（四）国民党中央的态度

冯玉祥之于国民党中央，正如冯氏之于蒋介石之间。自1925年初闻得蒋介石之名②，到1948年命丧敖德萨，20多年时间里，由相识、相惜，到成为换帖结为金兰之交，表面的亲热难掩内里的攻讦，分也利益，合也利益，利益冲突而致分分合合，故貌合而神离当是他们20多年关系的生动写照。中国传统的"一山难容二虎"观念是他们争斗的现实版。蒋、冯所代表的是两大政治集团，也是两大军事集团，更是两大利益集团，从北伐到抗战，从"中正弟""玉祥兄"到兵戎相见，初期强大的西北军系统到抗战结束被蒋氏所挤压，分化、吸收殆尽，而冯亦被褫夺兵权，沦为水利专使了。

就抗战主张而言，自1931年"九一八"开始，冯氏即积极主张抗战，但蒋氏却主张"攘外必先安内"，集中军力围剿红军。政治主张的相悖，而致军事上的异动，自然不被处于强势的蒋氏所容忍。因此，当民众抗日同盟军如火如荼地相继收复康保、宝昌、沽源和多伦之际，"蒋介石从江西南昌给汪精卫发来密电，部署围剿抗日同盟军。电文曰：'急。南京汪院长尊鉴，砥密敬之州电报告，冯在张垣为共产党所荧惑，取消其名义实行赤化组织情形分呈谅达。冯有今日固早预料，今其赤色旗帜已益鲜明，使中外皆易认识，不为所蔽，则中央处置更易。业已切电敬之，速筹军事之彻底解决办法。并电百川、明轩，一致觉悟协力，想兄对今后察事处

---

① 李锐. 庐山会议实录 [M]. 郑州：河南人民出版社，1999：198.
② 冯玉祥. 我所认识的蒋介石 [M]. 西安：陕西师范大学出版社，2007：4.

置，必已深筹。希即核复敬之，并赐电示为盼。'"① 蒋氏对民众抗日同盟军的态度再明白不过，督促何应钦联合阎锡山、宋哲元，必欲扑灭之而后快！

这就是中国抗战时期的冯玉祥。既反蒋又联蒋，既反共又联共，但在抗日面前，其态度却显得十分坚定，作为旧军阀，这一点也很是难能可贵的。

再伟大的人物都会成为过眼云烟，再盖世的英雄也只能称雄历史的某段时间，然而，叙事必将继续。而有关冯玉祥的叙事："基督将军"耶？"倒戈将军"耶？"丘八诗人"耶？从文学角度看似乎都不重要，重要的倒是从文学角度审视叙事塑造出的这样一个鲜活的形象。

① 刘涓迅. 察哈尔民众抗日同盟军大事记［C］//中国人民政治协商会议河北省委员会，文史资料研究委员会. 冯玉祥与抗日同盟军. 石家庄：河北人民出版社，1985：210.

孙立人叙事

在今天的有关抗日战争正面战场的所有叙述话语中，"孙立人将军"简直就是一个神奇的传说，被叙述成"东方的隆美尔""丛林之狐"，甚至被誉为"战神"！在两次缅战中，孙立人将军战功卓著这是毋庸置疑的，其所获国民政府四等云麾"勋章""青天白日"勋章及美国总统罗斯福颁授的"丰功"勋章和英皇颁授的"英帝国司令"勋章（C. B. E.），足见其二战期间对日作战彪炳战功；而除此之外，叙事在"孙立人"这一传奇形象的建构中，其功绩亦不可小觑。

一、"青岛受辱"：英雄成长的叙事建构

在孙立人的诸多叙事文本中，"青岛受辱"被视为孙氏少年人生的转捩点、青年发愤的动力源，甚至是其英雄传奇形象建构的基点。这大概是到目前为止所有孙氏的传记文本的共识，叙事者们一致肯定这一"事件"在传主形象建构中不可或缺的重要价值。

在青岛的时候，有件事给我很大的刺激。青岛靠海边有石头，那个石头虽然不像南京雨花台的石头，但也是很好，五颜六色都有。一天早上，我起来到海边捡石头，我捡到一个很好的石头，因为青岛是德国的占领区，有些德国小孩看到我捡到石头，他就想要；我拿着石头当然不给他，那是我捡的嘛！结果他不客气地给我两个耳光子，就把石头抢去了。这件事是我终生的一个耻辱。

问：多大的小孩？

孙：跟我差不多大小，都是十一二岁，他们拿去之后，因为他有两三个人，我一个人，所以我就不跟他争，心里直恨，没法子反抗。那时候，因为是在避难，家父管我们很严，回来又不敢说，别（憋）了一肚子气也

不敢说，只有记在心里。这个恨记在心里，就是：中国人为什么要做弱小国民，要受人家的气？就是自己不行，要是行，他们怎敢欺负我们？虽然不是亡国的人民，但是我们等于是殖民地被人踩躏。我当时就想：将来有法子，一定要使我们中国作为一个强国，不能作为弱国。作为一个弱国的国民太不是人了①。

孙立人将军

这段文字（且编号为 A）摘自未公开出版的《孙立人回忆录》，声言为清华大学（台湾）校史委员会欲将"毕业于该校（1923 年届）的校友事迹载诸校史，而由该校教授洪同、杨觉民带领校史编辑蔡辉正、郑雅霞、冯克芸、黄小芳等四同学，于 1983 年 7 月 13 日，造访台中市向上路孙立人幽居之所，完成访问、记录，经整理后并孙立人签名认可"而写就的《孙立人回忆录》。但在当时，"似因仍有政治顾虑，而未刊布"②。稽查资料知洪同、杨觉民氏确为台湾清华大学教授。洪氏为安徽泾县人，1915 年出生，毕业于清华大学经济系，与孙为校友，毕业后投身国民党政

① 孙立人回忆录 [EB/OL]. http://www.doc88.com/p-5177143027082.html.
② 孙立人回忆录 [EB/OL]. http://www.doc88.com/p-5177143027082.html.

界，曾任战时工作干部训练团教官；杨觉民于 1983 年 5 月，于孙立人清华大学毕业 60 年之际，专程拜登孙氏之门，向其赠送纪念金牌，且事后发文讲述孙立人近况。这些资料似乎基本能互证真实性。此为"台湾清华大学版"《孙立人回忆录》。我们将其中建构情节的叙事要素抽绎出来：

人物：我（孙立人），（两三个）德国小孩；

时间：1911 或 1912 年（小孩跟我差不多大小，都是十一二岁，孙生于 1900 年）；

地点：青岛海滩；

事件：我（孙）捡到一块漂亮的石头，不但被这两三个德国小孩抢走，还被打了两个耳光；

原因：①青岛是德国的占领区，②他们人多势众；

叙事目的：弱国国民只能忍辱，暗下决心：长大要强兵强国。

且看另一则资料（且编号为 B）：

我很小的时候，还只有九岁大，大约那是宣统元年（1909 年），我当时住在青岛，而青岛当时，德国人的势力很大，把中国人看得连狗还不如。一个星期天早上，我到海边去玩，那海边有一种红色透明的石子，一般人常捡了回去，养水仙花。那天，我寻得了一块红色的，很是好看，当然以小孩子的心境，真欢喜得如获至宝。不料旁边有一德国小孩，他也在寻石子，见我得了一块好看的，就向我要，我不肯，那德国小孩失望得哭了。接着来了一个德国大人，不问是非，就从我手中抢去那块红花石子，给德国小孩，并打我一记耳光，牵着小孩扬长而去。当时我虽然年纪小，就已经深深感悟到中国太弱，中国人太受欺侮，我将来非争气不可。当时我挨了耳光，虽不敢告诉家里父母，但我的心里，就已经种下了决心学军事，以期将来献身国家，为国家争光荣争地位的志愿。一直到我长大了，由中学而大学而留学外国，这志愿始终不变①。

所引文字出自《统驭学》，它是孙氏为教导总队学员亲授的一门课程，所谓"统驭学"（leadership），也就是今天高校的一门很重要的社会科学课程"领导科学"。这位工科出身的将军讲授这门课时用大量的事例，而且

---

① 沈克勤. 孙立人传［M］. 台北：台湾学生书局，2005：14.

是个人亲身经历的鲜活事例，深入浅出地向不同层次的学员揭示这门课程的要义，这是其授课的讲稿，其中叙述的事件应该是最接近事实本来面貌的吧。也将其中的叙事要素抽绎出来列举如下：

人物：我（孙立人），（一个）德国小孩＋（一个）德国大人；

时间：1909 年（宣统元年，我还只有 9 岁）；

地点：青岛海滩；

事件：我（孙）捡到一块漂亮石子（红花石），德国小孩看到想要，但我不给，德国大人过来不仅抢走石子给那德国小孩，还打了我一记耳光；

原因：①德国人势炎大（以大欺小），②弱国国民只能忍辱；

叙事目的：暗下决心，学军事，献身国家。

我们不妨再征引另一文本中关于此事叙述的文字（且编号为 C）：

有一天清晨，我还是照样去捡五彩石头，正好看到一块红而透明的，非常好看。我拿着它在手上玩时，三个德国小孩来了，他们看到我手上的石子，心里喜欢，不管三七二十一，就把它从我手抢去了。我当然找他们理论，他们不说什么，完全以主人对奴仆的态度对我，打了我两个耳光。我一个人如何对抗他三个，只好忍痛含泪跑回家，回家后也没有给人提起这件事。但这个深刻的创痛，使我感觉到，做一个弱国的国民，实在不是滋味。要身为强国的国民，才是最幸福的。德国人自以为是，在租借地上，毫无理由地欺凌他人，把我们当作奴隶，实在令我愤怒。因此从那时起，我就私下决心要把自身贡献给国家，将来要想法使中国富强起来，使中国人做强国的国民，不再受人欺侮。报国的种子，由此就深深植在我的幼小的心灵里①。

这段文字的转引者标明的出处也是《孙立人回忆录》，并注明是其第二段"少年时期"。有资料显示，此版本为孙立人将军晚年口述，由其小女儿孙太平记录整理而成，曾在台湾《中国时报》连载，此为"中国时报版"《孙立人回忆录》。也且抽绎出其中的叙事要素，以供比较：

---

① 汪泗淇，戴健，钱铭. 孙立人传［M］. 合肥：安徽人民出版社，1998：15.

人物：我（孙立人），（三个）德国小孩；

时间：（1911 年辛亥武昌起义后，孙立人之父孙熙泽虑及自己也是革命"对象"，带全家遁往青岛避难，而 1913 年进京①。）1911—1912 年间；

地点：（引出这段文字前，作者有一段话："孙熙泽在青岛临时的家濒临大海。每天清晨退潮后海滩上闪动着晶莹水珠的五颜六色的贝壳和鹅卵石吸引着孙立人，他每天到青岛德文高等小学上学前总喜欢到海滩上转一转。"）青岛海滩；

事件：我（孙）捡到一块漂亮石头，他们想要，于是野蛮地抢走，还打了我两个耳光；

原因：①他们人多势众，②弱国国民只得忍辱；

叙事目的：私下决心"强国强民"，并深植报国种子。

再征引一则资料（姑且编号为 D）：

1908 年，清光绪皇帝病逝，孙将军的父亲焕庭先生出任山东省登州知府，举家迁至济南。1912 年辛亥革命，清朝末代皇帝逊位。政府改行内阁制，各地不安，济南动乱，焕庭迁往青岛避难。孙立人时年 9 岁入德文学校。一天，他在海滨玩耍，瞥见几个德国孩子围着一个中国孩子嘲笑辱骂。孙立人本性好打抱不平，扶助弱小，一见之下，怒不可遏，挺身而出，痛斥那几个德国孩子，不可欺人太甚。不料站在一旁的一个德国大孩子怒气冲冲地走过来，不容分说，就给了孙立人两记耳光。这一突如其来的侮辱，使孙立人铭刻在心。稍长，始逐渐悟出青岛当时是德国的半殖民地，这是挟帝国主义的淫威，对半殖民地人民最蛮横无理的表现，这不只是对他个人的侮辱，也是对中华民族的侮辱。在他的童年的心灵上，诱发将来非走富国强兵之路不可，遂立下将来长大学军事的宏愿，保家卫国。②

这段文字的作者薛庆煜，1936 年毕业于燕京大学医预系，获理学学士学位，1940 年毕业于北平协和医学院，获医学博士学位，其于 1943—1945 年间曾担任中国驻印度军新 38 师及后来的新一军的上校军医处长，一度追随孙立人将军左右，与孙氏颇有交集，孙待之甚厚。我们亦抽绎出这段文

---

① 汪泗淇，戴健，钱铭．孙立人传［M］．合肥：安徽人民出版社，1998：14—16.

② 薛庆煜．孙立人将军传［M］．呼和浩特：内蒙古大学出版社，2000：2.

字的叙事要素：

人物：我（孙立人），（几个）德国孩子＋（一个）中国孩子；

时间：1912 年（又与 9 岁难以对应）；

地点：青岛海滨；

事件：几个德国孩子欺侮一个中国孩子，"我"打抱不平上前"痛斥"，却招致两个耳光；

原因：（"稍长"后才"悟"出）半殖民地百姓受尽侮辱；

叙事目的："将来非走富国强兵之路不可。"

关于这一"受辱事件"再征引一段更具有文学性的叙述文字（编号为 E），文字比较长：

1911 年，武汉起义，波及济南。孙府迁居青岛，12 岁的孙立人被转入青岛德文高等小学学习。

1898 年，德国以巨野教案为借口，出兵强租胶州湾。青岛被德国人宣布为自由港，他们开始修筑青岛港，1903 年 3 月，青岛大港第一码头建成开放；1904 年 6 月，胶济铁路全线竣工通车。具有战略重要地位的这一军事要地，就这样在德国人手里"日新月异"。德国人成了这里的主人，个个都是一副耀武扬威的样子。

尽管青岛已成了德国的殖民地，但美丽的海滩依然是儿童们的乐园。在青岛，孙立人最喜欢去的地方就是海滩，每到休息日，他总会与几个好同学去海滩嬉戏。他们去浅海边游泳、摸鱼、拾贝壳，在沙滩上翻跟头、跳远，玩得心花怒放不亦乐乎。

又一个休息日，孙立人照例又和几个同学先游泳，然后在沙滩玩。玩累后，孙立人躺下休息，忽然发现有颗石子挺醒目，便跑过去拾，拾起一看，这颗石子居然是块美丽的海花石，其状如鸭蛋，晶莹剔透，白里泛红。两个伙伴见了也是非常喜爱，赞美不已。

这边的动静引来了德租地三个大小孩的目光，紧接着他们便走了过来。

"给我！"一个长相健壮的德国大男孩"卷毛"向孙立人伸出了手。

"不给。"孙立人本能地缩回手，攥紧海花石说，"这是我捡到的，凭什么给你？"

"卷毛"恼羞成怒，上前打了孙立人两记耳光，并用蛮力将孙立人手中美丽的海花石抢去，然后没事般地扬长而去。

孙立人有瞬间的错愕，怎么会这样？

委屈的泪水自心底涌起，孙立人心想：这里是中国的土地，但真正的主人却是德国人。国家弱了不行啊，要不然，他们怎敢欺负我们？与此同时，孙立人在心里暗下决心："将来有法子，一定要使我们成为一个强国，不能做弱国。作为一个弱国的国民太不是人了！"

这两个耳光，成了孙立人以后献身军旅，保国卫民宏愿的最初启蒙①。

孙立人祖籍舒城县杭埠镇，属龙舒孙氏，龙舒即安徽舒城。此文作者为谁未明确标注，然而其对这个故事进行的华丽包装不可谓不煞费苦心！我们还是从中抽绎出叙事要素：

人物：我+两个伙伴，（三个）德国大小孩（其中一个是健壮的"卷毛"）；

时间：1911 年（孙 12 岁）；

地点：青岛海滩；

事件：我捡到一块（"状如鸭蛋，晶莹剔透，白里泛红"）珍贵的海花石，"卷毛"打了我两记耳光，并强行抢夺过去；

原因：①"卷毛"健壮，恃强凌弱，②国家太弱；

叙事目的：决心将来强国强民。

我们把"青岛受辱"这同一事件的五个（A、B、C、D、E）不同叙述文本进行平行阅读，不禁让人产生无尽的兴味，兴味何来？来自文本差异而激荡出的不同的叙事情怀。

如果我们对五个文本的叙事要素进行筛分，滤去同者，对留剩的异者进行叙事要素结构的深层肌理分析，将事实表层的粉饰层层剥开，既能还原事件的本原状态，又能窥视叙述者的叙事理想。

显然，五个文本六个叙事要素中，无争议之一是"地点"要素，其指向性十分明确：青岛海滩；无争议之二是叙事目的趋于一致，都是因这一事件而激发起孙氏奋发图强、立志报国的决心。余下的四要素之间都程度

---

① 舒城县委党史研究室. 抗日名将孙立人［M］. 北京：中国文史出版社，2010：4-5.

不同地存在着差异甚至背离。

（一）"人物"

尽管有其相同之处，即都有力量上的悬殊之表述，但仍然存在很大的差异。A、C 两个不同版本的《回忆录》都是"我"与"两个"或"两三个""德国小孩"，只是数量上的寡不敌众；B 是"我"与"一个德国小孩"+"一个德国大人"，这就不仅有数量的多寡差别，还存在着力量上的悬殊；D 是"我"与"几个德国孩子"+"一个中国孩子"，这"一个中国孩子"的出现，改变了故事结构，也干扰了叙事走向；E 显示的虽然在人数上似乎势均力敌，"我"+"两个伙伴"与"三个德国大小孩"，但"卷毛"这个借代所隐喻的人物，打破了双方的均衡，使"我"方仍然处于弱势。这是因为"卷毛"在中国对西方的形象学史上，它是相对于东方特别是中国人"直发"而建构起来的他者异类形象，如西方人眼中的中国人留着"小辫子"一样，有明显的贬义。我们不能说这是虚构，不符合真实，只能说是叙事的需要。即使 A、B、C 这三个文本，或出自传主之口，或出自传主之手，却也何以有如此的差别？A、C 是孙氏晚年口述由其他人整理出来，经历了半个多世纪的时间淘洗冲刷，特别是 30 多年的"幽居"其实为软禁生活的打击，晚年时的孙立人对儿时的细节记忆还是那么清晰吗？他人在整理的过程中，或是他的仰慕者，或是他的女儿，他们会否对情节作些叙事上的"润色"？B 出自孙氏之手，而且无论在东北或后来的台湾，给学员授课时正年富力强，细节记忆出现偏差的概率相对较小。从孙氏在缅甸战场作战的风格而言，他不惧强敌，但不会与强敌直接对话而是惯用迂回战术，因此他既有军人的血性，又有中国传统士人的睿智，故而可以断言，当时双方无论数量的多寡或力量上的悬殊肯定都很大，否则，他是不可能忍气吞声地过去。

一方水土养育一方人，每一方水土上的人也都打上了这方水土的深深印痕，这也就是文化身份的标签。孙立人祖籍舒城，与古楚国国都寿春紧相毗邻，是为古楚国的原住民。其血脉中激荡的是楚人的那种"威武不能屈""贫贱不能移"的骨气和"力拔山兮气盖世"的英雄气概，出生楚地的英雄或领袖人物"眼中容不得沙子"，更不屑与小人为伍，故人际关系特别是与上级的关系大多比较紧张；加上性格方直，自以为是，同僚中难有好评，而其结局多是英雄末路的悲叹！屈原如此，项羽如此，陈独秀如此，闻一多如此，当代的诗人海子如此，孙立人亦如此。

由是，A、C 两叙事者与 B 相比，尽管数量上是 3∶1 的关系，显示了孙与德国小孩之间数量上的弱势而遭受侮辱，但明显的，从叙事效果上远不及 B 数量上的 2∶1，而力量上却有大人与小孩之间的悬殊。因此，A、C 顾此失彼的叙事想象，其效果明显不及 B 符合孙立人的处事风格。也因此，D 想"打抱不平""扶助弱小"主动"挺身而出"，而结果为"一个德国大孩子"的"两个耳光"而退缩"受辱"！这与孙立人审时度势的风格几相悖离。说得更通俗些，他这不是被动受辱，而是主动"找辱"。也许，叙事者欲借此赋予孙立人"打抱不平""扶助弱小"的人物个性？但事与愿违，脱离人物性格内在逻辑的想象性书写，其结果势必走向反面。

至于 E，作者想象性叙事添油加醋的成分比较多，在数量上 3∶3，年龄相仿的情况下，仅仅因为"卷毛"就任其夺走海花石，并被打了两个耳光，给读者的印象除了无能和懦弱，还有什么？显然不切合孙立人的性格逻辑！

（二）时间

这里出现了两个时间，孙立人在《统驭学》中陈述说，那时"只有九岁"，时间指定为"宣统元年（1909 年）"，孙生于 1900 年，自我叙述的年龄与时间可以互证"青岛受辱事件"发生在 1909 年，即作者九岁时，而其他文本的年龄都定于 12 岁。这又有着怎样的叙事玄机？

英雄人物之所以成为英雄人物，不是一朝一夕的事，它有一个相当漫长的成长过程。而文本中的英雄人物的建构同样需要一个漫长的过程，尤其重要的是文本中英雄的成长必须有成为英雄的成长基础，或者说要能成为英雄就要有成为英雄的禀赋，中国俗语所说的"三岁看小，七岁看老"就是这个意思。

《统驭学》中，"我"在遭德国大人抢走石头、打了一记耳光后，孙立人有这样的一段感慨："当时我虽然年纪小，就已经深深感悟到中国太弱，中国人太受欺侮，我将来非争气不可。"

孙氏这段叙述性文字颇为令人生疑。人的心理发展是有阶段性的，心理家的研究成果认为，儿童直到前青年期，即十一二岁到十四五岁才能将自己从具体事物中解放出来，也就是说，青年期之前他们的思维都局限在事物本身，难以作超越具体事物的想象与联想。进入前青年期才能形成和发展社会性情感和社会化思维①。按照这一学术理论，时年九岁的孙立人被德国大人抢走石头并打了一个耳光后的直接反应或者少年冲动式的奋起反抗，哪怕头破血流；或者在数量和力量上完全处于劣势的情况下隐忍且寻机报仇。这个年龄段不太可能作个人"受辱"事件上升到国家、社会的"弱"这个理性层面的思考，也不太可能作"国家太弱就会被欺辱"，"我被欺辱，就是因为中国太弱"，"所以将来非争气（努力让国家强大）不可"这样缜密的把个人与国家、社会的关系之间的形式因果推理。

那么，孙立人为何要放大这一事件后自己的这一理性感受呢？在这一叙事表象之后，隐藏着叙事者如何的用心？

孙立人生在书香世家，自小即接受严格的教育，"一天到晚就是念四书五经"②，儒家特别重视道德人格的培养，也十分注重个人的人格尊严。其父在孙立人离开北京赴美留学时借曾子之言告诫他："士不可以不弘毅"，就是要求他养成宽厚和强忍的人格。现在，被一个外国人如此这般地侮辱，对他肯定打击甚大，在他的内心烙下难以抹平的伤痕应在情理之中，随着年龄的增长，"君子报仇十年不晚"这一复仇意识不但没有消逝，反而在经年积月的时光中发酵而益显清晰，更会到成年后悟出当时积贫积弱的国家才是使如自己一样的平民饱受西方列强欺辱的根本原因。叙事者作了时间上的错位处理，把本应是若干年后才能感悟出的道理的时间，嫁接到"当时"，也就是叙事者才九岁的"当下"，是为了放大自己其时受辱的那种强烈感情。而对文本而言，却是以这种方式，作为建构英雄人物的起点，赋予英雄之所以成为英雄的内在合理性。

也许是 A、C、D、E 文本的叙事者意识到时间的错位使年龄与思想深度的不相称，于是将九岁延迟到十二岁，这样似乎是降低了二者之间难以调和的反差，但实际并不能建立二者之间的本质联系，仍然让读者感受到叙事者处理这一矛盾时功利思维带来的策略失当。

二、"仁安羌大捷"：叙事视角的放大与遮蔽

"仁安羌大捷"无疑是孙立人作为军人取得的标志性战果，尽管他在

---

① ［瑞士］J. 皮亚杰，B. 英海尔德. 儿童心理学［M］. 吴福元译. 北京：商务印书馆，1980：104.

② 许逖. 孙立人传（百战军魂）［M］. 台北：懋联文化基金，1983：37.

此前的"淞沪会战"中有所表现，但毕竟是以税警第四团团长身份参战的，并非职业军人，也仅在蕴藻浜、苏州河一带参与的局部抵抗，并未取得像样的战绩，其后就因负伤而退出战场；更何况，随着整个淞沪战场的全线受挫，上海、南京等大城市的沦陷，局部的胜利就如漆黑的夜空划过的流星，其光芒被黑暗吞噬了，故显得湮没无闻。

据正史记载，1942 年 3 月，日军攻占缅甸东吁（同古）后，第 55、第 18 师团沿东吁至曼德勒轴线继续向彬文那（平满纳）进攻，第 56 师团从右翼沿东吁至腊戍公路向垒固进攻，第 33 师团从左翼沿伊洛瓦底江两岸向仁安羌进攻。

日军第 33 师团于 3 月 25 日从礼勃坦、兴实达一线出发，一路势如破竹，仅遭轻微抵抗就连续攻占瑞当、卑谬、阿兰谬，新榜卫，于 4 月 14 日占领了东敦枝和因河南岸的敏贡，迫近英军第一军团部所在地马圭。在此紧急形势下，英缅军统帅亚力山大将军向中国远征军代表侯腾求助。15 日下午 3 时，刚到达曼德勒不久的第 66 军新编第 38 师师长孙立人接到罗卓英的命令，派

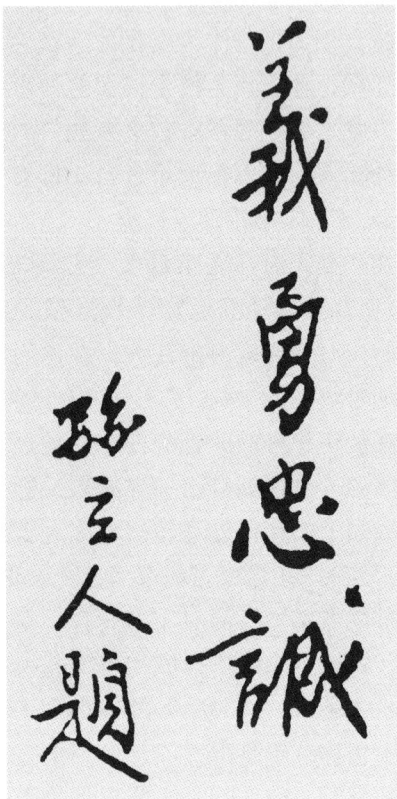

孙立人将军手迹

遣第 112 和第 113 团分别开赴纳特曼克和巧克柏当，策应英军作战。16 日午夜，日军第 214 联队从撤退英军的右侧超越英军，先期进至仁安羌以北 5 公里处切断了英缅军第 1 师及装甲第 7 旅的一部撤向仁安羌的退路。17 日，日军第 33 步兵团占领马格威，将英军紧紧包围在仁安羌以北地区。英军尽管几度试图突围，但均告失败，且日军第 33 师团第 215 联队也正向仁安羌急进。

中国远征军新编第 38 师第 113 团于 16 日下午抵达巧克柏当。17 上午，英缅军第 1 军团长史林姆至第 113 团团部，当面将其手签的命令交刘放吾团长："致 113 团团长刘上校：请将贵团开至平墙地区。在该处，你将与安提斯准将会合，他将以所有坦克配合你。你的任务是攻击并消灭平墙以北 2 里处敌军。"刘放吾即用无线电请示孙立人，孙立人又与罗卓英联系。远征军长官部下令："立刻派 113 团由齐（学启）副师长率领，火速驰援英军。该师长并仍负卫戍曼德勒之责。"孙立人不同意由副师长率部驰援而自己"坐守空城"，遂只令第 113 团连夜先行出发，让齐学启留守曼德勒，自己至指挥部请求亲自指挥作战。

刘放吾接到命令后，立即率部向宾河（拼墙河）前进，并派副团长曾琪随同英军战车队队长先行侦察地形及敌情。该团于 17 日午后到达宾河（拼墙河）以北，英军配属轻型坦克 12 辆、炮 3 门，于当晚完成了攻击准备。18 日凌晨，第 113 团第 2 营在左，第 1 营在右，第 3 营为预备队，在英军坦克、炮兵掩护下向日军阵地展开攻击。激战至 16 时，日军伤亡惨重，被迫放弃阵地，纷纷涉水退至宾河（拼墙河）以南。

为与第 113 团作战配合，被围英军亦于 18 日凌晨展开突围战斗，但苦战一日，毫无进展。16 时 30 分，英缅军第 1 师师长史考特致电史林（姆）求援。形势确实危急，史林（姆）遂要求第 113 团继续攻击，以速解英军之围。但此时已经赶至前线的孙立人认为宾河（拼墙河）南岸日军居高临下，攻击行动完全暴露，仅以 1 团兵力实施昼间攻击，不仅难以达到解围的目的，反易遭不意之损害。经与史林（姆）一再解释、协商，获得谅解，决定次日拂晓攻击。并于 18 时下达了攻击命令。其主要内容为："1. 当面之敌情无变化，仍坚守宾河（拼墙河）左（南）岸高地一带阵地，英军第 1 师仍在仁安羌东北地区被敌军包围，已弹尽粮绝，危急万分。2. 师以击溃当面敌人、救出英军之目的，于明（19 日）拂晓 5 日 30 分继续攻击。3. 第 113 团于明 5 时 30 分即向油田区之敌攻击，重点指向敌之左翼。4. 英军炮兵队（火炮 3 门）以一部火力协助第 113 团之左第一线，攻击宾河（拼墙河）左岸之敌，以主火力支援其右侧一线主力之进攻。5. 英军战车队以全力沿公路进攻，协同我主力之进攻。"

19 日凌晨 4 时 30 分，第 113 团渡过宾河（拼墙河），5 时 30 分展开全线进攻。左右两翼合力冲杀，第 113 团击退日军第 214 联队及第 213 联队一部后，救出了英缅军第1师7000余人和美国教士、新闻记者以及被日军俘虏的英军等500余人，从日军手中夺回的100多辆汽车和1000余头马匹等亦交还英军①。

这就是史称"仁安羌大捷"的经过。孙立人因这场战役而扬名异域，英国乔治六世颁发其"不列颠帝国勋章"（Knight/Dame Commander；缩写为KBE/DBE），蒋介石颁发其四等"云麾勋章"。

关于这所谓的"仁安羌大捷"，叙事文本的差异也是天渊之别。

（一）"仁安羌大捷"的指挥权属问题

根据郭汝瑰的上列叙述，4月18日凌晨至下午4：00，直接指挥者是113团团长刘放吾，而孙立人这时尚在曼德勒，不过参与了间接指挥；下午4：00以后，孙立人赶到113团所在前线阵地，亲自指挥作战。也就是说，这次战役是由刘放吾、孙立人先后指挥的。军队的指挥系统有明确规定，战场指挥权属于在场的最高长官。如此，远征军长官部的命令"立刻派113团由齐（学启）副师长率领，火速驰援英军。"中的齐学启副师长呢？他没有参加战斗？

不独此，且看"台湾清华大学版"《孙立人回忆录》，在这一叙事文本中，关于"仁安羌大捷"整理者安上了三个标题，分别是第一部分"抗命驰救仁安羌"讲述"我"是如何与"陈诚派来的人"软磨硬泡，并且不惜违抗命令（远征军长官部让他戍卫曼德勒）坚持要亲自率军参与救援英军。无奈之下，司令部的人只得同意。这时已经是"三更半夜"，"我就赶坐吉普车赶到第三团，连夜带着第三团到缅甸仁安羌，就这样带着他们打了一天一夜。"第二、三部分"英军危急投降了"和"一天一夜解重围"，叙述"我"如何带领第三团"打了一天一夜"解得英军之围；被解救出来后，英军官兵又是如何山呼"万岁"，感激涕零的。通篇只见孙立人一人的影子，既无刘放吾，也无齐学启。似乎告诉人们这次战斗是由他一人指挥取得的战绩。况"一天一夜解重围"也颇有疑处，根据1942年4月20日中国远征军长官部罗卓英将军给蒋介石的密电称："孙师原派乔克马党（巧克柏当）之一一三团，篠日扫荡平河（拼墙河）以北敌人后，进而救

---

① 郭汝瑰　黄玉章. 中国抗日战争正面战场作战记［M］. 南京：江苏人民出版社，2002：1127-1130.

援在彦南扬（仁安羌）破［被］围之英军，现据孙师长皓未报称：刘团经两昼夜激战，占彦南扬（仁安羌），救出被围英缅军第一师七千余人……"① 很明确此次战斗过程是"两昼夜"。

在沈克勤的《孙立人传》中，刘放吾团长接到长官部的命令后，"十七日黄昏时分，到达距拼墙河北岸五英里处，进入准备攻击位置"。紧接着：

> 齐副师长命令一一三团，要在十八日攻占拼墙河北岸及渡口……他指示一二两营由刘团长率领进占公路东面，第三营由曾琪副团长率领进占公路西面，各距公路千米以上向南推进，要在翌日清晨四时到达拼墙河北岸，四时三十分，采取两翼包围，开始向公路夹击行动。
>
> 次晨天还没有拂晓，枪声响起……敌军伤亡枕藉，纷纷渡河逃命。
>
> 齐副师长乘着吉普车，沿公路南下……
>
> 齐副师长指示部队暂不渡河，待师长到后再作决定②。

这倒暗合了远征军司令部的电令内容，即由齐学启带领一一三团参加救援英军，而孙立人仍镇守曼德勒。据沈克勤叙述，新三十八师的一一二团和一一三团被远征军指挥部调遣由齐学启率领，开往纳特曼克（Natmank）与巧克柏当（Kyaukpadaung），负责支援西翼的英军和掩护正面国军的侧背。留守曼德勒的只有114团的二、三两个营，因为其中第一营仍然留在腊戍，担任飞机场的警戒。而紧接着4月15日晚应英缅军总司令亚力山大将军的请求，远征军司令部责派齐学启率一一三团紧急去解英缅军第一师之围③。孙认为他的三个团"这样四分五裂的被调走，使得曼德勒无兵可守，实在非常危险"④。于是，他于十六日晚九点多钟赶到瓢背（Pyawbwe）远征军司令部，找司令长官罗卓英理论，被参谋长杨业孔将军堵住，说长官不在，于是孙对杨反复陈说利害，其意很明确，不足千人的一一三团去抗衡日军八千人，且又是英国人指挥，无异于以卵击石。杨也

① 中国第二历史档案馆. 抗日战争正面战场［M］. 南京：凤凰出版传媒集团，凤凰出版社，2005：1147.
② 沈克勤. 孙立人传（上）［M］. 台北：台湾学生书局，1997：146-147.
③ 沈克勤. 孙立人传（上）［M］. 台北：台湾学生书局，1997：144.
④ 沈克勤. 孙立人传（上）［M］. 台北：台湾学生书局，1997：145.

道出实情："以一万人被围，一千人何能解救？"这一团人实际是"送人情的"，这让孙更为焦急，说："我作部队长的，不能白看着部下去送死！就是去死，我也要同死，死马也得作活马用。"直磨到凌晨两点，但杨仍以这是司令长官的命令，他不能承担责任而不为所动，直到孙说："如果参谋长不肯负责，那我自己负责，不过请你报告总指挥官，就说按照当前情况，我势在必行。不合理的命令，不一定要接受，责任问题只有等任务完成之后，再来承担。"杨参谋长才松口："好吧！你去吧！如果打了胜仗，算你首功。"① 很明显，杨是被磨不过，才答应，并非远征军长官部的意思。在缅甸保卫战失败之后，军事委员会于1942年秋在重庆召开最高军事会议，检讨这次失败的原因与责任时，杜聿明报告说："新三十八师师长孙立人不遵守命令，擅自离开戍守的曼德勒，前往仁安羌援救英军，以至防线拉得过长，全面战局遭到动摇。撤退时，孙部负有掩护任务，又违抗命令，中途脱离，不随同国军归国，反而尾随英军之后，退往印度。似此违抗长官命令，擅自行动，应交军事法庭审讯，追究其责任。"② 要不是罗卓英将军为孙辩护，其结果如何，孰难预料！这也埋下了日后孙、杜之间不睦的种子。这是后话。

杜聿明认为孙立人这是抗命行为，其态度是鲜明的。但从中可以得出这样的判断：远征军长官部是让齐学启率兵去解仁安羌之围，其指挥权应该是齐学启将军；后来，孙立人中途介入，接掌了指挥权。沈克勤在此明显将孙立人介入这场战斗的时间提前，以达成是孙立人指挥了整个战斗的叙事目的。持这种叙事策略的并非沈克勤一人，孙克刚同样使用的是这种策略："十八日拂晓起，战斗更烈，孙立人将军亲自从曼德勒赶往前线指挥。"③ 同样是故意模糊时间这一叙事要素，以引导读者孙氏"在场"的想象。

这一点得到戴广德所著《缅甸之战——随孙立人刘放吾将军远征纪实》的印证："在十八日攻击前，史莱（林）姆将军对由刘放吾团长指挥进攻还有些不放心，他担心刘团长还会出现十七日受命时的迟疑。史莱

① 沈克勤.孙立人传（上）[M].台北：台湾学生书局，1997：145-146.
② 沈克勤.孙立人传（上）[M].台北：台湾学生书局，1997：195.
③ 孙克刚.缅甸荡寇志[M].上海：上海国际图书出版社，1946：5.

（林）姆将这点疑虑告知当时正赶赴前线的孙立人将军，孙将军立即邀请史莱（林）姆同往视察。"① 十分肯定地证明孙在十八日即这场战斗的前半段尚未赶到前线。戴广德先生时为贵阳《中央日报》记者，担任中国驻印军随军特派员，作为记者，职业本能和敏感决定他对事件的人物、时间等叙事要素有着严格的准确性要求。

1944 年 3 月史迪威代表美国总统罗斯福授予孙立人"丰功勋章"

时隔半个多世纪后的 2009 年，刘放吾将军的儿子刘伟民先生陪同美国某要员来京访问时接受过贾晓明先生的专访。其时，电视剧《我的团长我的团》播出后，在社会上引起很大轰动，这"团长"是谁？中国读者或观众欣赏艺术作品时喜欢对人物和事件予以坐实心态由来已久，故而电视剧播放过程中就有过很多猜测，并且持续了很长时间，但没有定论。而刘伟

---

① 戴广德. 缅甸之战——随孙立人刘放吾将军远征纪实［M］. 合肥：黄山书社，1995：16 －17.

民先生叙述的事实为此作了很好的解释。其中涉及"仁安羌大捷"的指挥权时是这样表述的：

18日凌晨，刘放吾率领战士在协同作战的英军一个重炮队和一个坦克队（12辆18吨的坦克）的掩护下，向平墙河北岸的日军采取两翼包围的态势，开始进攻……晚10时，刘放吾接到孙立人命令，要他立即渡河接应被围英军……拂晓攻击前，斯利姆对刘放吾团长的指导能力还有些不放心，他将这点疑虑告知当时已赶赴前线的孙立人，孙立人当即邀请斯利姆一同赴前线视察①。

这段文字中透露出的信息同样是这场战斗前半段是刘放吾指挥，而孙到达的时间在19日晚10点以后。

如此，无论是孙立人自述别人整理的《孙立人回忆录》，还是沈克勤、孙克刚，在叙事时都带有明显的强调孙立人战功的倾向。孙立人自己自不必说，整理者或他的曾经的"校友"，或是他女儿，沈克勤是他曾经的部下，而孙克刚是孙立人的侄儿，1942年任孙立人新三十八师政治部副主任。这就不难想见因为亲情的关系，叙事者的叙事倾向难免有美化成分。

虽然孙立人前半段没有直接参加指挥，却参与了战斗的部署，这一点可以肯定，这既可以从战后国民政府对这次战役的有功人员的表彰可以得到印证，也可以从英国和美国人对他的评价中间接印证。战斗结束后，国民政府颁发孙立人将军四等云麾勋章；刘放吾团长记大功二次，颁发六等云麾勋章和陆海空军甲种一等奖章各一枚；副师长（齐学启）、参谋长各记大功一次②。1943年元旦，印度比哈尔省举行一年一度的"达尔巴"节，就在这一天，孙立人将军去兰溪接受英皇为纪念仁安羌战役援救英军颁给的荣誉勋章。比哈尔省省督在颁奖辞中说："奉皇帝陛下的命令，本人今天代表陛下将C. B. E勋章授予阁下，以纪念阁下去年在缅甸边境的功绩，和对阁下这种英勇行为的崇敬。"③ 中国指挥官以战功赢取外国的司令勋章，这是第一次！同年，美国总统罗斯福亦颁发孙"丰功勋章"，颁奖辞曰："中国军人孙立人中将于一九四二年缅甸战役，在艰辛环境中，建

---

① 贾晓明. 刘放吾与仁安羌大捷［J］. 纵横，2010，(4).

② 戴广德. 缅甸之战——随孙立人刘放吾将军远征纪实［M］. 合肥：黄山书社，1995：24.

③ 孙克刚. 缅甸荡寇志［M］. 上海：上海国际图书出版社，1946：32.

立辉煌战绩。仁安羌一役孙将军以卓越之指挥，击灭强敌，解救英军第一师之围，免被歼灭……"①

获授 C. B. E 帝国勋章

　　基于战术战功认定，"仁安羌大捷"的指挥权应该是这样的原貌：以1942 年 4 月 18 日下午为界限，可以把战役分为前后两段。前一段由齐学启、刘放吾指挥战斗，孙立人虽未直接到一线，但参与了战役的谋划与运筹；自 18 日下午或晚上，孙说服参谋长后赶到一线，不仅直接参与谋划、运筹，而且直接到现场指挥战斗。

　　至于多个叙事文本中未提及的齐学启将军的指挥权问题，其功绩被人挤占，是否因为齐将军在其后被俘、被刺，特别是被俘的经历而被有意遮蔽呢？无论如何，在历史面前，坦然面对，或许比有意识地遮蔽更让人体会到历史与历史人物鲜活真实的一面。而亲情叙事中"抢功"也好，粉饰也罢，有些是因为时间过长细节记忆失真、失准；有些可能是突出被叙述对象的地位，是一种叙事策略而已。

　　　　　　　　　　　　　　　　

　　① 孙克刚. 缅甸荡寇志［M］. 上海：上海国际图书出版社，1946：22.

如此说来，质疑甚至指斥孙立人将军的文章，譬如，《吹出来的"国军战神"孙立人》（杨津涛，《文史博览》，2014 第 4 期）即如此。而此文一出"腾讯网""铁血网""卓越历史网""新浪网""军盟网"等大批网络媒体争相转载炒作，大有落井下石之意。然而，在还原的历史面前，这些赚点击率的噱头，难免让人看到在历史与文学之间，炒作者认知的荒芜。

盟军第一次缅甸战争以失败而告终，而"仁安羌大捷"却是整个失败格局中唯一的一次胜利，也是中国军队在异域对日作战的第一次胜利。这就不免使之如漫漫暗夜中的星星闪烁出吸引人的亮光。战斗挽救了英缅军第一师覆亡的命运，所以一向无视中国和中国军人的英军缅甸战区统帅亚力山大将军和英军第一军军团长史林姆（史林）中将也对孙立人率领的新三十八师的壮举表示："对阁下热诚相助，及贵师英勇部队援救并肩作战之盟军美德，深表谢忱。""阁下对英军第一师无私之援助，为此敬请接受本人及敝军全体官兵之衷心感激与祝贺。"① 史林姆更在其名著《反败为胜（Defeat into Victory）》中盛赞"孙立人将军，机警、有干劲，优秀的战术家，冷静，有进取心，维吉尼亚军校应以有孙将军为荣。在任何国家都是最好的指挥官"②。战斗增强了盟军战胜日本人的信心。日军三十三师团第二一四和二一五联队自诩"不可战胜"的神话被彻底粉碎，因此战斗结束战讯传到盟军总部，"一向目中无人的史迪威将军，对孙立人大加赞扬。夸耀地说：'好得很！这家伙太有种了，又不怕打仗。一个货真价实的军人，我希望我们有更多的孙立人！我希望英国人永远记着孙立人为他们做了些什么！'"③ 在国内，他因此役而一战成名。冰心先生曾有一段回忆文字。他们是一九二三年八月十七日同乘美国游船杰克逊号到美国去的，但那时他们之间并不相识。"我们的相熟，是在二十世纪四十年代初期一九四二年至一九四四年之间。那时我们在重庆，他在滇缅抗日前线屡立奇功，特别是在英军军队节节败退之后，孙立人'以不满一千人的兵力，击

① 沈克勤. 孙立人传（上）［M］. 台北：台湾学生书局，1997：155–156.
② 王楚英. 我所知道的孙立人将军［C］//纪念孙立人文集. 合肥：安徽人民出版社，1998：57.
③ 沈克勤. 孙立人传（上）［M］. 台北：台湾学生书局，1997：154.

败十倍于我的敌人，救出十倍于我的友军'，在世界上振起中国军人的勇敢气魄！"① 可谓扬威异域，誉满寰宇。

（二）"仁安羌大捷"是孤军作战还是协同建功

遍稽群籍，从孙氏的"回忆录"，到其部属的"传记"，或者后人对他的书写，仁安羌大捷的功劳都记在刘放吾的一一三团的头上，似乎与友军无关。仅有的片言只语似乎只是照顾历史真相的情面而敷衍塞责。

在"台湾清华版"《回忆录》中，几乎未涉及其他人或友军，尽管文字较多，但为了更有说服力，不妨征引于下：

抗命驰救仁安羌 我当时晚上九点多接到了这个命令，连夜跑到司令部去找陈诚派来的人，说是"不在家，我就是他的参谋长。"我说："这样非垮不行，这些兵非我带不行；我说不是说任务困难，任务并不困难，作法不对。"我说："你怎么可以命令我？我是一个军长（此处可能有误），我的部队在哪里我都不能指挥？你怎么可以一个钉子一个眼把我钉在门德雷夫（曼德勒）？这是什么指挥？"参谋长一直说这是司令官的命令。我说："司令官的命令，什么命令也好，你说我违抗命令也好，'将在外，军令有所不受'。"

我就这样做，成功、失败我负责，军法审判我负责；你说我怎么样都可以，可是我非去做不可，这是我的指挥权。这是三更半夜，我就赶坐吉普车赶到第三团，连夜带着第三团到缅甸仁安羌，就这样带着他们打了一天一夜。日本人不知道我带了多少人来，其实我这一团，可怜啊！原来应当有两千多人、三千人，实际上只有一千多人，其余又是给别人调去。

英军危急快投降 打了一天一夜，第二团随后就到。到了那里，英国人差不多有七千多人在那儿，两天没水喝了，要投降了。有人跟我说你马上攻，我说不可以。这位英国军官在英国也是成名的，后来封了爵，大概派到南洋，到澳洲做总督。他叫我马上攻。我说："现在白天，我们又没有准备好，敌人多少我们也不知道，地形也没有搞清楚，蒙着头攻不行啊！"我就告诉他："第一个要搜索，要把地形搞清楚，才能进攻。"我布置好了就做一些假动作，兵不厌诈呀，同时把地形搞清楚。这时候，他的师长，被围困的师长啊，就在电话里叫急，说："没有水喝，马上部队就

---

① 冰心.悼念孙立人将军［J］.中国作家，1991，（3）.

要垮掉了。"请救兵赶快去。

一天一夜解重围 好像很急，我就说："你放心，一直打到最后的一个人，我一定会把你们救出来。"同时，我告诉他们那个师长，于是知道我有这个决心，心定了。结果攻了一天一夜，把他们救出来了，救出来了，那英国人啊，叫"中华民国万岁！""蒋委员长万岁！"叫得一塌糊涂，在里面的新闻记者有四五十个。我们这边高级司令部，我就让他们告我的状，说我违抗命令。后来有电报叫我去，我准备是要军法受审的。我说，事实摆在这里，并不是我自私，而是非这样做不可，不这样做一定失败。后来我到南京，他们还有人替我担心。……事情多了，很多事情后人都可以做证明。讲到这个，有许多人是非不明、善恶不分，是会坏国家大事的①。

叙述中何曾有只言片语涉及这次仁安羌大捷与齐学启、刘放吾，或者任何友军的关系？俨然是由孙独自率领一一三团取得的战功！

戴广德文本中是这样叙述的，"英军重炮准确地射向目标——五〇一高地附近，爆炸，开花，火光映红了半边天。""刘放吾团长率领一、二两营在英军炮火和战车的掩护下，涉水冲过沙河—平（拼）墙河。"②

在沈克勤版《孙立人传》中，只是在部队下达的作战命令中提及友军："（第一波攻击）3. 英军榴弹炮八门，阵地在拼墙河北岸二哩，作歼灭性的面积射，即正面宽六百公尺，深五百公尺，由东而西，由近而远，发射时间自明晨四时起至四时四十五分止。4. 英军战车大队，在第一波炮击时，到达拼墙河北岸渡口，由我方联络官钟山率领第三营战车渡河，攻击正面敌人阵地，赶到占领南岸，解救出英美记者等人，即加油加弹作第二波攻击。""（第二波攻击）2. 英军榴弹炮阵地不变，射程改为十哩至十二哩，目标为公路东侧之敌，战车继续向前推进。"③ 命令中英军协同作战可以看到其作用是不可低估更是不可被抹杀的。

王楚英在回忆中说："孙立人审时度势，决定采纳刘放吾的意见（先夺取宾河大桥，再攻仁安羌——作者注），他令一一三团副团长率第三营

① 孙立人回忆录［EB/OL］. http://www.doc88.com/p-5177143027082.html.
② 戴广德. 缅甸之战——随孙立人刘放吾将军远征纪实［M］. 合肥：黄山书社，1995：19.
③ 沈克勤. 孙立人传（上）［M］. 台北：台湾学生书局，1997：151.

和师部工兵、搜索、战炮三个连（由炮五十一团第九连配属新三十八师）及侦察队乘汽车先行出发，在肯耶附近占领阵地，掩护主力开进；令刘放吾率主力跟进。另令陈鸣人率一一二团驰赴纳貌，接应英十七师，并积极侧击仁安羌，牵制日军，使一一三团作战容易。他部署完毕，便请我和梅里尔赴归约英第一军司令部向斯林姆通报他的行动计划，并请斯林姆派坦克炮兵支援一一三团。"① 王楚英时任中国驻缅甸军事代表团团长侯腾的机要参谋、盟军中国战区参谋长史迪威的联络参谋兼警卫队长。蒋介石接受史迪威的建议而下达解救英军的命令就是由王楚英送达孙立人并负监督实施任务的②，他对作战计划了如指掌。很明显，从王的叙述中，一一三团只是承担主攻任务，他们之外一一二团负责侧攻，更有英军坦克、炮兵的协同作战。

对此，命令的执行者和战斗计划的制订者与实施者孙立人可谓心知肚明，故其在接受"英帝国司令"勋章的答谢辞中说："兹承大英帝国皇帝陛下颁赐勋章，本人觉得非常荣幸。在缅甸仁安羌之役充分表现中英盟军的合作无间，共歼暴敌，这是击溃日本、打倒轴心的最有力保证。"③ 谦虚但也很客观地道出这次战役是多兵种联合作战、中英盟军协同作战的成果。一将成名万骨枯，这场战斗成就了孙立人，成就了一一三团和刘放吾，孙立人的这段话一定程度上也是给予牺牲在这次战斗中而长眠异域的英灵的慰藉吧！

（三）"仁安羌大捷"的战果

"仁安羌大捷"的战果一直备受争议，孙立人在不同场合有这样的表述："我带领新三十八师出国远征，首先在仁安羌一战大捷，解了英军八千人之围，败十倍于我之敌。"④ 从表达的语气，可见字里行间流溢的都是自豪。

沈克勤版《孙立人传》是这样表述的：

---

① 王楚英. 我所知道的孙立人将军［C］//纪念孙立人文集. 合肥：安徽人民出版社，1998：55-56.

② 王楚英. 我所知道的孙立人将军［C］//纪念孙立人文集. 合肥：安徽人民出版社，1998：55.

③ 黄亦兵. 孙立人［M］. 兰州：兰州大学出版社，1996：97.

④ 孙立人. 统驭学［M］. 台北：台湾学生书局，1993：30.

——三团仁安羌激战

孙立人师长率——三团实际作战的官兵八百多人的劣势兵力，击溃十倍于我的日军，解救十倍于我的英军出险。没有飞机大炮的掩护，他们只凭借着平时练成的射击技术和坚定的信心，以及旺盛的士气，在万分危险的战局中，攻坚克险，杀敌致果。一天鏖战下来，全团阵亡二百零四人，负伤三百一十八人，几占全团官兵的半数，终于击退了敌人，救出了英军①。

薛庆煜又是这样记叙的：

仁安羌一役，我军仅以战斗员——二一名的——三团，与七倍于我之敌三十三师团的二一四和二一五两个联队主力激战，为国捐躯的官兵计二百零四名，负伤者三百一十八名，几占全团战斗力的一半。但我军却击毙、击伤敌中队长吉柳仲次以下官兵一千多人，并且挽救了七千多英军的生命，这一牺牲的代价是很值得的，这是第二次世界大战中以少胜多最著名的范例。这一胜利打破了"皇军"不可战胜的神话，大大鼓舞了盟军的

---

① 沈克勤. 孙立人传（上）［M］. 台北：台湾学生书局，1997：154.

士气，并且新三十八师的战斗实力也第一次为盟军高层指挥官所认识①。

沈、薛叙述相较，"我"伤亡人数一致，然而薛著中"击毙、击伤"敌官兵为"一千多人"。再看孙克刚的叙述：

十九日，东方鱼肚白色还没有出现，攻击便开始了……山坳里，油田边，都积起了一堆一堆的尸丘，这一场火网中夹杂着白刃肉搏的大战，从午前四时持续到午后三时，敌人的第三十三师团完全被击溃了，他们丢下了一千二百多具死尸，退出阵地，我一一三团不过一千的战斗员兵中也伤亡了一半②。

"我"之伤亡人数仍然相同，但敌人却"一千二百多具死尸"，战果被扩大。

再看一参战战斗员的叙述：

当夜3时，我团集中主力攻取日军最后一个据点……一直冲上油田、山坳里，油池边，付出了巨大的代价。这一场火网中夹集着白刃肉搏的惨酷搏战，从午夜1时继续到拂晓，敌人的三十三师团被我团完全击溃，他们丢下1500多具死尸，狼狈地向仰光方向逃窜时，又遭我团预先埋伏的部队猛烈截击，溃不成军。至此，我团克服全部仁安羌油田地区，首先将被俘的英军、美传教士和新闻记者500余人解救出险，并将夺回英方被敌人抢去的辎重汽车300多辆交还英方。接着英军第一师步兵、骑兵、炮兵、战车部队6000余人和1000多头马匹都在我团安全掩护下，从左翼向拼墙河北岸退出③。

上述叙事者孙蔚民时任新三十八师一一三团一一二营五连连长，是亲身经历这场战斗的战斗人员，而"他们（敌人）丢下1500多具死尸"，战果再次被夸大。

那么，"仁安羌大捷"战果到底如何呢？据罗卓英1942年4月20日给蒋介石的密电"刘团经两昼夜激战，占彦南扬（仁安羌），救出被围英缅

① 薛庆煜．印缅抗日战争书刊评论集［C］．呼和浩特：呼和浩特出版社，2000：10-11.
② 孙克刚．缅甸荡寇志［M］．上海：上海国际图书出版社，1946：6-7.
③ 孙蔚民．远征缅甸救英军记［C］//安徽省政协文史资料委员会．纪念孙立人文集．合肥：安徽人民出版社，1998：156-157.

军七千余人（狼狈不堪，不复成军），并由敌人手中夺获之英方辎重［车］百余辆，悉数交还。敌向南退却，其死伤约五百余名，我亦伤亡百余。"及林蔚复蒋介石密电（1942 年 4 月 20 日）"西路方面，我新卅八师刘团已占彦南扬，救出英军七千余，辎重车百余辆，敌伤亡五百余，我伤亡百余。"①

如果与正史提供的数字相比，我们会很有意思地发现，毙伤敌人的数字被成倍地放大。一方面可能因为统计的误差，尤其是叙事者的身份而导致的视角限制，其所获得的信息或数字或道听途说，或仅凭个人经验猜测，身份限制了叙事的视角，如果是这样，那只能是一种无奈。但绝大多数叙述者是故意为之，夸大战果，有着强烈的功利目的。这一点，曾以普通参谋人员身份参战，后成为著名历史学家的黄仁宇先生有过这样的感慨："（当时）新二十二师和新三十八师彼此竞争激烈，他们依照国民党的惯例，老是夸大自己的战果。他们的军情报告常牺牲他人，以衬托自己的英勇。"② 夸大自己的战果成了战情报告的潜规则，这就不难想象了。那么，为什么要在战情报告中夸大己方牺牲的数字呢？道理其实一样：一方面是视角受限，难以得到准确的数据；另一方面是达到强调自己一方的巨大付出，这样最起码在兵员补充上就会得到优先考虑。在战争时期，尤其是已经受多年战争的消耗，国内兵源渐趋枯竭，而印缅战区的兵员消耗更为严重，因此，夸大消耗数，以求得到足够的补充，这是指挥者共同的期盼。

三、"东方的隆美尔"：英雄膜拜的感性比附

埃尔温·约翰内斯·尤根·隆美尔（Erwin Johannes Eugen Rommel，1891—1944）参加过第一次世界大战，并展现出卓越的军事才华。他是二战时德国陆军元帅、最负盛名的将领。在北非沙漠战场率领两个师的军队仅仅用两个星期的时间，就让英军两个月创立的战果丧失殆尽，用系列令世人瞠目的战功，赢取"沙漠之狐"（Wüstenfuchs）的美誉。无论是轴心

---

① 中国第二历史档案馆. 抗日战争正面战场［M］. 南京：凤凰出版传媒集团，凤凰出版社，2005：1147-1148.

② 黄仁宇. 缅北之战［M］. 北京：新星出版社，2007：214.

国还是盟国，自己的领袖同僚属下，甚至包括自己的敌人，生前姑且不说，身后还对其褒扬有加，邱吉尔就曾对议院的议员说，"眼下昔兰尼加西部前线的情形如何。目前与我们作战的对手是十分大胆而又精通战术的人，如果撇开战争的浩劫来说，这是一位杰出的将军……"① 这在世界名将中都是比较罕见的现象。

抗战时期的孙立人的功绩也毫不逊色："喋血淞沪"即让人刮目相看，入缅后首战"仁安羌大捷"在同盟国中声名鹊起，尤其是"反攻缅北"更是名满天下。薛庆煜先生曾有这样的评价："印缅之战，战果辉煌，昭雪了鸦片战争以来，中国饱受列强摧残蹂躏的奇耻大辱，大大提高了当时我国的国际威望。而孙立人在缅甸的彪炳战绩，也为世界各国军政领袖所公认，使他成为第二次世界大战中，我国唯一名震寰宇的抗日爱国名将。"② 美国研究第二次世界大战史的军事学家，在分析世界各国军队战力及历次战役后，将孙立人的新一军誉为战力最强的军队，创下"四最"：最长战线（一千五百多公里），最久的战斗时间（历时一年半），最坏的战场环境（野人山区），歼敌数目最多（日军伤亡在十万以上）③。孙立人在前后两期缅甸反攻战中，与我军对垒的日军有第二、第十八、第四十九、第五十三和五十六共五个师团，及第三十四独立旅团和其他特种兵部队共十七余万人。我军击毙日军三万三千零八十二人，其中包括两个联队长和其他高级军官，击伤七万五千四百九十九名，俘虏田代大尉以下官兵三百二十三人，敌人几乎等于是全军覆没，我军和日军伤亡的比例是一比六。在第二次缅北战争之前，除孙立人和史迪威等少数人外，包括远东战区总指挥蒙巴顿、印度总督魏菲尔，以至英国首相丘吉尔都认为，中国军队欲征服北缅险恶的自然环境，欲战胜强大的日本军队，欲确保中印公路的修筑，并使之畅通无阻，直达中国边境与原滇缅公路相衔接，为中国开辟出一条国际通道，是根本不可能的事④。为开辟这条中国抗战时期的外援通道，甚至可以说是生命通道，进出野人山，踏破鬼门关，不仅要与凶顽的日军作

---

① ［英］戴维·欧文．魔鬼战神——隆美尔传［M］．张全光译．长春：时代文艺出版社，2003：125.

② 薛庆煜．鹰扬国威——跟随孙立人将军缅甸抗日［M］．台北：东大发行，1997：343.

③ 沈克勤．孙立人传（上）［M］．台北：台湾学生书局，1997：351.

④ 沈克勤．孙立人传（上）［M］．台北：台湾学生书局，1997：348.

殊死搏斗，还要与同样凶险的大自然作斗争。曾经有一位英军少校说："你们的部队想从野人山打出去，还要掩护中国和美国的工兵修筑中印公路来吗？我看不要说这条公路没有法子修得成，恐怕连你们部队也没法子爬过这座野人山啊！"①然而，孙立人做到了！因为这了不起的热带丛林的战绩而被誉为与隆美尔"沙漠之狐"相媲美的"丛林之狐"，应该是毫不为过！正如二战结束后的1947年12月10美国政府为表彰孙立人率领新一军打通密支那至腊戍一段中印公路之战功，再度授予他美国司令官级的丰功勋章时时任美国总统哈里·杜鲁门的签字证书所褒扬的：孙立人将军于一九四四年十月十五日至一九四五年三月十五日之期间内，任中国驻印军之新编新一军军长，领导其军队在缅甸密支那至腊戍之三一七哩之长程内，在崎岖困难之森林地带、反常不利之气候，及倔强顽固之敌军抵抗下，极度成功，其统帅才能及战略卓识，实为打通中国陆路交通最后关键之重要贡献。孙将军完成此项特殊艰困任务，实足彰显其本人及盟军之极高声望②。

倘若把这两位建功时间几乎同时的中西将军放在一起进行非功性利比较的话，他们身上确实有很多作为职业军人的相似之处。两位将军从军校毕业时都有校方对他们的"毕业鉴定"，孙立人从弗吉尼亚军校毕业时的同学录上是这样的评语：

这位东方青年，正如昔日的拓荒者，渴求智识，横渡太平洋，来到西方进步的国度里，追求高深教育，他在三年级新生中，禀赋优异，超越同侪。他的性格，具有许多优良品质：他不多言，但仁慈温顺，尊敬长官，对人诚实友善。他是一位优秀的篮球球员，虽未能加入校队，但是他是连上篮球队的主将。要练成为一个军人，生活并不舒服，更非浪漫梦想，须要在炎热沙漠中行军，在酷寒的夜间站岗守卫。孙立人有男儿志气，肯负一切责任，我们坚信他将成为一位卓越的军人……③

而隆美尔从但泽皇家军官候补生学校毕业时，军校校长给这个诚挚的年轻人写了一份评语。在射击和操练方面，军校校长说，隆美尔"非常出

① 孙克刚. 缅甸荡寇志［M］. 上海：上海国际图书出版社，1946：35.
② 沈克勤. 孙立人传（上）［M］. 台北：台湾学生书局，1997：347-348.
③ 汪泗淇，戴健，钱铭. 孙立人传［M］. 合肥：安徽人民出版社，1998：39-40.

色", 体操、击剑、骑马"可以胜任", 不过校长有些忧虑地说: "他身材中等, 瘦弱, 体质相当糟糕, 而且很虚弱。"此外, 这小伙子, "性格倔强、意志坚忍不拔、热情活泼……守纪律、时间观念强、自觉、友善、智力过人、有高度的责任感。"军校校长有先见之明的总结说: "军官候补生隆美尔是一个能干的军人。"①

不难发现, 他们身上都有作为优秀军人的关键要素: 热爱运动、意志坚忍、有责任感。其实, 我们无论从何种版本的《孙立人传》或《隆美尔传》中, 他们在其军事生涯中无不表现出让人惊异的相似之处。

(一) 坚忍不拔与"不怕死"

在优秀军人的辞典里, "坚忍不拔"与"不怕死"是他们必备的词条。在隆美尔担任新职的第一天, 他手下的军官们企图以邀请他爬上当地的一座高山, 然后再滑雪而下的难题, 给他一个下马威。隆美尔欣然接受, 而且一连往返了三次。当他邀请那些军官第四次爬山时, 他们全都面色惨淡地连声谢绝。"全营上下都佩服得五体投地。"② 这种"坚忍不拔"也就是中国文化中"毅"。孙立人背井离乡、远渡重洋到美国留学之前, 其父在临别之际在赠儿子的父子合影照上就嘱其"士不可以不弘毅", 且借朱晦翁 (熹) 之训作解"弘为宽广, 毅为坚忍", 孙立人自此秉持父训, 在弗吉尼亚军校含垢忍辱做了三年的"老鼠"(弗吉尼亚军校老生对新生的称呼), 经常无缘无故地挨打受骂, 以养成你"军人的天职就是服从"。有很多人无法忍受这种非人的管理模式而退学, 而孙立人坚持了下来, 多年后孙立人在回忆这段精神与肉体遭受双重折磨的时光时, 还感慨: "像这种情形, 大家如身临其境, 真会活活气死, 可以说从早到晚, 随时随地无不在磨难之中。人说乡下婆婆虐待童养媳, 一日三顿骂, 三日九顿打, 这情形只有过之而无不及, 每天起来后, 就时时提心吊胆着吃苦头。"③ 但他同时又说, "我绝对不后悔, 非达成我的志愿不可。报国有心, 无论什么艰

① 〔英〕戴维·欧文. 魔鬼战神——隆美尔传〔M〕. 张全光译. 长春: 时代文艺出版社, 2003: 2.

② 〔英〕戴维·欧文. 魔鬼战神——隆美尔传〔M〕. 张全光译. 长春: 时代文艺出版社, 2003: 7.

③ 沈克勤. 孙立人传 (上) 〔M〕. 台北: 台湾学生书局, 1997: 37-38.

难困苦都阻止不了我的。"①

坚毅的品质，使得两位将军在执行任务时一旦认准目标就矢志不渝地坚持的办事风格，以及为了达到目标甚至不惜个人生命而勇往直前冲在最前边，表现出"不怕死"的勇敢方面，都十分相似。隆美尔在北非时就是这样，他的指挥车总是冲在最前面。战争一旦打响，他思考问题的方式似乎靠的是军人的直觉而不是德国人的理性。他打破常规的思维模式，考虑问题都比常人快半拍，身先士卒、孤军深入冲锋陷阵，甚至连他的参谋人员都不知道他的具体位置。难怪有人感叹："有一段时期，隆美尔亲临最前线，记者们要想跟踪报道隆美尔，太困难。"② 从领导科学上说，这叫以身作则或率先垂范，尤其是战争时期的部队长官，如果只是落在士兵后面大呼小叫地督促别人冲锋，就无法达到"以身教人"的效果。所以孙立人说"古人说得好：'与其坐而言，不如起而行。'何况长官与士兵，要共生死，同患难，所以平时必须官不离兵，兵不离官，长官一切行动都要表现于士兵之前，以作他们的模范。"③ "淞沪大战"时，友军镇守的丁家桥已失，上级命令孙立人带人"补上"。当时撤退的友军"潮涌般败退下来"，孙问他们为什么后退，兵们说："他妈的，官长都逃了，我们不要命吗？"孙大声说："我就是团长，你们不要退，听我指挥，快回去收复阵地！"兵们一听说是团长，"好，团长不怕死，我们也不怕死！"于是一涌向前，反使敌人惊慌失措，很快就收复了失地④。

岳飞的名言"文官不爱财，武将不惜死，不患天下不太平"，是有针对性地抨击南宋社会流弊，不过，武将战场上没有必死之心，处处贪生怕死不仅会给自己招来"幸生不生"的后果，所指挥的战役也必然不会有好的结果。孙立人深知个中玄奥，"所谓'幸生不生，必死不死'，西谚有云：'上帝是跟着最勇敢的人走'，也就是这个意思。"⑤

---

① 孙立人. 孙立人回忆录 [C] //汪泗淇，戴健，钱铭. 孙立人传 [M]. 合肥：安徽人民出版社，1998：38.

② [英] 戴维·欧文. 魔鬼战神——隆美尔传 [M]. 张全光译. 长春：时代文艺出版社，2003：20.

③ 孙立人. 统驭学 [M]. 台北：台湾学生书局，1993：21.

④ 孙立人. 统驭学 [M]. 台北：台湾学生书局，1993：22.

⑤ 孙立人. 统驭学 [M]. 台北：台湾学生书局，1993：57.

（二）远离政治与忠诚服从

作为职业军人，他们的理想是超越政治之上而成为纯粹的军人。

隆美尔死后 20 年，他的部下梅斯将军极感慨地回忆说，有一次他试图与隆美尔谈论一下政治，"也就仅仅谈了这么一次。隆美尔打断他的话说：'梅斯，你要我谈政治，除非在两百码之内四处无人的旷野。'"① 所以《隆美尔传》的作者认为，"事实上，隆美尔是个不问政治的人"②，并且打了个形象的比喻，"他对政治就像是对待塞夫勒出产的瓷器一样，了无兴趣"③。孙立人更直白地表明了自己对政治的鲜明态度："我本身对政治毫无兴趣。我可以说我一生最讨厌的就是政治，所以我很不愿意跟政治有关联。"④ 尽管晚年的时候他似乎有所悟，"但在这个环境里，有的时候，军事和政治就是不分的"⑤。但他仍然固执地认为："我老实一句话，我反对狐群狗党，我并不反对一个正正当当的党，但是大家喜欢搞小组、小圈子，喜欢搞党派。我觉得一个国家，我们就只有一个国家，为什么还要分？大家能做事的，哪儿都能做；为什么要靠背景？这是我的基本看法。"⑥ 他甚至不赞成党在军中的有组织活动，说："一个军人就要做一个单纯军人，能够保国卫民，就是好军人。"⑦ 军人的单纯与天真性格在他们身上表露无遗。

然而，超越政治之上的单纯与天真的理想是没有现实基础的，也是行不通的。兵再强，马再壮，仗打得无往而不胜，"沙漠之狐"不还是被主宰政治、对他赞赏有加的希特勒毒杀？孙立人尽管得以寿终正寝，但这曾经的"丛林之狐"在台湾被执掌政治的蒋氏父子软禁三十多年的苦涩岁月背后，何处不充斥着阴险的政治斗争与阴谋？

---

① ［英］戴维·欧文. 魔鬼战神——隆美尔传［M］. 张全光译. 长春：时代文艺出版社，2003：270.

② ［英］戴维·欧文. 魔鬼战神——隆美尔传［M］. 张全光译. 长春：时代文艺出版社，2003：8.

③ ［英］戴维·欧文. 魔鬼战神——隆美尔传［M］. 张全光译. 长春：时代文艺出版社，2003：335.

④ 孙立人回忆录［EB/OL］. http：//www.doc88.com/p-5177143027082.html.

⑤ 孙立人回忆录［EB/OL］. http：//www.doc88.com/p-5177143027082.html.

⑥ 孙立人回忆录［EB/OL］. http：//www.doc88.com/p-5177143027082.html.

⑦ 沈克勤. 孙立人传（上）［M］. 台北：台湾学生书局，1997：124.

　　远离政治，不懂政治，甚至排斥政治，是他们人生悲剧的渊源。他们忽略了一个最基本的判断，或者说认知，那就是国家是阶级的产物，军队是国家机器，是为国家服务的。毛泽东的精辟论述："枪杆子里面出政权"，当是对政治与军队辩证关系最为清醒的认识和判断。也许正如孙立人的老部下所言，"孙立人是军人，他认为国家大计，是政治家的事，所以从不过问政治，但他爱自己的国家，这是毫无疑问的"①。所以有人甚至认为"孙立人擅长于驰骋战场，杀敌陷阵，但他的'政治手腕'应属'低能'。"② 这一判断是准确的，所以在叙述因"郭廷亮匪谍案"而招致幽禁后，江南曾有这样的感喟："中国历史上出现的冤案，如恒河沙数，历朝历代，消灭异己的手段，大同小异。孙立人是政治的牺牲品，他自己既无申诉机会，此案将永远无水落石出的可能，殆能断言。"③ 这也就十分容易理解，也是必然的结局了。

　　作为军人，无论作战还是练兵，孙立人无愧优秀称号，但是，在政治上，却是显得异常幼稚。然而，无论是历史还是现实，无论是中国还是其他国家，军队就是国家机器的一部分，是无法超越国家而独立存在的，是国家的话语权得以实施的工具，如此，"单纯"岂不是无知？尤其是在"家天下"的朝代，军人单纯到无党无派，几乎就是乌托邦的空想！

　　然而，尽管他们讷于政治，却对他们的领袖表现出几乎无条件的忠诚。

　　隆美尔与孙立人一样，终其一生追随希特勒，从无二心。第二次世界大战后期，以汉斯·斯派达尔、卡尔·施特罗林等为首的民族主义者对纳粹党的种族政策有所怀疑，特别是斯大林格勒战役后，他们更认定德国必须尽快退出战争，否则将面临灭顶之灾，于是"斯派达尔就在弗罗伊登施塔特他称之为黑森林的家里和卡尔·施特罗林市长以及前任外交部长康斯坦丁·冯·牛赖特磋商欲利用隆美尔强行取代希特勒的计划"④。他们对隆

---

　　① 李云龙.盖棺试论孙立人［C］//安徽省政协文史资料委员会.孙立人纪念文集.合肥：安徽人民出版社，1998：37.
　　② 黄亦兵.孙立人［M］.兰州：兰州大学出版社，1996：217.
　　③ 江南.蒋经国传［M］.北京：中国友谊出版公司，1984：325.
　　④ ［英］戴维·欧文.魔鬼战神——隆美尔传［M］.张全光译.长春：时代文艺出版社，2003：290.

美尔发动策反攻势，当着隆美尔妻子露西和儿子曼弗雷德及副官阿尔丁杰之面，从箱子里取出文件，历数希特勒所犯下的种种罪行，这些绝密文件真实地提供了纳粹的犯罪证据，在谈及纳粹分子对犹太人和东方民族的大屠杀，策反者呼吁："希特勒不死，我们大伙都得完蛋！"隆美尔一听到这话就站起来吼道："施特罗林先生，要是你能在我年纪还小的儿子面前忍住不说这些话，我当感激万分！"①隆美尔认为，欧洲乃至世界战场的失败，希特勒确有失误，但不能把所有的错误都加到希特勒的头上。隆美尔在正式保证效忠希特勒的宣言上签过名，"对他效忠希特勒的誓言始终怀着教徒似的虔诚。他忠诚于希特勒就如教徒信仰上帝"②。尽管他也意识到希特勒的政策存在严重问题，但他"要求政治解决，但并没有推翻希特勒的意思"③，于是当希特勒的另一追随者施道芬堡谋杀希特勒的计划无果后，隆美尔指责他们："疯狂！真不可思议，竟敢对元首下毒手，谁也不会同意这样干！"即使在疑心重重的希特勒"赐"死隆美尔时，他也仍然没有忘记对希特勒表示忠诚之心。

孙立人的心路历程与隆美尔几无二致。自小接受传统文化熏染的孙立人，血液中激荡的是儒家的血脉，这从他为新三十八师题写的师训"义勇忠诚"四字即可窥其一斑。众所周知的事实是，抗战结束后，孙立人遭到排挤和打压，究其原因无非有三：一为孙立人为非"黄埔系"，与以老蒋（介石）为核心的"黄埔系"龃龉日久，而权力核心势必对孙造成挤压；二为孙政治上的淡漠态度与小蒋（经国）在军中推行从苏联学到的"政工制度"之间存在严重分歧，以招致祸端；三为孙的"亲美"倾向，留美的孙立人向来被划为"亲美"将领，在国民党退出大陆后，美国甚至派出麦克阿瑟邀约孙立人密谈策划以孙立人取代蒋介石，而他竟在麦克阿瑟面前对蒋"表忠"，这已有了"表错了情"之讥。而在由东京返回台北之后，他把麦帅交他的一本秘密电码和在东京麦帅对他所说的话，全部"向陈诚

① ［英］戴维·欧文. 魔鬼战神——隆美尔传［M］. 张全光译. 长春：时代文艺出版社，2003：271.

② ［英］戴维·欧文. 魔鬼战神——隆美尔传［M］. 张全光译. 长春：时代文艺出版社，2003：290.

③ ［英］戴维·欧文. 魔鬼战神——隆美尔传［M］. 张全光译. 长春：时代文艺出版社，2003：356.

先生报告",并由他转陈蒋介石。从权力斗争来说,陈诚与孙立人可谓"政敌",哪有请自己的政敌为自己传话表忠的?事实上陈诚得知麦、孙东京会晤即回台北向老蒋汇报,却只字未提孙立人"献"秘密电码之事①!孙立人政治上的愚钝可见一斑!这怎么可能不触及蒋介石敏感的神经?在抗战和国共内战时期,为求得美国政治、军事的援助,蒋介石充分利用孙立人与美国人的关系使其获利得以最大化,蒋对孙尚且姑息,随着美国第七舰队长驻台湾海峡,大陆与台湾处于相对稳定状态后,对孙立人的整肃就成了当务之急!今已真相大白的所谓"郭廷亮匪谍案"的"莫须有"性质就是最好的证明。更为奇异的是,当美国人告知其欲"以孙代蒋"计划时,孙竟然把此事捅给老蒋,以表示忠心!有疑心偏执的蒋介石为断美国人的后路,釜底抽薪地将孙置于"死地",正符合蒋办事的心理逻辑。

1955年8月20日孙立人因"匪谍案"被免除"参军长"职务,"并请查处",而在此前的5月28日上午10时,蒋介石曾亲自召见孙立人,蒋有意寻衅态度激怒了孙立人,两人一言不合而不欢而散。8月2日,孙被迫辞职,然而"辞职书"中仍然表达了对蒋的忠诚:

"窃职材识庸愚,唯知忠义,自游学归国,预身宿卫以还,念八年间,自排长以迄今职,纯出于钧座之栽培,恩深谊重,虽父母之于子女无以过之,对于钧座尽忠效力,不惜贡献生命以及一切,冀报万一,为职此生唯一之志愿。"②感恩之情溢于言表,图报之心发自肺腑。从这可以窥见传统教育对他人格的影响是深及骨髓的。即使遭受33年的幽禁,但他的忠心仍未移变,弥留之际发出的喃喃呓语,竟然还是"连说了几声'我是冤枉的'"③!离世之前的喊冤之声既是对冤案炮制者们的控诉,又是饱经精神折磨后无奈的喟叹,更是对蒋氏忠心的奋力表白。临死之前才说出这声"冤枉",人们是否能够感受到他那宁折不屈的精神品质和人格魅力呢?但今天看来,是否有些过于迂腐或者愚忠?

(三)极富自信与勇于冒险

"自信"一词,《词典》的解释是:"信任自己,对自我有信心。"从

① 黄亦兵. 孙立人 [M]. 兰州:兰州大学出版社,1996:217-218.
② 汪泗淇,戴健,钱铭. 孙立人传 [M]. 合肥:安徽人民出版社,1998:266.
③ 明河在天. 中国军神孙立人 [EB/OL]. https://read.douban.com/ebook/20718367/.

心理学说，"自信"当与 A. 班杜拉"自我效能"的概念密切相连。班杜拉认为所谓的自我效能，指的是"人们对自身完成既定行为目标所需的行动过程的组织和执行能力的判断"，并且说这一自我效能与一个人拥有的技能无关，"但与人们对所拥有的能力能够干什么的判断有关系"。他进一步说："自我效能感是个人对自己是否具备达到某一行为水平的能力的评判，而结果预期是对这种行为可能带来的结果的判断。"① 或者说，自信是一个人在实现目标之前对结果预期的判断能力。自我效能强的人，对实现目标的结果预期准确，否则则不太准确或不准确。相应来说，自我效能感强的人，自信力就强，反之则弱。高估自己的能力，会使自己陷入巨大的困难中，会损伤自信心，遭受无谓的失败的折磨；而低估自己的能力，会使自己失掉许多奖励性经历。因此，"最有效的效能评价，可能是在任何时候都对自己作出稍微超出能力的评价"。且"这种自我评价，引导人们去从事具有现实挑战性任务，并为能力的发展提供动力"②。因此，自信力强的人，能利用自己的判断力和对问题、形势或者结果作出较准确的预期分析和评估，故而这些人大多具有较强的冒险精神。而所谓的冒险，就是在常人未看出预期结果，或者说结果尚属未知情况下为结果而付出的行动。

　　无论是隆美尔还是孙立人，在他们人生的辉煌之时都有对战争进程的准确判断，因此也极富冒险精神。而在现实中，特别是在战争进程中，因为将领之间自我效能感的差异，对战争结果预期就有完全不同的表述，于是他们之间的矛盾冲突在所难免。而由此导致这些人的人际关系比较紧张，特别是在同僚中他们往往显得卓尔不群，不免给人自负甚至刚愎自用的印象。

　　1941 年 3 月 19 日，隆美尔在柏林获得希特勒亲自为其佩授"橡树叶勋章"的莫大荣誉，返回北非战场后，对于他几乎是单枪匹马威风犀利地横扫北非时，总参谋部看到后勤补给严重不足，对他的这种冒险式成功并不欣赏，"反而冷嘲热讽"。隆美尔从空军获取情报，表明敌人正在"挖壕

---

① A. 班杜拉. 思想和行动的社会基础［M］. 林颖，王小明，胡谊，庞维国等译. 上海：华东师范大学出版社，2001：552-553.

② A. 班杜拉. 思想和行动的社会基础［M］. 林颖，王小明，胡谊，庞维国等译. 上海：华东师范大学出版社，2001：556.

1943 年 10 月在野人山辟路前进的中国远征军

坚守和请求增援，到 5 月份，敌人的防御工事将无法突破"，于 3 月 31 日
果断命令部下进攻布雷加港。英军被迫放弃阵地，从而使得这次冒险行动
大获成功！其时，依达罗·加里波尔蒂将军已经取代了格拉齐亚尼担任轴
心国北非战区指挥官。4 月 2 日，加里波尔蒂给隆美尔发来一道强硬命令：
"你的行动和我的命令相冲突，在你继续前进之前，务必等我到达。"但是
在强大的自信支持下，为冒险结果所诱惑和对结果的强烈期待，使得隆美
尔"根本不睬其（加里波尔蒂）命令，而是加速向前。4 月 3 日，他决定
用戏剧性的三点出击的办法穿过半岛，如果他的行动能达到理想的迅速，
可能能够全歼那里的敌军"①。尽管他也知道自己这样做明显违反了上级的
指示，但他并不以为意，还在当天给妻子露西的信中不无自我夸耀地说：
"我在的黎波里、罗马，或许柏林的上司们这时肯定处于一种无可奈何的
窘态中。我冒险违背所有命令和指示，因为机会摆在面前叫人心烦意乱。

---

① ［英］戴维·欧文．魔鬼战神——隆美尔传［M］．张全光译．长春：时代文艺出版社，
2003：47-49.

或许这一切以后将被证明是正确的。他们将会说，处在我当时那种情况下，他们也会做出同样的事情来的。"①

军人处事靠的是自己的独立判断，特别是在战争进行中，战机稍纵即逝，对于富于自信的指挥官在"战机"与"命令"之间，往往宁担"抗命"的罪名，也不愿意让战机轻易逝去。这是职业军人的天命，也是他们不得善果的重要原因。

孙立人何其不是这样？

上述 1942 年秋国民政府召开最高军事会议，检讨中国远征军第一次缅战失败的原因和责任时，尽管孙立人取得仁安羌大捷，并成就盟军缅战仅有的一次胜利，但作为中国远征军副司令长官杜聿明坚持认为，整个战争的失败源于孙立人"擅自离开戍守的曼德勒，前往仁安羌援救英军，以至防线拉得过长，全面战局遭致动摇。"其实孙自己也意识到这是"抗命"行为，当他到远征军司令部抱怨把他"一个钉子一个眼""钉"在曼德勒并要求到仁安羌亲自指挥时，参谋长执意说这是司令官的命令，"我说：'司令官的命令，什么命令也好，你说我违抗命令也好，将在外，军令有所不受'。"事后他还这样陈述，"我们这边高级司令部，我就让他们告我的状，说我违抗命令。后来有电报叫我去，我准备是要军法受审的。我说，事实摆在这里，并不是我自私，而是非这样做不可，不这样做一定失败。后来我到南京，他们还有人替我担心。"②看似"抗命"，但结果恰恰证明他的判断是正确的，这一正确判断，正是源于他的自信。

仁安羌战役尽管胜利，但仍然无法挽救整个缅甸战局，英方有放弃缅甸的计划，盟军便决定全部撤出缅甸，此时孙立人的新三十八师奉命撤到伊洛瓦底江北岸沿线布防，掩护英军和国军的撤退，任务完成后，孤军落后的新三十八师，在粮弹补给线被完全切断的情况下，如果遵照杜聿明副司令长官的命令，就必须循国军大部队向北穿过野人山撤退回国。但当时这条北归之路已经被日军五十五师团严密封锁，在无线电多方请示无果的

---

① ［英］戴维·欧文. 魔鬼战神——隆美尔传［M］. 张全光译. 长春：时代文艺出版社，2003：50.

② 孙立人回忆录［EB/OL］. http://www.doc88.com/p-5177143027082.html.

情况下，孙立人果断决定带领部队向西撤入印度。即使这一行动征得了盟军中国战区最高长官史迪威的同意，战后的军事总结会上，杜聿明还是借此参了孙立人一本。而事实却证明他的这一果断决定是正确的，新三十八师除仁安羌战役、温藻战役以及后撤途中被急流吞噬三十几人外，部队减员很少。而翻越野人山北撤回国的结果却是：

> 中国唯一的机械化部队第五军第二百师，在同古奋战十二天，毙伤敌人四千人，因敌我兵力悬殊，且孤军无援，奉命突围后，在转进途中遭敌伏击，师长戴安澜将军伤重缺医殉国，残部与第九十六师退回祖国。第五军军长杜聿明率领军部和新编第二十二师，经过战斗和退走野人山的痛苦挣扎，全军减员逾半，新二十二师出征前时九千人，战斗减员二千，撤退中饿死、病死四千，抵达印度仅余三千。十万远征军减员近六万，多系饿死、病死。进野人山女兵四十五人，出山后，幸存者仅四人①。

以新三十八师和新二十二师相比，出征前兵员数都是九千人，而最后到达印度蓝伽时，新三十八师为五千人，而新二十二师却不足三千人。后来反攻缅甸时，孙立人率军进出野人山，看到沿途之前第五军将士死伤枕藉、白骨累累的惨状，不免为当初的决定而庆幸。试想，走在前面的主力部队后勤补给惨状尚且如此，更遑论断后的新三十八师！

"抗命"是抗命了，但是，结果却恰恰证明，抗命是正确的，是杰出将领在临战前随机应变的灵活处置能力的集中表现。

因此，隆美尔的军事才能不仅在轴心国赢得赞誉，就是他的敌人英国人也不能不佩服他的卓越，与其有过节的意大利人巴斯蒂柯也不无感慨地说："我完全反对给隆美尔任何行动的自由。他一旦有了自由，就什么事都能干得出来。"②"沙漠之狐"这美誉甚堪相配。

而孙立人在第二次缅战即反攻缅甸战役中为打通"中缅公路"，进出野人山，血战大龙河，迂回胡康河谷，踏过孟拱河，偷渡南高江，奇袭西通，攻加迈，扫库芒山，夺孟拱，一直到最后的扫荡八莫、合围南坎、攻略新维、夺取腊戍，不仅修建、打通了二战时期中国战略生命线的"史迪

---

① 戴广德. 缅甸之战——随孙立人刘放吾将军远征纪实［M］. 合肥：黄山书社，1995：45.
② ［英］戴维·欧文. 魔鬼战神——隆美尔传［M］. 张全光译. 长春：时代文艺出版社，2003：203.

威公路"和世界上最长的输油管道，还击毙敌军 33082 人，其中包括三个联队长和其他高级军官，伤其 75499 人，俘虏田代一大尉以下官兵 323 人。对中国军人特别是指挥官向无好感的史迪威，对孙立人也不吝溢美之词："三十八师及其卓越的指挥官表现突出，声誉鹊起。除了仁安羌战绩辉煌之外，英勇善战的孙立人率领他的部队翻越野人山，虽历尽艰险困厄，仍然军容整肃，保持一个完整的战斗体，再一次获得无与伦比的成就。"① 美国政府为表扬孙立人军长率领新一军打通密支那至腊戍一段中印公路之战功，再度授予他美国司令官级的丰功勋章，授勋典礼于三十六年（1947）十二月十日下午在南京美国大使馆内举行，美国顾问团团长鲁克斯等三十余人出席，由司徒雷登大使亲自为孙将军佩戴勋章。美国驻华首席武官苏尔（Soule）宣读证书说：

> 孙立人将军于一九四四年十月十五日至一九四五年三月十五日之期间内，任中国驻印军之新编新一军军长，领导其军队在缅甸密支那至腊戍之三一七哩之长程内，在崎岖困难之森林地带、反常不利之气候，及倔强顽固之敌军抵抗下，极度成功，其统帅才能及战略卓识，实为打通中国陆路交通最后关键之重要贡献。孙将军完成此项特殊艰困任务，实足彰显其本人及盟军之极高声望。
>
> 哈里·杜鲁门（签字）②

孙立人在二战中的战功可谓彪炳日月，也甚堪匹配"丛林之狐"的美誉。二战时期，东西战场、敌我双方的这两位将军可谓双星闪耀，成为世界军事史的佳话。

四、"杀俘"／"坑俘"：弱国国民的报复想象

自 2005 年至今，纸媒、网媒上关于孙立人"杀俘"／"坑俘"的传言纷至沓来，被传得沸沸扬扬，而参与这一信息传播的不乏权威官媒和有全球影响力的自媒。下面不妨对这一叙事的原貌作一梳理：

---

① 史迪威. 史迪威使华任务［M］//沈克勤. 孙立人传（上）［M］. 台北：台湾学生书局，1997：175.

② 沈克勤. 孙立人传（上）［M］. 台北：台湾学生书局，1997：347–348.

叙事一：孙立人下令枪毙俘虏。

"人民网·历史上的今天"（2005 年 12 月 31 日）载文《抗日名将孙立人将军在台湾去世》，该文有如下一段叙述：

> 第二次缅甸战役开始，孙立人指挥新三十八师如下山猛虎般扑向胡康河谷。10 月 29 日占领新平洋，12 月 29 日攻占于邦。当日军俘虏被带到孙立人的面前时，孙立人厌恶地皱皱眉头，不假思索地命令参谋："这些狗杂种！你去审一下，凡是到过中国的，一律就地枪毙，今后都这样办。"命令被迅速执行。日军第十八师团曾在中国战场上犯下累累罪行，这些俘虏手上沾满中国人的鲜血，当然在劫难逃。

这一说法很快被"凤凰网""搜狐网""新浪网"等门户网站接棒转用。

叙事二：孙立人所部活埋 1200 多名战俘。

"新华网"（2008 年 8 月 12 日）的一篇《二战中与张自忠齐名的中国将领孙立人》中有这样一段叙述：

> 1942 年 10 月 24 日，新编第 38 师 112 团开始攻击前进，29 日即占领新平洋。当被俘的日军被带到师长孙立人将军的面前时，孙立人厌恶地皱皱眉头，不假思索地命令参谋："这些狗杂种！你去审一下，凡是到过中国的，一律就地正法。今后都这样办。"命令被迅速执行。日军第 18 师团曾在中国战场上犯下累累罪行，这些俘虏手上沾满中国人的鲜血，当然在劫难逃。结果！缅甸会战中投降的 1200 名倭寇士兵以及倭寇军官，统统被孙将军以活埋的方式杀掉。唯一生还的倭寇是一个叫山田进一的下士。因为经过审讯孙将军得知他是台湾人。

叙事者还想象性添加了两个结果：一是这一事件"被美国报纸披露"后，"震惊了世界，美国方面大为恼火"；另一结果却是"倭寇一旦闻得新一军的威名，皆望风逃窜，1945 年春，新一军兵不血刃占领仰光，缅甸全境光复！"

重复这一叙事的是"凤凰卫视"马鼎盛主持的《风范大国民》中的一个话题《孙立人：到过中国的日本鬼子一律枪毙》（2009 年 7 月 13 日）：

> 话说 1942 年 10 月底，新 38 师 112 团攻占了新平洋，师长孙立人在令参谋处理被俘的第 18 师团的 1200 名日寇时说："这些狗杂种，凡是到过中

国的，一律就地正法，今后都这样办！"此事被美国报纸披露震惊了世界，认为这样将使日军顽抗到底，结果却是日寇听闻新一军的威名，就望风逃窜了。

马鼎盛将"新华网"的"坑杀（活埋）"一词用了更为宽泛的"就地正法"，明显属于同一版本。

叙事三：自1942年仁安羌大捷开始，孙立人即下令杀俘。

《中国经营报》（2009年3月23日）刊载了于东辉的文章《我的团长缅甸1942》，其时央视正在热播根据兰晓龙同名小说改编、康洪雷导演的《我的团长我的团》，国人欣赏文学作品包括电影作品时对于人物形象产生的坐实心理急欲得以释放，于东辉的这篇文章一定程度上满足了读者的好奇心和欣赏期待：

战斗（仁安羌战役）结束后，孙立人下令审问33师团战俘，凡曾入华作战的一律就地处死。这几乎成了后来孙立人部不成文的规定。

坊间认为这是上述三种叙事中说法"最保守"的一种，但笔者认为"仁安羌大捷"是孙部入缅第一战，若自此杀俘就成为"不成文的规定"，其危害及其负面影响远远超过了前两种偶然性杀俘事件。

根据上述三个版本而演绎出来的"变本"何止千百！现在在互联网上若用"孙立人活埋日军"为关键词进行搜索，其多达上千个页面，内容基本上是在这三个叙事版本上进行的增删。为此，我们有必要把这个版本中的相同或相似的叙事要素抽绎出来，进行叙事学分析。

（一）时间：叙事一及叙事二的两个资料（且称为A）显示，时间很明确的指向是"攻占新平洋""于邦"后，其中的两个更确指为1942年10月29日；叙事三（且称为B）时间指称为"仁安羌"战役结束，即1942年4月20日左右。尽管二者时间上的差距仅6个月，但时间的线性决定了它的唯一性或不可逆性。因此，时间的冲突，让这一事件的叙述指涉值得质疑。

（二）地点：缅甸。A为缅甸的于邦，B为仁安羌。

（三）人物：孙立人及其属下与日军第十八师团（A）、第三十三师团（B）。

（四）事件：孙立人及其属下"就地正法"/活埋俘虏（1200人）。

（五）原因：无论日军第十八师团还是第三十三师团在中国都犯下了

滔天罪行，日军第十八师团，也称久留米师团，更曾参与人神共愤的"南京大屠杀"！

无疑，在这些叙事要素中，因为事件要素而遮蔽了其他要素的存在价值，所以这所有叙事的关注点就是"孙立人及其属下'就地正法'／'活埋'俘虏"，而这一关注点是否于史有据呢？

我们几乎是遍稽群籍地将关于孙立人所有正规出版物罗列起来进行检索，无论是孙立人的自述、个人著述，还是其部下、亲友的传记及回忆性文字，或者正史记载中，都无从发现对孙立人这一行径的叙述。有人将这一叙述的原始出处指为台湾名人李敖的《孙立人研究·前言》，然而我找来这部出版于台湾李敖出版社（1988 年）的学术作品，遍稽"前言"中的 1719 个汉字，没有"就地正法""活埋""坑杀""俘虏"等字样，更无从找到由这些词组成的语句了。似乎明显是欲借名人之"名"让受众坐实孙立人与这一事件之间的确定关系。

然而，孙立人会不会有这种不理智的行为？

1927 年 7 月 27 日缔结于日内瓦的《关于战俘待遇的日内瓦公约》，中国是缔约国之一（1935 年 11 月 19 日获批）明确规定："他们（战俘）应在任何时候都应受到人道待遇和保护，特别是不遭受暴行、侮辱和公众好奇心的烦扰。对战俘的报复措施应予禁止（第一部　总则·第二条）"；"战俘应享受人身及荣誉之尊重（第一部　总则·第三条）"。作为"海归"军事将领，又是军校高才生，更是在所谓讲人权的美国军校毕业，孙立人不可能不知道如何对待俘虏。事实上孙立人对待战俘的态度如何呢？

黄隆炽，1944 年 11 月时还仅有 17 岁，为成都岷云艺校的学生，因受堂叔的影响而投笔从戎，但到缅甸后被分在新一军教导总队，接受了几个月的集训后并未真正参加战争，日本即宣布无条件投降。回国后转运到广州，他被分在新成立的军部搜索营，参与俘虏管理。营长谭展超是一位留学意大利的华侨高参、老资格的上校。有一天，谭营长召集他与另一上士排副龙某到连部，对他们说："现在给你们一个任务，押解日俘修建新一军印缅阵亡将士公墓。"并且郑重叮嘱他们："孙军长很重视这件事，这是在受降仪式刚结束，立即亲口向走在他身边的三十八师李鸿师长下达的命令，并说要派日俘来赎罪修建，要修好，还要快……我和李连长商量，就派龙排副和你带一班人去东山公墓继续押解赎罪日俘修建。龙排副负责和场地我方工程技术人员联系施工，你就负责押解日俘劳动和整个场地的警卫。"最后谭营长特别强调："你们是单独执行任务，要特别注意军容和军纪。"他又指着我说："尤其是你，在日俘面前要有胜利者仪态，不虐待他们，但也要有点傲气。你是知识青年，什么是大国风范你是知道的。"于是李连长让他们俩去做准备。谭营长又强调："千万注意军容、军纪。你们知道新一军特别重视这些，如有违纪事件，孙军长知道了可不管是谁都吃不消的。"① 谭营长布置任务后一而再、再而三地反复叮嘱，就是要他们"注意军容、军纪"，要有"胜利者仪态"和"大国风范"，"不虐待"俘虏，并且说如果有违反者，孙军长会严惩。从这段叙述中，我们无法想象孙立人能够与"就地正法"或"活埋"俘虏之事相关联！也正是营长的强调，待到日俘遣送回国时，"不少日俘还不断回头向我们招手"以示友好，"这期间我们没有打骂过一个日俘，这也表现了文明古国人民的宽宏大量和人道精神。"② 身为普通士兵的黄隆炽、担任营长的谭展超都有如是的优待俘虏以展示我大国风范与人道精神和意识，高为一军之长的孙立人会是一个杀俘的"魔王"？

更何况，活埋1200名日俘更是虚妄之辞！

沈克勤在《孙立人传》中，叙及孙立人在两期缅甸反攻战中取得的战果时，说"俘虏田代一大尉以下官兵三百二十三人"③，与孙克刚撰写的《缅甸荡寇志》中所叙述的内容完全一致："前后两期攻势作战，和我军（新一军）对垒的日军有第二、十八、四十九、五十三和五十六五个师团，以及第三十四独立旅和其他特种兵部队，我军击毙日军共三万三千零八十二人，其中包括三个联队长和其他高级军官，伤其七万五千四百九十九员名，俘虏田代一大尉以下官兵三百二十三人，敌人几乎全军覆没，我军和敌军伤亡的比例，是一比六。"④ 整个缅甸战役只俘虏了323名日军，何来1200名俘虏供其活埋？当代著名作家叶兆言曾就此事作过探究，调查过程

① 黄隆炽. 管押日俘修建新一军抗日阵亡将士公墓经过［C］//纪念孙立人文集. 合肥：安徽人民出版社，1998：183.

② 黄隆炽. 管押日俘修建新一军抗日阵亡将士公墓经过［C］. 纪念孙立人文集. 合肥：安徽人民出版社，1998：186.

③ 沈克勤. 孙立人传（上）［M］. 台北：台湾学生书局，1997：348.

④ 孙克刚. 缅甸荡寇志［M］. 上海：上海国际图书出版社，1946：130.

中，"广州一位三十八师老兵，嘱咐一定要把他的要点写出来，这位老者是孙立人部下，当年在师部谍报队服役，是活着的见证人。"这位老兵让叶兆言要传达给世人的是：第一，日本人非常顽强，生俘的很少，所谓活埋是胡说八道。第二，活捉俘虏可以奖励，为了邀功，也不会这么做。第三，为获得情报，任何一名被俘的日本士兵都有价值，为防止他们自杀，常捆绑在门板上，战俘待遇很高，有时甚至用飞机押送，如果要杀，根本没必要浪费时间①。作为亲历者，都一致否定了孙立人所谓的"就地正法"或"活埋"俘虏。

而且，正如有人所言："编辑查阅了国民政府高官、中国驻印军官兵、英军、美军的战史记载、当时的电报往来、回忆录、日记、传记等，都未发现相关的记载，包括远征军的美军指挥官史迪威日记和远征军新38师的随军记者孙克刚（孙立人的堂侄）的《缅甸荡寇志》（上海广益书局1946年出版）等，也未提到此事。日本方面的战史如日本防卫厅编写的《缅甸作战》、生田惇的《日本陆军史》、服部卓四郎编写的《大东亚战争全史》等也没提及此事。"

如果真如有的传言中所说的那样，"活埋1200名日军的事件是二次大战中比较大的杀俘事件，此事被美国报纸披露震惊了世界，美国方面大为恼火，认为这将使日军此后更加顽强的抵抗"，那么以孙立人在国际上的声名，国外的报刊媒体定会连篇累牍地报道，但是现在能查到的国外资料中并未有这一信息②。

既然如此，网络上何以传出这样的"故事"呢？

（一）民族仇恨情绪

中日民族之间积怨太久太深。日本自明朝开始就对我东南沿海各省进行骚扰，然后是1874年出兵侵略台湾，1875年借"牡丹社事件"（"八瑶湾事件"）迫使清政府签订了《北京专约》，间接承认了原属中国的琉球成了日本的属地，改称为日本冲绳县；1894年"甲午战争"，占领辽东半岛后，烧杀淫掠，无所不用其极，迫使清政府签订耻辱的《马关条约》；

---

① 叶兆言.陈年旧事·孙立人在缅甸活埋日本战俘？［M］.北京：中信出版社，2013：179.

② 百度贴吧［EB/OL］http：//tieba.baidu.com/p/3538868211？pid=63245055099&cid=0#63245055099.

1900年作为"八国联军"一员，攻入北京后，肆意戮掠，烧毁圆明园，迫使清政府与八国订立《辛丑条约》，毁我国防，赔款四亿五千万两白银，国库被掏空，国乃不国；1904年在中国东北辽河发生的日俄战争，结果让东北生灵涂炭，国土被蹂躏；1915年日本与袁世凯签订《民四条约》，谋取德国在山东的利益，占据东北三省南部及内蒙古东部，垄断中国煤炭、铁路业，并把势力延伸到长江流域，沦中国为日本的殖民地；其后的"五卅惨案""三一八惨案""血洗济南"，在中国犯下的滔天罪行真是罄竹难书！特别是自1931年"九一八事变"起，直到1945年日本无条件投降，在满洲的日本731部队用战俘和百姓做活体生化实验，在镇江屠杀平民、奸杀妇女、虐杀儿童，在重庆狂轰滥炸非军事区和平民点，在湖南（厂窖）畑俊六指挥手下屠杀30000多人、奸淫妇女2000多人，在浙江（平阳）"扫荡"87天，刀砍、活埋残杀无辜村民700多人，更惨无人道地吃食被杀者的人心、人肉！战争后期为报复浙江民众保护美军飞行员，天皇下令屠杀25万百姓，1937年12月发动的"南京大屠杀"，一次即杀害中国军民30多万人！自1931—1945年，中国军民死伤3500万！

如此的血债！世界上任何一个再大度的民族都难以忍受！

更何况这个欺凌我们的国家、其国土面积竟然只有我云南省大小的日本！中国人向来好面子，被这么一个小国蹂躏，而且是一而再、再而三的欺侮，内心的怨气日积月累，无法抚平，总是想找个机会来平复、消解积年的怨愤，于理相通，于情相合。

（二）作为弱者的中国人的报复心理

血债血偿是弱者的愿望，也是中日关系中作为弱者中国的宿命。

中国的历史，除了元朝以外，与外族的交往史几乎页页是泪，页页是血，而元朝的历史，是蒙古族人的历史，即使强大如汉朝，也还无法避免通过联姻的方式来解决外交问题。这正是中国文化的软肋！中国人一向自诩为地大物博，更受儒、道两家思想的影响，中国人的哲学是"中庸"哲学，中国人行为的最高境界是"和为贵"，所以有学者认为，"中国人的人际关系即以保持和谐为最高目的"①。其实，岂止是人际关系如此！中国的国际关系何不如此？孔子就曾说过："听讼，吾犹人也，必也使无讼乎！"

---

① ［美］孙隆基.中国文化的深层结构［M］.桂林：广西师范大学出版社，2004：154.

（《论语·颜渊第十二》）这段借孔子谈诉讼的话来阐发"物有本末，事有终始"的道理，强调凡事都要抓住根本。审案的根本目的在于使案子不再发生，这就是十分典型的"息争"心态。它使得中国人在处理人际或国际关系时，表现出逆来顺受的"美德"，"对违反自己利益的事也多半采取吃一点亏也无所谓的态度"①。而受道家"不敢为天下先""忍一时风平浪静，退一步海阔天空"思想的影响，人生的理想就是"可以保身，可以全生，可以养亲，可以尽年"（《庄子·养生主第三》），其根本不仅是"不敢为天下先"，甚至是明哲保身的苟活了。

而日本则完全不同，被中国人称为"弹丸之地"的岛国，其资源十分有限，只有通过不断地向外扩张、掠夺外族资源才能得以生存，这是日本的基本国策。尤其是经历了自上而下几乎全盘西化与现代化改革运动的"明治维新"后，日本人从思想观念到物质基础都得到空前的革新与提高，这给扩张欲强烈的日本人注入了兴奋剂。学者林治波先生研究后说，日本早在16世纪末，统一日本的丰臣秀吉就说过："誓将唐之领土纳入我之版图……灭亡中国，迁都于中国，天皇居北京。"其野心可见一斑！林治波先生分析日本方面侵略中国的原因：其一为日本的武士道精神养成了日本人的武士文化，它将日本武士的尚武精神与中国的儒家文化结合起来，形成了日本武士所独有的文质彬彬与凶残嗜杀的双重性格；其二，日本军权掌握在天皇手里，而天皇又被日本军阀架空成为傀儡，这样就营造了日本军国主义政治环境；其三，明治维新后资本主义的发展，积累了物质基础，使军国主义日本如虎添翼，迅速走上了暴力强行夺取海外资源和开拓海外市场之路；其四，第一次世界大战后，源自欧洲的法西斯军国主义与日本的军国主义遇合后产下的怪胎。而从中国方面来看，日本之所以选择中国作为侵略的对象，是因为：其一，中国国力衰弱，使日本侵略者认为中国不堪一击；其次，中国人的民族性格使日本军阀觉得中国软弱可欺；其三，中国的内乱和内耗给日本侵略者以可乘之机②。

林先生从日本方面分析日本之所以侵略中国的原因可谓切中肯綮，而从中国方面来看，日本之所以选择对中国的侵略的原因中"中国国力衰

---

① ［美］孙隆基. 中国文化的深层结构［M］. 桂林：广西师范大学出版社，2004：243.
② 林治波，郭勇强. 日本为什么侵略中国［J］. 纵横，2006，（9）.

弱，使日本侵略者认为中国不堪一击"似有可商榷之处，毕竟战争的决定因素在人，"甲午海战"时，清政府耗费数百万两白银打造的"北洋水师"不可谓不强大，结果不照样葬身黄海？"抗美援朝"时，中国国力与美国为首的联合国军比较孰强孰弱不判自明，结果毛泽东不照样打出中国人的志气？而"中国人的民族性格使日本军阀觉得中国软弱可欺"概括得十分到位。孙隆基先生认为，中国人的"和为贵"或"息争"态度，实际是放弃"对抗"的态度，往往会造成"自我"的弱化，从而形成"自我压缩的人格"，而这种人格特征又极易让人产生软弱可欺的误判①。这大约是日本把侵略对象选定为中国的一个很重要的原因，也是最深刻的历史与文化原因。

而之所以说是"误判"，是因为中国人不是不想抵抗，只是力量上的差距让他们把仇恨深深地埋在心底，所以中国文化里的"君子报仇，十年不晚"是弱者自我退让后作出的永不放弃的承诺。大概没有哪一种文化如此地对弱者强行施加这样长达数十年的心理暗示。弱者的自尊往往比强者更甚，一旦被践踏，就会以双倍的自卑以反抗，而这种自卑又极易转化为对施暴者的极端仇恨。中国文化中相争双方强弱关系的互换大多是在这一强大的仇恨动因化作内驱力，驱使弱者发愤图强，最后复仇成功的。诸侯之间是这样，家族之间是这样，人与人之间也莫不是这样。所以，在中国，仇恨是弱者前行的心灵之火，不仅照亮他们的前程，也给他们的前行提供内驱力。

日本侵略者在中国犯下了滔天罪行，这是有目共睹的不争事实，日本军国主义让中国人父母失去儿子，妻子失去丈夫，妻女被奸淫，战友被射杀，家不成家，国已不国！如此血海深仇的心理背景下，尽管事实上并没有就地正法或活埋俘虏，但作出"就地正法"或"活埋"的想象是完全可以理解的。

并且从修辞角度无论是"就地正法"或"活埋"，都是对被执行对象在情感上积累了太多的愤慨，或者说是罪大恶极的心理流露。尤其是"活埋"，在中国文化史上有所谓的"坑俘"，譬如秦白起坑杀赵三十万人，西楚项羽坑杀秦二十万，就是用极不人道的方式对待已经解除武装的军事人

---

① ［美］孙隆基. 中国文化的深层结构［M］. 桂林：广西师范大学出版社，2004：156、239.

员或根本就是非武装人员的残忍手段。对于实施方来说是极不光彩的行为，但从叙事者强加在孙立人头上的"就地正法"或"活埋"俘虏，更多的是借此表达对日本人侵略中国罪行的控诉，或者是一种泄愤的方式而已。

事实上，在新三十八师确有类似的事情发生，这事就发生在该师114团团长李鸿的身上：

(1942年6月) 二十六日，孟拱市区内凭借断壁颓垣作零星抵抗的残敌，也被肃清，孟拱的命运业已决定。李团长安闲地率领一群新闻记者在火车站附近参观战场。

刚刚回到团指挥部，电话铃响了。

"报告团长，又捉到四个俘虏。"

李团长毫不考虑地说：

"问他们淞沪战役到过南京没有？

"没有到过中国的送团部来，到过南京的就地解决，为南京大屠杀的死难同胞复仇！"

电话机挂上。李团长对记者说：

"敌人在中国造孽万端，无辜民众死于暴敌枪口下的岂止千万，现在，我们分别其罪恶轻重'公平'处置。"①

这段记叙明显表明，偶尔的杀俘事件是存在的，只是，在这里叙事者把李鸿身上发生的事，移花接木地转移到孙立人的身上，从叙事上说是一种策略，从情感抒发来看，满足了一时的复仇心理，却不意间踏上了"虐俘"的地雷。

(三) 传播时间

如上文所述，孙立人的"就地正法"或"活埋"俘虏这一"说法"的传播时间起于2005年，何以在这一时间媒体对这一说法大肆炒作呢？

其一，正值中国抗日战争胜利六十周年之际。中国文化史上对重大历史事件发生都有逢五或十年，特别是十年举行一次大型的纪念活动，以提醒和告诫人们要记住历史，而对于抗战胜利纪念日来说，更是警醒每一

---

① 戴广德. 缅甸之战——随孙立人刘放吾将军远征纪实 [M]. 合肥：黄山书社，1995：127.

个国人，一定要铭记历史，勿忘国耻。

其二，2005 年 9 月 3 日，时任中共中央总书记、国家主席、中央军委主席胡锦涛发表了《在纪念中国人民抗日战争暨世界反法西斯战争胜利 60 周年大会上的讲话》，在讲话中，中共最高领导人首次公开表明，在这场全民族抗战中，"全体中华儿女万众一心、众志成城，各党派、各民族、各阶级、各阶层、各团体同仇敌忾，共赴国难。长城内外，大江南北，到处燃起抗日的烽火。"这一表述与此之前中共历史中"抗日战争是毛主席和中国共产党领导的八路军、新四军开辟敌后根据地取得了伟大胜利"的表述完全不同。中共最高层这种尊重历史的态度给嗅觉灵敏的媒体释放了一个十分重要的"破冰"信号："以国民党为支撑的正面战场不再是敏感地带！"于是历史学界、文学界活跃异常，大胆表现正面战场、还原和想象抗战中的人和事的作品如雨后春笋，完全改写了之前中国抗战背景唯敌后根据地的单一色调，不仅活跃了接受者的审视空间，更冲击了人们对抗战主体的唯中共认知。而孙立人这个在缅甸立下汗马功劳的国民党著名将领，自然也就毫无疑问地进入人们重新重点书写的对象之列。

孙立人将军在台湾被"二蒋"幽禁了 33 年，已于 1990 年 11 月 19 日离开了人世。但是，作为一位在中国抗日战争中立下丰功伟绩的传奇将军，他的名字已经深深刻在中国抗日战争史册中，关于他的叙事仍在继续，也必将继续。

罗炳辉叙事

　　罗炳辉 1897 年 12 月 22 日出生于云南省彝良县，罗将军于 1946 年 6 月 21 在山东省兰陵县因病去世。他并非安徽籍，但抗战期间在皖南新四军任职，长期在皖开展敌后斗争。将军去世当月，苏皖边区政府为纪念他建立淮南解放区的丰功伟绩，特令将淮南津浦路东的天长县改名为"炳辉县"（1960 年改回天长县，1993 年更名为天长市），且于该县建立纪念碑，永志不忘；1958 年，陈毅同志应中共炳辉县委、县政府之请，为《炳辉日报》题写了报头；1997 年 12 月，为纪念将军 100 周年诞辰，天长市创办了"炳辉中学"，目前教职工近 300 人，在校学生近 5000 人。新中国成立后，山东临沂烈士陵园内罗将军的陵墓得以重新修建，党和国家领导人对他作出这样的评价：

　　志在革命，功在人民。（刘少奇）

　　人民的功臣罗炳辉同志不朽！（周恩来）

　　革命到底，死而后已；精神不死，万古长存。（朱德）

　　永垂不朽。（任弼时）

　　为被压迫阶级争自由，剧战久经，到死不离民众；当反革命势力已殒灭，丰功特建，勒铭永记殊勋。（陈毅）

　　以他五十岁不到的短暂人生，从旧军人成长起来又并非科班出身也没有真正参加解放战争的经历，却博得新中国首任党和国家领导人如此的评价，并于 1989 年中央军委确定的全国著名的 36 位开国军事家中占得一席之地，这实在让不少后人感到匪夷所思。现从将军生前身后的叙事来对他进行一定程度的还原。

一、自我叙说的直率

在中共军事史上，像罗炳辉这样的旧军人出身，参加过"讨袁护国战争""东征战争""北伐战争"，后来走上革命道路的并不鲜见。但是，由"剿共"干将到"共军名将"的形象掮转所产生的反差，几乎是黑白两极差异的却不多见。这种极端差异，使得对这类人物的形象书写能让读者产生强烈的探究欲望。

罗炳辉将军

二战结束后，德军党卫军上校，被列为偶像级的德军最优秀的指挥官约阿希姆·派普（德文全名 Joachim. Sigismund. Albrecht. Klaus. Arved. Detlev）曾说过："历史是由胜利者书写的，但事实真相只有亲历者才知道。"这位终生坚持纳粹信仰的顽固分子,在二战结束后因为"马尔迪梅惨案"而被判死刑(后改终身监禁)。对纳粹分子在二战中犯下的滔天罪行我们当然要铭记、控诉,但派普的这段话对历史的认识一定程度触及了历史的本质。只有掌控话语权才能书写历史,也只有掌控话语权的书写才能进入历史。美国学者海登·怀特(Hayden White)曾经说过:"历史永远不仅仅是谁的历史,而总是为谁的历史。不仅是为某一特定意识形态目标的历史,而且是为某一特定社会群体或公众而书写的历史。"① 这些都无疑昭示着人们期望从历史文本中获取历史真相近乎妄想。即使是历史真相亲历者书写的历史,在叙述过程中同样难逃这一铁律。

历史书写者在叙述历史的过程中,对历史事实的叙述大多采取"放大"与"遮蔽"两种方法。

"放大"表现为局部放大或整体放大,其目的是迎合历史接受者与接受环境的需要,更确切地说是迎合历史书写当下社会价值系统的规约,将符合这一价值的历史要素加以人为"膨化",以提升叙述对象在这一价值系统中的地位;"遮蔽"亦表现为局部遮蔽与整体遮蔽,就历史的开放性而言,整体遮蔽只有在极权社会才有可能出现,其目的同样是迎合历史书写当下社会价值系统的规约,将不符合这一价值的历史要素加以"缩微",让叙述对象规避这一价值系统的"伤害"。

罗炳辉16岁投身行伍,他投军的目的并不是读者想象中的"高大上"——为国家和民族的解放事业贡献自己的青春。曾有人作过这样的想象性评价:"罗炳辉将军具有崇高的革命理想,坚定不移的革命信念。他抱着为家乡受压迫、受剥削人民报仇申冤的朴素愿望,走出乌蒙山,投入到革命洪流中,百折不挠,无论遇到什么困难都不回头。"②

在将军的《自传》中我们看到这样的叙述,十二岁时因"地主含血喷人,家里遭了一场冤枉",在家人忍气吞声地找人出钱消祸时,这个仅十二岁的孩子竟与地主对骂起来:

① 海登·怀特. 后现代历史叙事学 [M]. 陈永国,张万娟译. 北京:中国社会科学出版社,2003:105.
② 孟继尧. 纪念将军诞辰百周年庆祝罗炳辉将军铜像在昭通落成——在罗炳辉将军铜像落成揭幕仪式上的讲话 [C]//罗鲁安. 罗炳辉文集. 北京:中共党史出版社,2006:427.

（地主）：老子在这地方比任何人都要高跳三尺！

（罗）：老子长大要飞起来，把你们这些混蛋杀掉①！

不仅如此，他还竟然"跑入城找亲戚帮忙告了土霸（少数民族对地主的称谓——作者注）一状。会审时县官特别注意，说小娃娃好胆大。本来是我有理，但因地主有钱运动，最后竟判了个平头官司"。"但这场官司在全乡引起了极大震动。"② 这是一个十二岁的孩子与大人都退避三舍的恶霸地主的面对面较量，不排除少年的任性和叛逆，但从将军后来的人生轨迹可以反观此时言行的血气。

如果这只是在少年幼小的心灵上种下了仇恨的种子，那么下面这件事就是促使他投军的直接原因。本地城内有一寡妇，"带着两个儿子，受尽地主豪绅欺凌，儿子长大后加入反清政府的陆军。"若干年后，寡妇两个儿子所在的部队"开驻县城，两个儿子回来，将县城最大的土霸头子""痛打一场"，"家具什物砸得粉碎"。这个连县官见了都要下拜的人物，只得向孩子所在的部队连长求情，但"连长不屑接见"，"显出了陆军的威风"。在旧社会经历的这一事件，启动了少年复仇计划，指明了他的人生奋斗目标，"我觉得要复仇，能对土霸出点气只能当陆军"③。

显而易见地，他的从军不是为了升官发财，更谈不上为国家民族贡献自己的青春，而仅仅是："当时只想到离家可以替父母和地方弱小出气，决心去投陆军。"④

在此，自传的传主似乎颠覆了历史叙述"放大"与"遮蔽"原则，但这正是罗将军"真"的表现，他并不刻意粉饰自己有意抬高自己的形象地位，以满足读者对伟大人物阅读与接受的期待。他的这一真率在关于他真正走上革命道路之前的两种叙述上黑白质对的对话，更蕴含着浓厚的阅读趣味。

民国十六年（1927年），宁汉分裂，红军即回南昌。朱培德（中国国民党高级将领，历经护国战争、护法战争和北伐。因与罗同为云南人，罗

---

① 罗炳辉. 罗炳辉自传（上）[J]. 春秋，2001（6）.

② 罗炳辉. 罗炳辉自传（上）[J]. 春秋，2001（6）.

③ 罗炳辉. 罗炳辉自传（上）[J]. 春秋，2001（6）.

④ 罗炳辉. 罗炳辉自传（上）[J]. 春秋，2001（6）.

曾经投靠他并被赏识，后因政见不同而分道扬镳。——作者注）朱培德原依靠武汉方面，后又倒向南京方面。大革命失败，国共分家。贺（龙）、叶（挺）部队在南昌举行起义，解决了朱培德在南昌的部队。

朱培德倒向南京后，积极推行"剿共"政策，在江西的部队都转入"剿共"。我在自己的驻防区域内，反对贪污腐化，主持正义公道，虽得到广大人民的同情，但贪官污吏、土豪劣绅却仇恨我。同事中的中级军官也仇恨我。我身无半文，只赢得各县送来的一些德政匾和对联等纪念物①。

这段叙事的意旨指向十分清晰：

（一）朱培德在国共分家后，变得十分反动；（二）朱培德积极推行"剿共"政策，与共产党为敌，而罗炳辉在自己的驻地区域推行与朱培德背道而驰的不仅不反共反而更具有积极意义的"反对贪污腐化，主持正义公道"的政策，十分清晰地划清了与朱培德的界限，也就是划清了"国"与"共"的界限，在敌我阵营的站队选择问题上，毫不犹豫地向"共"靠拢。在今天看来，这种选择也许是毋庸置疑的结果，但在 20 世纪 20 年代中期，这一选择无疑成为某人的政治眼光的远近与对人生价值高下的判断标准是否能进入主流价值区间的标志。

民国十五年北伐任中校营长，打下江西、安徽、南京后回驻江西，仍坚持我一贯的清白，更遭受各方面的反对和孤立。突然宁汉分离、国共分家，有人说我是共产党，事实上根本都不是。到民国十六、十七两年剿共，我绝对出力。为了三民主义的实现，在赣东、赣北、赣西南剿共时，我的口号是：金钱、亲戚、故旧不能顾惜说情，以公理、正义、公道来办理事情，因此深得地方的拥护，并称为包公再生②。

这段文字同样出自罗炳辉将军之手，我们剥开叙述文字的外衣赫然袒露出作者的率真情怀，其最为扎眼的地方无非（一）国共分家时，"有人说我是共产党，事实上根本都不是。"主动撇清其时与共产党的关系，等于直接声明：我当时不是共产党。（二）"民国十六、十七两年剿共，我绝对出力。"从表达的语气看，不仅无悔过之意，反而有自豪之感。这从同

---

① 罗炳辉. 罗炳辉自传（下）[J]. 春秋，2002（1）.
② 罗炳辉. 我的经历 [C] // 罗鲁安. 罗炳辉文集. 北京：中共党史出版社，2006：2.

篇文章的后一段叙述中可以得到印证：

> 1929 年春到吉安任靖卫大队长职，整理八乡联防，集中考选、淘汰，整理所属 4 个中队，每中队 140 余人，枪 120 支，合共全队 600 余人，战斗力强，专担任剿共任务。因炳辉算是一个小小剿共健将之一，因此深得豪绅地主的欢迎、信任①。

这段文字中有一更为惹眼的"剿共健将"的表述，尽管其前有"小小"其后有"之一"，但透过自谦表象后，"健将"一词所涵盖的历史事实是无法抹杀的。既然是"健将"就应该有着与常人不同甚或过人之处。根据《现代汉语词典》对"健将"一词的解释，其有三条义项：①某种活动中的能手；②运动员等级中的最高一级的称号，由国家授予；③古时指英勇善战的将领。我们不好界定什么样的反共将领才能够得上"健将"这个级别，但可以肯定的是，在罗炳辉走上革命道路之前与共产党之间的对立是势同水火的。这些从将军的另一处叙述中更可找到注脚：

> 民国十六、十七年均在江西"剿共"，我在这当中是出力的一个，因为认为三民主义是救中国的，希望求得三民主义的真正实现……到了十七年冬，编遣时仇恨我的如李文彬等任意禀告我十大罪状，主要说我是共产党，事实上我是"剿共"最激烈的，反贪污腐化也是最烈的，为此我已不愿再干了，决心脱离江西……②

还有什么更能说明其时罗与共产党之间的"剿"与"被剿"水火关系？

以上四段叙述文字同样出自罗炳辉将军之手，然而其叙事倾向性是完全相悖的，第一段文字的"亲共"与第二、三、四段叙述文字的"反（剿）共"是显而易见的。那么，为什么标注同一作者，叙述的又是同一事件却表现出如此截然相悖的倾向呢？这是颇为耐人寻味的。是作者的记述失真，还是其他原因？这一原因的背后隐含着怎样的更为耐人寻味的动机呢？

从后三段文字来看，罗将军在自述身世或经历时，并未刻意想隐瞒或

---

① 罗炳辉. 我的经历［C］//罗鲁安. 罗炳辉文集. 北京：中共党史出版社，2006：2.
② 罗炳辉. 四次入赣［C］//罗鲁安. 罗炳辉文集. 北京：中共党史出版社，2006：22.

遮蔽自己曾经的"剿共"历史，他是坦诚的，这种坦诚的性格不仅体现在对自己这段历史的客观叙述上，也体现在其他事件的叙述中。上述与地主之间的斗争是一个好例外，不妨再征引一例加以佐证：

> 民国十八年二月，我又经上海回到南昌。当时因有许多被遣散的官兵，大家都来找我，生活无法维持，我不管又不忍心，因此将妻子的首饰等去换钱，并借了几百洋元，去办销磺①，此税收可有几千元的好处，不料又遇着官僚豪绅，这些人认为我是离职的军人，很轻视的，因此我旧脾气又发，打了恶绅，引起县长率领地方绅商反对我，因此又损失了1600余元的钱款。因县长原在粤时是一个连指导员，他做了县长，我成了无职军人，所以他的官架子摆得很高，我见此混蛋即怒火难抑，当面骂这个县长是什么东西，吐他的口水②。

私自经商而且是售卖战争年代明令违禁商品，不仅会扰乱市场、干扰政府税收，还会导致违禁商品流入敌方，这本身就是不合法的，但因"离职""军人"身份被轻视，于是不但"打"了"恶绅"，还当面辱骂县长"是什么东西"，"吐他的口水"。其脾气的暴烈由此可见一斑。不过，性情的暴烈又能从侧面反映一个人内心的刚直，这类人大多爱憎分明，较容易认死理，爱钻牛角尖，考虑问题过于简单等。因此，他们往往与下级关系相处融洽，但与上级或平级易产生冲突。

> 一个县长公然对我谈他当县长的诀窍，他说："做县长要会做公婆，又要能做阎王和老虎，还要能做小媳妇才行。"他还给我解释说："对豪绅地主要做公公婆婆；对工农劳动者要做阎王和老虎；对上司和军队要做小媳妇。"我对他说："你不如死了，死了还好一点，何必过这种无耻的生活呢？"③

人家本是把他当成自己的朋友，授其为官之道，你不认同也就罢了，何必把别人顶在枪口上无情地羞辱一番呢？

---

① 应为硝磺，硝、硫黄、木炭按一定比例混合可制成炸药，战争年代是为违禁商品，亦为"硝磺"。
② 罗炳辉. 四次入赣［C］//罗鲁安. 罗炳辉文集. 北京：中共党史出版社，2006：22-23.
③ 罗炳辉. 罗炳辉自传（下）［J］. 春秋. 2002（1）.

我事后的时候，常常给士兵讲："当兵的薪饷，只有父亲、兄弟、妻子可以吃。因为当兵的人，在烈日炙烤下或冰天雪地里，尤其是在枪林弹雨中出生入死。军饷如果被长官吃了，买房子要着火烧，买田要着水冲，讨老婆生儿子没有屁眼。"士兵听了高兴得鼓掌，连以上军官听了恨不得吃我的肉，说我是共产党。①

在旧军队中，长官"喝兵血"司空见惯，有些当官的把这看作发家致富的门道，几乎所有长官都有这种经历或正在经历着，个别人的公然对抗尽管得到士兵的拥护，但话语权掌握在当官者的手里少数人莫奈其何。对此，他并不是不知道。

后来当支队长、团长职务，在这个期间，自己仍坚持与士兵同甘共苦，没有忘了自己本来面目，仍未参加吃花酒、打麻将、贪污腐化，收入的钱是自然来的，并用在困难的人士、朋友及士兵身上去了，大多数人称我为孟尝君。但同级与上级就恨死我，这又是一件不公平的事。对上抗议，对下和蔼团结，因此遭受恶毒的仇视甚深②。

与现实之间的格格不入，大有"举世皆浊我独清，世人皆醉我独醒"的清高与孤傲，势必导致与同僚、上级间的不睦，如此尽管有恩于朱培德，但北伐后仍被"遣散"也就有了充分的注解。

那么，也就是说，罗将军的性格决定了他在第二、三、四段材料中叙述的内容更为接近历史真实，他是不会故意遮蔽自己曾经做下的有背于后来评价系统的历史事件的。现在重新回到问题的原点，是什么原因导致"亲共"与"反（剿）共"的背离呢？

在《春秋》杂志所刊载的《罗炳辉自传》（上）的"编者按"中对材料的处理是这样说明的：

自传忠实地记述了作者自幼饱经忧患、不畏强暴、与恶势力坚决抗争的经历和对真理与正义的渴望和不懈追求，字里行间，倾吐着作者对党和人民的忠诚和热爱，充满了为无产阶级革命事业英勇献身的崇高精神。正如陈毅同志所说："罗炳辉同志一生都献给了人民，为革命奋斗到最后一

① 罗炳辉.罗炳辉自传（下）［J］.春秋.2002（1）.
② 罗炳辉.我的经历［C］//罗鲁安.罗炳辉文集.北京：中共党史出版社，2006：1.

口气!"

这篇自传基本上保持了遗稿的原貌，只是从字句上略加整理，对某些段落作了节录。①

原来这篇署名"罗炳辉"的《自传》是经过编者"整理"和"节录"的，是如何整理，整理的幅度有多大？"节"掉了哪些内容？

在罗鲁安主编的《罗炳辉文集》的首篇《我的经历》题注是这样说明的：

这是 1937 年罗炳辉亲笔所写，自从军到 1933 年担任红九军团军团长为止的一篇自传。编者根据中央档案馆保存的原件刊印，仅对原文中的某些人名、地名作了必要的订正，模糊不清的字用"□"标出。原文无标题，标题是编者所加②。

本书主编罗鲁安女士为罗炳辉将军之女，她在该书第一篇所加的题注说明其实是规定了本书对材料使用的基本原则，"仅对原文中的某些人名、地名作了必要的订正，模糊不清的字用'□'标出"，表明所用材料保存了原件的原始风貌，是最逼近事实的，而对人名、地名的订正无伤事件的叙述。

经过如此甄别，我们大致可以作出这样的判断：第二、三、四段材料保持了原作的风貌，而材料本来的风貌即原作中的政治倾向被编者给"整理"和"节录"了。为此，我们不妨再深究一步：是出于什么样的动机或目的进行这样的"整理"与"节录"？这是文本背后值得玩味的地方。

分上、下两期发表在《春秋》杂志上的《罗炳辉自传》分别刊载于 2001 年第 6 期和 2002 年第 1 期，从时间来说是 2001 年年底到 2002 年年初，这是一个十分重要的时间节点。此前，关于抗日战争基本沿用了自 20 世纪四五十年代到"文革"时期一以贯之的叙事模板，意识形态叙事占主导地位，"抗日战争是在毛主席正确路线指引下，亿万人民群众进行的一场大规模的人民战争。"③ "国民党战场：他的军队几乎完全丧失战斗力，

---

① 罗炳辉. 罗炳辉自传（上）[J]. 春秋. 2001（6）.

② 罗炳辉. 我的经历 [C] // 罗鲁安. 罗炳辉文集. 北京：中共党史出版社，2006：1.

③ 中国共产党历史学习提纲（上册）[M]. 上海市中小学教材编写组编写出版，1973：43.

连续溃败，一溃千里，使大片国土被日寇侵占。解放区战场：我党领导的人民军队，遵照毛主席指示，深入敌后方，发动和武装群众，开展游击战争，英勇抗击日寇，建立了大片抗日根据地。"① 因此，在这一意识形态导向下，几代人知识体系所建构的抗日战争是：毛主席领导的八路军和新四军在敌后开展游击战争，打败了日本帝国主义。完全遮蔽了正面战场的抗敌历史功绩。在权力话语的操控下，学术界集体缄默，处于失语状态。搜索一下，2002 年 1 月之前的学术论文与专著，论及正面战场的寥若晨星，即使有讨论的也仅止于正面战场的"失误""溃退""失利""败退""不抵抗"或"消极抵抗"等消极层面。2002 年初关于正面战场的历史叙事出版了一部里程碑式的作品，即由郭汝瑰、黄玉章主编的《中国抗日战争正面战场作战记（上、下）》（江苏人民出版社，2002 年 1 月），有书评称："本书着重反映正面战场的同时，对两个战场的关系作了符合实际的客观评价……中国的抗日战争只有一个，正面战场和敌后战场只是抗日军队作战地域的划分，是统一的抗日战争的有机组成部分，少了任何一个都不是完整的抗日战争。完整的抗日战争是不能割裂的。"② "该书执笔者和编审者是包括参加过抗日战争的国共两党的将领、研究中国现代史和军事史学者在内的 30 余人的群体。"③ 编写者们历时 6 年时间才完成这一划时代作品，书名为中共高级将领萧克所题。从人员构成可见大陆党、政、军、学界对正面战场抗战功绩的认同，从时间之长可体味到编写期间材料选择的艰难，特别是新旧观念间此消彼长的斗争过程。这应该是大陆学术界第一次直视正面战场、以客观的标准肯定正面战场的价值和地位。

讨论正面战场的问题，从表面上与罗炳辉叙事似乎没有太大关系，其实不然，这种历史观的转变，喻示了意识形态的松动，表明了大陆已经有了足够强大的内心正视曾经的历史，不夸张曾经的功绩，也不遮蔽曾经的过失，这是客观、科学的历史观，是符合历史科学发展的规律，也是顺应时代潮流的。发表在《春秋》杂志上的《罗炳辉自传》正是处在这个时间

---

① 中国共产党历史学习提纲（上册）[M]．上海市中小学教材编写组编写出版，1973：31.

② 罗焕章．正面战场作战研究的新成果——评《中国抗日战争正面战场作战记》[M]．抗日战争研究，2002，(2)．

③ 罗焕章．正面战场作战研究的新成果——评《中国抗日战争正面战场作战记》[M]．抗日战争研究，2002，(2)．

节点上。相较于《中国抗日战争正面战场作战记》的编写者们权威与影响力，《春秋》杂志及编辑们多少有难望项背之感。《春秋》杂志的主办单位是"政协山东省委员会"，它是社会监督机构而非权力部门，杂志的刊号"山东省内部资料准印证第 1192 号"，按业内说法，也仅是山东省的内部刊号。由于这些复杂的因素，杂志编辑们在用稿时大多比较谨慎，特别是涉及敏感话题的文章，大多抱着"多一事不如少一事"的态度，宁左勿右，不会轻易冒政治风险而采用带有偏激观点的稿件。从时间节点上看，《春秋》发表这篇自传性文字，正是意识形态领域的转捩点，处于这一节点的文字工作者，如果没有敏锐的政治嗅觉以确定未来舆论的走向，是不敢轻易作出左与右的判断的，因为判断的准确与否直接决定了其前途的明亮与黑暗。在这一情势下，沉稳的编辑对于一些比较吸引眼球的好文章，就充分发挥"编辑"功能，对稿件进行适合时下评价系统的修改。

《罗炳辉文集》的面世则完全不同。首先，时间节点。该书出版时间为 2006 年 12 月，在此之前学界两件重大"事件"决定了舆论导向。

其一是 2005 年 9 月 3 日胡锦涛同志发表了《在纪念中国人民抗日战争暨世界反法西斯战争胜利 60 周年大会上的讲话》。

讲话中胡锦涛同志肯定了正面战场与敌后战场同等重要的地位和功绩，更重要的是抗日战争不再是此前摒国民党军队正面战场于不顾的八路军、新四军的"独角戏"，而是"全体中华儿女的"全民族共同抗战。这是中共最高领导人也是官方首次公开的抗日战争国共双方的"五五评价"①功绩划定。胡锦涛同志的讲话，为学术界的言说调定了基调。

其二，由"中国第二历史档案馆"组织编写出版了《抗日战争正面战场》（上、中、下）（凤凰出版传媒集团、凤凰出版社，2005 年 8 月），它以原始资料的面貌来再现正面战场的历史，"本专题资料辑录的档案文件，仅是反映这一时期有关国民党方面的战场资料。"②

其次，主编者的身份。上面已经提及罗鲁安是罗炳辉将军的女儿，1970 年大学毕业后入伍，一直在部队工作，尽管父亲去世时她还不足一

---

① 即功绩各半。
② 中国第二历史档案馆. 抗日战争正面战场·出版说明（上）[M]. 南京：凤凰出版传媒集团、凤凰出版社，2005.

岁，但血缘关系和军人的职业关联，使她秉承了乃父的性格特征，真实地向世人呈现父亲既是她的责任，也是她的义务。从读者接受层面而言，她的特有身份为她赢得更多的信赖，相比较而言，读者更能接受她作为亲情叙事主体为读者呈现的人、物、事。

而且她所呈现的"这一个"罗炳辉，在罗将军的战友的叙述中也可得到旁证。何长工同志在红军时期与罗炳辉同志为同事，他在《忆长征中的炳辉同志》中是这样叙述的："炳辉同志确是耿直、豪爽、正大光明，有勇有谋，是一位好的红军指挥员。"① 胡彦北伐时也曾与罗炳辉搭档，他在《北伐革命的优秀健儿》一文说："罗炳辉同志是一个出身贫苦而富于正义感的军官。他为人正派、耿直、豪爽，厌恶那种捧上压下、欺软怕硬的行为，对那些欺压人民、骑在人民头上作威作福的家伙，尤为痛恨。他见难相助，喜欢打抱不平。他公正无私，对那些克扣军饷、喝兵血的家伙，更是切齿痛恨。"②

这也就不难理解《罗炳辉自传》中所呈现的"罗炳辉"与《罗炳辉文集》中的"罗炳辉"有较大反差的原因了。

二、他族的视角隔膜

在尼姆·威尔斯（Nym Wales）眼中，罗炳辉将军是"HEAD OF THE 'HUMAN CAVALRY'"③，陶宜、徐复的译本中将这一比喻译为"神行太保"④，这一译法是否合适值得商榷，在中国文化中"神行太保"其指称对象是唯一的，即《水浒传》中能日行八百里的戴宗，也许译者在此处是取其运动性强？这是译介学讨论的问题，此处不论。

（一）张扬女权主义情怀

尼姆·威尔斯是一位伟大的女性，他是中国人民的老朋友埃德加·斯诺的前妻，她在陕北时曾采访过中国很多高级将领，像朱德、彭德怀、徐向前、罗炳辉、贺龙、徐海东、萧克等。她热爱中国，一生多次到访东方

---

① 罗鲁安. 罗炳辉文集［M］. 北京：中共党史出版社，2006：268.
② 罗鲁安. 罗炳辉文集［M］. 北京：中共党出版社，2006：304.
③ NYM WALES. INSIDE RED CHINA［M］. BEIJING：FOREIGN LANGUAGES PRESS，2004：120.
④ 尼姆·威尔斯. 续西漫记［M］. 陶宜，徐复译. 北京：解放军文艺出版社，2002.

这片热土，为中国革命摇旗呐喊，为中国的进步而奉献自己的力量。

她是一位女权主义者。20 世纪 80 年代初萧乾先生曾对尼姆·威尔斯有一次专访，她认为："社会主义就意味着对所有的妇女予以重视，因为女性有它特别的作用。社会主义的理论应包括对妇孺给予特别的保护。""凡是贬低妇女地位和作用的作品都是反社会的，对社会有害的。"① 正基于此，尼姆·威尔斯笔下的人物身上无疑渗透或折射出女性主义的光芒。"罗炳辉对待妇女谦恭有礼，颇有古风。他总是以骑士的礼貌鞠躬。分别时他送给我一件非常好的礼物。这是一颗玛瑙珠——一颗来自西藏的喇嘛佩珠，佩在身上可以交好运。"② "罗喜欢孩子，在他拿给我看的那张照片上，他像个海岛似的，完全被'小鬼'包围了。有一个长得很漂亮的男孩是个苗族。他的小鬼们都穿着很好的鞋，可是罗却得意地穿着一双大草鞋。"③ 这两段叙述文字是女权主义观照下完美的男性或英雄形象。叙事者笔下的罗炳辉对女性是尊重的，"谦恭有礼"，"颇有古风"，对孩子则充满着父性的慈爱，而且乐善好施。这也许正是罗炳辉能进入尼姆·威尔斯视野的主要原因。

（二）美国视角的"中国英雄"

不过，作者毕竟是在西方文化濡染下长大的，于是给罗炳辉也披上一层西方英雄人物的面纱，这就是作者赋予罗炳辉西方"骑士"的风范，"他总是以骑士的礼貌鞠躬"，给罗打上西方英雄的烙印，罗炳辉俨然为西方中世纪心怀他人、恪守诺言、信心满怀的大众追慕的"骑士"！"他是中国人所热爱的那种'关帝'型的民族英雄，'一个智能双全的人物'。他往往以智取胜，敢于给敌人以重创。"④ 确实，中西方因为文化背景的差异对英雄人物的界定有较大分歧，西方崇尚的是如希腊神话中太阳神阿波罗那种力量无穷、身形完美的英雄，他们孔武有力，体型高大健美；而中国人仰慕的是《三国演义》中"羽扇纶巾""运筹帷幄之中，决胜千里之外"的诸葛亮式英雄，其体型无须高大健美，甚至可能如"游龙"如"飘风"，

---

① 萧乾. 海伦·福斯特·斯诺访谈录［J］. 花城，1980，（6）.

② 尼姆·威尔斯. 续西漫记［M］. 陶宜，徐复译. 北京：解放军文艺出版社，2002：114.

③ 尼姆·威尔斯. 续西漫记［M］. 陶宜，徐复译. 北京：解放军文艺出版社，2002：113.

④ 尼姆·威尔斯. 续西漫记［M］. 陶宜，徐复译. 北京：解放军文艺出版社，2002：112-113.

是如"太极"中"四两拨千斤"式的智慧类英雄。

所以,尽管尼姆·威尔斯在中国生活了很长时间,对中国文化谙熟于心,看到中国文化中崇尚"智能双全"式的英雄,但她把"关帝"界定为"智勇双全"式的英雄,未免牵强。不是说《三国演义》中的关公不"智","单刀赴会"中与周仓的苍白抵赖相比,关羽挽住鲁肃软硬兼施的一段话足见其"智",只是在中国文化人物的定位上,关羽向来被认为是"义"的化身。毛宗岗《读三国志法》云:"青史对青灯,则极其儒雅;赤心如赤面,则极其英灵;秉烛达旦,人传其大节;单刀赴会,世服其神威;独行千里,报主之志坚;义释华容,酬恩之谊重。"① 凸现的皆为其"义"的人格魅力。

我们不可能让一个外国人像我们自己那样理解中国文化,这既是不公平的,也是不可能的,文化的隔膜是两大文化基因本身与生俱来的,只是建立在这样的不同文化之上的叙事者在取喻过程中表露出的"异域"之趣,恰恰给汉语语境的接受者以全新的视角和理趣,这本身也是十分值得玩味的。

(三)中立的书写立场

身为外国记者和作家,尼姆·威尔斯身份使其受意识形态的约束相对较小,在陕北时期她就表现出对共产党的极大同情和支持,但她毕竟置身党派之外,因此有些内容作为身在"其中"者是不便言说的。譬如罗炳辉投奔红军前的经历,因为涉及与红军为敌,故大多采取遮蔽的手法予以回避,但在尼姆·威尔斯的叙事中我们看到了一个不一样的罗炳辉。"1922年加入了广西朱培德的革命军,担任营长……他自始至终参加了北伐,1927年共产党在南昌起义时,他的一营人被缴了械。以后,罗打朱德的红军,打了两年。"② 没有任何避忌。

在一个"为尊者讳耻,为贤者讳过,为亲者讳疾"(《春秋榖梁传》)的国度里,凡是尊者、贤者、亲者之耻、之过、之疾,都应该少提及,或者遮而不彰于人,以免影响他们的形象。作为叙事策略,这是无可厚非

---

① 罗贯中:王宗岗批评本三国演义·读三国志法[M].长沙:岳麓书社出版社,2006:8.
② 尼姆·威尔斯.续西行漫记[M].陶宜,徐复译.北京:解放军文艺出版社,2002:115.

的。但作为历史人物或事件倘若经过如此处理，留存接受者耳目的就已经是想象过的人或事了。

三、文人想象的张力

"张力"本为物理学名词，由美国新批评流派主将之一的艾伦·退特（Allen Tate）首次引入文学批评，他说：

我提出张力（tension）这个名词。我不是把它当作一般比喻来使用这个名词的，而是作为一个特定名词，是把逻辑术语"外延"（extension）和"内涵"（intension）去掉前缀而形成的。我所说的诗的意义就是指它的张力，即我们在诗中所能发现的全部外展和内包的有机整体。我所能获得的最深远的比喻意义并无损于字面表述的外延作用，或者说我们可以从字面表述开始逐步发展比喻的复杂含义：在每一步上我们可以停下来说明已理解的意义，而每一步的含义都是贯通一气①。

他把诗歌语言意义分为两个层面，即字典义与感情色彩或暗示义，这两个层面的意义是矛盾的但又是共构的。在此，退特讨论的是诗歌语言的张力功能，那么在文学创作（包含剧本创作）中想象的张力功能是如何体现的呢？

1978 年，梁信先生曾创作过一部影响力很大的电影剧本《从奴隶到将军》，并于次年由王炎执导，作为向新中国成立三十周年献礼作品完成拍摄。作品为我们叙述了一位彝族青年从奴隶成长为我军出色将领的故事。主人公罗霄亲历目睹了护国军、北洋军及国民党旧军队的反动与腐败，为此他感到十分失望甚至愤慨。在不断地探求与摸索中，他终于找到红军与共产党，最后率部起义，走上了革命道路，并成为我军的优秀将领。据作者在剧本末的《致读者》所言："主人公，不采自一个人。罗霄不是写哪一位将领，是由几位将帅'合成'。其中，主要原形（型）的事迹多些，易见些，明显些；但仍不求一人之自传体。因此，不写传记片。"② 那么，是由哪几位将帅"合成"的呢？

---

① 艾伦·退特. 论诗的张力［C］//赵毅衡. "新批评"文集. 北京：中国社会科学出版社，1988：117.

② 梁信. 从奴隶到将军［M］. 北京：中国电影出版社，1979：183.

《从奴隶到将军》剧照

　　尽管作者强调这并非一人的自传，但剧中罗霄这一形象原型为罗炳辉将军已为定论①，作者在叙事过程中想象的张力就体现在历史叙述与文学叙述之间关系的调和上。剧本使其塑造的人物既不失其真实，又能比较好地达成作者的叙事理想。

　　无疑地，这部作品无论是剧本还是电影在读者或观众心目中是成功的，它极大地满足了其时受众的阅读和观赏期待。而其实现这一目标的手段就是使"奴隶"向"将军"的转变。所谓"奴隶"是指失去人身自由而任人（奴隶主）驱遣的人；"将军"者，依《现代汉语词典》的释义是泛指高级将领。作为统率千军的将领，毋庸置疑地有着充分的人身自由的，而且还有极大的特权，所谓"将在外军令有所不受"即其谓。从身份地位而言，"奴隶"与"将军"不可同日而语，它们之间有着天渊之别。如此，要想在有限的叙事空间中弥合这二者间的深沟巨壑，实非常人所能为者。

　　梁信是如何做到的呢？简而言之就是作者所谓"努力写人，决不写

　　① 2009年9月25日《人民日报》刊文：《〈从奴隶到将军〉主人公原型—罗炳辉》，是为官方认定。

仙，半仙之体的'英雄'也不写。""对于史，大遵守，小不顾。""尽力做到神似。"① 归根结底就是以历史叙事为根本，以想象为手段，对所叙写人物进行符合满足读者或观众阅读、观赏期待的叙事重构。让我们将传记关涉的历史叙事与剧本关涉的文学叙事进行比照，看看它们之间有哪些不同并探求导致差异的原因。

（一）关于出身

罗炳辉的出身在历史叙事与文学叙事中是两种完全不同的面貌，在《从奴隶到将军》的剧本中：

只有两人穿着新草鞋（其中一双缀有红绒球）——这是新郎与新娘：奴隶时期的罗霄（他现在没有姓名，他只知道"乳名"小箩筐）和索玛②。

叙述者把主人公的身份定位于"奴隶"。尽管我国西部四川凉山的彝族在 20 世纪 50 年代仍残存着奴隶制，但罗炳辉的身份是否奴隶制下的奴隶呢？

奴隶制社会的生产关系具有个体特征：首先，奴隶主完全占有生产资料，包括奴隶；其次，奴隶与奴隶主之间是纯粹的剥削与被剥削的关系，奴隶无独立人格和人身自由，完全在奴隶主的强制下劳动；奴隶劳动创造的价值完全被奴隶主占有和支配，奴隶只能获得最低限度的生活资料。那么，罗炳辉处境是怎样的呢？

祖父时代是富裕的家庭，迭遭战乱和当地势力的敲诈（榨）剥削，到父亲成年时，便一贫如洗。祖父去世后，父亲一面帮人做零工，一面向地主租地耕种，日夜辛劳，入冬又肩担背负做些山货生意，衣食勉强能自给，即娶妻成家。自我出世后，父亲更加勤苦劳动，省吃俭用兼做小生意，家境日渐富裕。我十岁后，在地主、豪绅和官吏的敲诈（榨）剥削下，家境又沦为赤贫，我仅在私塾里胡乱念过三年书③。

很明显，罗氏家庭与地主之间确实存在剥削与被剥削的关系，但从

---

① 梁信. 从奴隶到将军［M］. 北京：中国电影出版社，1979：183.
② 梁信. 从奴隶到将军［M］. 北京：中国电影出版社，1979：1.
③ 罗炳辉. 罗炳辉自传（上）［J］. 春秋，2001，(6).

"衣食勉强能自给""娶妻成家""家境日渐富裕""念过三年书"等来看，他们有很强的自主性，有独立人格和人身自由。在川、云、贵一带的地主、乡绅眼中，这些过着贫苦生活的农民被叫作"干人"，"干人"也仅指生活穷苦的人，其人身是自由的。关于此，罗将军故乡彝良县文物所所长谢厚林曾明确表示："当时的罗炳辉一家不是奴隶，而应该是佃农。"①

既如此，剧本叙事者为何将罗炳辉的身份定位在奴隶上？

奴隶与将军之间存在极大的身份反差，而反差越大，从一方向另一方的转变就越难，但转变成功后对读者或观众造成的心灵震撼也就越大，从审美角度考察，美感效果也就越强烈，其结果必然是使读者或观众的审美快感得到巅峰式的满足。这一处理方式颇似现代文学史上"白毛仙姑"题材的升华。这一在旧社会被逼流落山林、踯躅人与非人之间的故事本来是平常不过的，但经过"旧社会把人变成鬼，新社会把鬼变成人"的意义赋予后，主题意味得到质的提升，从而使这一故事（《白毛女》）成为现代文学中经典故事之一。

（二）关于"转变"的契机

诚然，前后变化形成的落差越大，效果越佳，这自不待言。但是，反差越大，二者间弥合起来也就越难，要想弥合得天衣无缝更是难上加难，这岂是轻易所能达成的！

在历史叙事中，罗将军尽管内心充满正义感，但由于对共产党不很了解，甚至有误解，所以，对共产党和红军是没有好感的。这一点在他与其政治上的领路人赵醒吾之间的对话可以明显感知：

赵称他是共产党中央派来找罗的，说罗在许多方面均是彻底革命的，只要把问题弄清，赵是可以担保我的思想人格的。我答，共产党中央了解我是空话，我又不是一个党员，同时我是"剿共"出力的一个，共产党主张工农大众的真正解放，我是同意的，但乱烧乱杀我坚决反对的。赵答，党是绝对反对乱烧乱杀的，一部分盲动是农民的报复行为，并说了许多党的理论②。

---

① 见 http：//www. luobinghui. com/Soft/bhxw/2013/06/25/96. html
② 罗鲁安. 罗炳辉文集［C］. 北京：中共党史出版社，2006：28.

正因为他对共产党缺乏必要的了解，对共产党的政治、军事主张缺乏起码的认知，所以要让这个生性耿直的军人修正自己的政治航向自然也就十分困难，故而他走上革命的道路带有相当程度的被动性。这从上述所引与赵醒吾的对话中不冷不热的态度可得到有力佐证。

在革命初期，最重要的任务是壮大自己的力量，特别是对于手中握有军权者更是不惜一切手段争取过来，使其成为革命队伍中的一员。在20世纪二三十年代的军阀混战时期，任何人想握有话语权都必须有军队，它是政权得以存在的支撑和基石。也正是因为如此，手中有兵权者大多恃"兵"傲人、傲物，拥兵自重。这种心态在他的《我的经历》的叙述中表露无遗：

是年（1928年）7月初，与我在国民革命军同事的知己朋友赵醒吾来找我，谈了三天的话。第四天，刘士奇又来谈；蔡升熙第五天又谈。一星期后，赵醒吾、刘士奇、蔡升熙就介绍我入党，党内名字叫罗南煌（即是炳辉）①。

赵、刘、蔡都是1924年加入共产党的老党员，在党内和红军中都担任高级职务，刘是赣西南特委书记，蔡是省委军委书记，但为了发展壮大革命武装力量，他们受党指派争取罗炳辉。他们先后出场找罗炳辉谈话，而且在一星期后就介绍其入党。从罗的叙述中，看不到任何积极主动申请加入中国共产党的意思，甚至字里行间流露出自傲的心性。即使是走上革命道路后，他的这种作风都未完全肃清：

这时因我带的队伍逃了一排，我坚决主张混编到二、四团，刘士奇、蔡升熙坚持不主张编，因说政治影响不好。我最后提出，如不编，我就不管。当即决定编，四、五两团合编为独立四团，我任团长，金万帮任政委②。

二、四团是红军的班底，把民团出身的罗的队伍混编进去造成不好的影响，这种担心是谁都会有的，但他不顾组织原则与组织纪律，公然撂挑子不干，足见其居功（起义有功）自傲。

---

① 罗炳辉.我的经历 [C]//罗鲁安.罗炳辉文集.北京：中共党史出版社，2006：3.
② 罗炳辉.我的经历 [C]//罗鲁安.罗炳辉文集.北京：中共党史出版社，2006：8.

六十八军团地司令部用笺

炳辉同志：

一、来信收到，不为感谢。

你身体有病，望多保养。积青山，是很要紧的。

我身体好些了，何以为念。

致同志的敬礼！

毛泽东

一九四三年五月三日

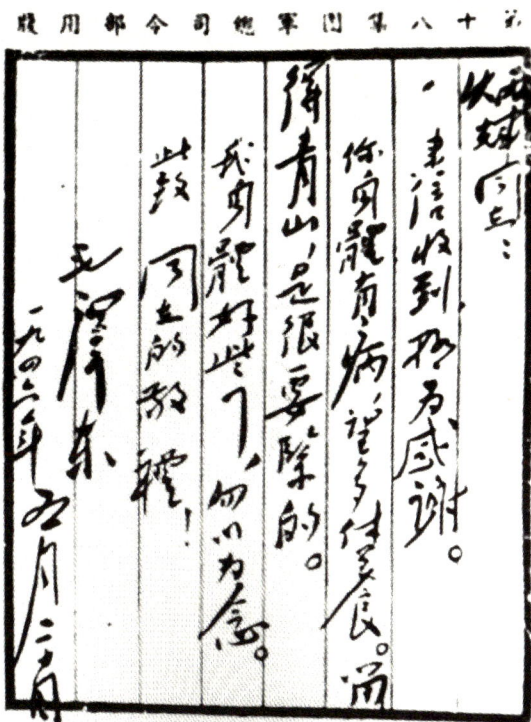

毛泽东致罗炳辉信函

我们不可否定罗将军后来经过革命战争的洗礼和革命理论的武装后确实成为伟大的革命家，但军阀出身的他，其前期身上残留的旧军人习气也是很明显的。总之，史学叙述中给我们呈现的从旧军人转变为革命将领的契机很大程度上是在老党员的帮助、引领下，比较被动地完成的。

那么，文学叙事中是如何处理这一契机的呢？

在《从奴隶到将军》的第四章"艰苦的历程"中有郑义与肖罗（前期罗霄）的一段对手戏，郑义去床上抱孩子时"笨手笨脚"地将小枕头也抱了起来，看到那枕下是一堆书：《共产党宣言》《法兰西内战》《向导》等等，于是有了他们之间的一段对话：

（郑）兄弟，知道吗？上峰正计划出兵江西剿共。你快把那些共产党的书也扔了吧。啥子三民主义，啥子共产主义，咱当军人的一概不闻不问。政治，是肮脏的。

"大哥，你是我恩公；但是在这一点上，你不了解我。正是这些共产党的书，那些共党朋友的为人做事，才使我心里抱有一线希望，眼前还有一线光明。虽然，我还不清楚——那条路到底……怎么走……"①

众所周知，《共产党宣言》是国际共产主义运动第一个纲领性文献，是马克思主义诞生的重要标志。它第一次全面而系统地阐述了科学社会主义理论，并且指出共产主义运动已经成为不可抗拒的历史潮流。《法兰西内战》是马克思总结巴黎公社的基本经验的经典著作，文中提出了著名的巴黎公社原则，即"工人阶级不能简单地掌握现成的国家机器，并运用它达到自己的目的"。无产阶级必须首先以革命暴力"摧毁"和"打碎"旧的国家机器，"实行无产阶级专政"。而《向导》则是中国共产党创立之初（1922.9.13）在上海创刊，党利用它来宣传"二大"提出的民主革命纲领，被誉为"黑暗中国社会的一盏明灯"。叙事者通过这三本书刊无疑向人们暗示，肖罗的成长是主动接近共产党，是共产主义理想吸引了他，使他主动接受并奉为至宝的（压在枕头下的暗示）。这就让肖罗后期的言行顺理而成章。"大雪纷纷扬扬。肖罗仍如前化装，冒雪再进苏区。"（第五章，《入党与起义》）在这样恶劣的天气条件下仍冒险进苏区，可见对真理追求的决心是多么坚决和急切，"化装"进入苏区当见行动的冒险，但也足见肖罗对革命的诚意。"仍与前"说明已经不是第一次，这从与剧中他的政治引路人郝军的话中可得到印证："欢迎你十次进苏区，以茶代酒吧。"每次都在险恶的自然与社会环境下冒险进入苏区，时间长、次数多，充分说明肖罗接受党的影响和领导是完全自愿的主动性行为，也是为共产党所深深吸引。而这"吸引"更通过暗示性叙事将其推向巅峰，"他仰视太空，满天星斗——北斗星。""前方，峻岭层层，隐约的红旗飘飘……"。

总之，文学叙事中，肖罗的转变契机是在积极主动地接触共产主义理论和接受中国共产党的影响，才由一个旧军人成长为一个真正的革命家的。

（三）关于"剿共"

在大陆的意识形态里，特别是1949年后中共坐稳了江山后，"剿

---

① 梁信. 从奴隶到将军［M］. 北京：中国电影出版社，1979：49.

共"更是一个十分敏感的话题。从上述所引罗炳辉的个人叙事中，他在旧军队时期积极参加过"剿共"，这又是一个无法回避的事实，那么如何淡化这段曾经"不光彩"的经历呢？文学家自有如椽妙笔。在第三章《第二次阵亡》中有一段罗炳辉在旧军队时的顶头上司苏师长与一位寄生旧军队、靠贩卖军火、鸦片为生的商人黄大阔之间的对话，甚是耐人寻味：

黄大阔："他可全身是窟窿。在农民协会躺了几个月，后来又送医院躺了几个月，才勉强活过来。"

苏师长："医生不是准他出院了吗？你也知道，最近蒋委员长电催老主公，要我们再次出兵到江西剿共。如果摊到我们师，一团团长又是老主公身边派来的人，谁敢命令他上第一线？郑义又遣散了，谁带兵？"

"他能带一个团？"

"说来叫人掉眼泪，因为事实上无可怀疑：他不仅能冲锋陷阵，而且很有指挥才能。"

"他也很左倾！"

"两年前谁不喊几句左倾高调？连蒋校长都喊：'工农乃吾生身父母！''把国民党并入共产国际！'"

"不同。老蒋是胡扯，此人却是内行。他虽然很谨慎，可有时也露出共产主义的行话。什么'一个幽灵'呵！士兵的'剩余价值'啦，显然他看过马克思的经书。"

"对此种人只能提防，不能杀光，杀光了谁去卖命？而且正因为如此——他在医院里错过了'四一二'，也没参加'七一五'清党，自认为两手干净。好吧，我逼他到'剿共'前线去，叫他那干净的双手也沾一沾红军的鲜血。我决定：肖罗实授上尉军阶，任代理副团长。"①

通过这一段想象性叙述，机敏的叙事者十分巧妙地将肖罗曾经的"剿共"经历转换为被动地服从上峰的命令而实施的无奈行动，并且把此事的幕后推手设置为肖罗的对手、后来成为共产党死敌的苏师长和黄大阔，这无疑让读者或观众找到一条理解肖罗早期"剿共"行为的路径，更找到谅

① 梁信. 从奴隶到将军［M］. 北京：中国电影出版社，1979：43.

解他这一行为的可资开脱的最佳也是最可信服的借口。

综上，文学叙事者在刻画罗霄这一形象时在出身、人生转变契机与曾经的"剿共"经历上都作了想象性重构。只是，作者为何要作出这样的选择，而不直书其事？答案只有一个，那就是与其时公众评价系统的协调将主人公塑造成一个完美的人物。而要讨论这个问题势必触及剧本面世时意识形态因素。

剧本初稿完成于1977年6月，而他这一剧本的创作，据作者在剧本末《致读者》中透露是应上海电影制片厂编辑"向建国三十周年献礼"邀约而作的，其时间是1977年3月，以此时间计，与1976年10月粉碎"四人帮"、结束"文革"灾难仅仅过去才四个月。尽管灾难的"十年"结束了，但意识形态的强大惯性对文化领域各个层面潜移默化的影响尚如水银泻地无孔不入。文人们在"文革"期间受到过巨大冲击，文艺界被迫害致死者数不胜数，著名的有邓拓、老舍、陈梦家、罗广斌、杨朔、赵树理、田汉、柳青、周立波、傅雷、翦伯赞、闻捷、范长江、冯雪峰、邵荃麟等，随着"文革"的结束，文艺工作者深感轻松许多，甚至有些扬眉吐气，但"文革"的恐怖阴影还笼罩在他们心头挥之不去，他们说话、行事谨小慎微，时刻保持与主流价值观的统一，却也是默认规则。

那么，"文革"时期的文学有哪些特征呢？

"三突出"是"文革"时期文艺创作塑造人物的原则，即所有人物中突出正面人物，在正面人物中突出英雄人物，在英雄人物中突出最主要的中心人物。每个人物都有一定的身份相似性和形象代表性，表现出强烈的"脸谱化"特征。对英雄人物的塑造要通过阶级斗争与路线斗争的方式来进行，英雄人物一定要是"根正苗红"者，不能掺杂任何杂色，特别是政治身份、阶级身份必须十分明晰，这一形象的"代言人"就是浩然创作的《金光大道》中的高大全。这就不难解释梁信将罗炳辉的形象处理成这个样子的原因了：要给罗炳辉一个十分明晰的政治身份和阶级身份，如是，作者遮蔽一部分事实而赋予主人公全新身份的用意也就如水落之石出了。

其实，受这种"文革"恐怖情结影响的何止文人！即使是军人，在"文革"后也在前期意识形态的强大惯力下被推动前行。不妨征引一则资料可见其一斑：

　　1927 年 4 月 12 日，蒋介石在上海发动反革命政变，大肆屠杀共产党员、工人和革命志士，并在南京宣布成立伪政府。那时朱培德的思想还是倾向孙中山的，而第三军里有不少优秀共产党员及进步官兵，反蒋情绪激烈。朱培德把已到安庆的三军九师调回南昌。此后，罗炳辉同志调到第九军二十七师六十九团任营长。该师师长是杨如轩，六十九团团长是刘安华，罗炳辉同志是刘安华的老部下，他们感情很好。朱培德后来看到蒋介石的反革命势力大，经不住蒋介石的压力，终于倒向了反动的南京政府一边。蒋介石叛变，朱培德倒戈，罗营长思想苦闷至极，变得沉默寡言。罗营长曾在南昌多次聆听过朱德同志的讲课，当时，朱德同志任第五路军军官教育团团长，二十五团团长李文彬曾在泸州讲武分校当学员，是朱德同志的学生，对朱德同志非常仰慕，常请他给准尉以上的军官讲话。讲课后，留朱德同志吃饭，照例由营长作陪。朱德同志讲课通俗生动，实实在在，着重讲中国人民遭受国内外反动派侵略、压迫的惨痛历史和国民革命一定成功的道理，强调"革命向左走"；指出工农兵要联合起来，打倒军阀，打倒帝国主义和贪官污吏、土豪劣绅；革命成功了，大家都有工做，有田种，有饭吃。这些革命道理，对罗营长的启发是很大的。八一南昌起义的实践，有力地说明朱德同志讲的道理是千真万确的。之后，朱德同志常常写信或以其他方式动员我们参加红军。罗营长对朱德同志的教诲则铭记在心，乃至后来在吉安率部起义，参加了红军①。

　　这篇题名《北伐革命的优秀健儿——记罗炳辉同志》作为《附录》收在罗鲁安主编的《罗炳辉文集》中，其作者胡彦，1926 年国共合作北伐时，与罗炳辉将军同在国民革命军第三军第九师第二十五团第二营任职，罗为营长，胡为副营长。按常理，同在一营供职，而且是搭档关系，他们之间应该是很了解很熟悉的，他叙述的内容应该深具真实性。细读这段文字，它的叙事指向十分明确，罗炳辉能从一个旧军人转变为一个新式革命军人，成长为一个优秀的革命家，是因为深受朱德的影响，是朱德引导他走上革命道路的结果。

---

　　①　胡彦．北伐革命的优秀健儿——记罗炳辉同志［C］//罗鲁安．罗炳辉文集．北京：中共党史出版社，2006：303．

遍勘所掌握的关于罗炳辉将军的材料，包括罗将军本人留下的《自传》《我的经历》《日记》等文字，著名"左翼"作家成员、也是罗将军新四军时的战友陈辛仁先生的《罗炳辉将军》，以及其他回忆、怀念性文章，均未及此事。只有王辅一先生的《罗炳辉将军传》中的一段文字与上引文字几乎完全相同，亦征引于此，以作比较：

一九二七年三月，罗炳辉在南昌参加了追悼赣州总工会委员长陈赞贤（共产党员，被国民党在赣州的特务枪杀）烈士的大会，听到朱德（时任第五路军军官教育团团长，南昌市公安局局长兼第九军副军长）同志感人肺腑的讲话，很受鼓舞。会后，他立即去会见朱德同志。朱知道罗是云南人，是滇军军官后，便立即接见。在交谈中，朱德同志晓以革命大义，讲述孙中山倡导的"三民主义"、"三大政策"、"耕者有其田"等革命主张，使罗炳辉顿开茅塞，看到了希望，看到了光明和前途。

在这之前，罗炳辉还多次聆听过朱德同志的讲课。当时，二十五团团长李文彬曾在沪（应为泸——作者注）州讲武分校当学员，是朱德同志的学生，对朱非常敬佩，经常请朱给军官讲话，而且讲完课要营长们陪着吃饭。朱德同志着重讲中国人民遭受国内外反动派侵略、压迫的惨痛历史和国民革命一定成功的道理，强调"革命向左走"，指出工农兵要联合起来，打倒军阀，打倒帝国主义和贪官污吏、土豪劣绅，革命成功了，大家都有工做，有田种，有饭吃。这些革命道理通俗易懂，实实在在，罗炳辉听后受到很大启发，一直铭记在心。

这一年四月十二日，蒋介石在上海发动反革命政变，大肆屠杀共产党员、工人和革命志士，并在南京建立了代表帝国主义、封建主义和买办资产阶级利益的"国民政府"。七月十五日，武汉国民党与共产党决裂而叛变革命。至此，国共合作的北伐战争，也就是第一次国内革命战争遭到失败。

开始，朱培德的思想还是倾向革命的，而且第三军里有不少优秀共产党员和进步官兵，其中以共产党员朱克靖同志为政治部主任的政治工作人员就达一百多人，经常进行革命教育，部队反蒋情绪激烈。后来，朱培德经不起蒋介石的压力，倒向了反动的南京政府一边，一九二七年五月在南昌以"欢迎"为名，将政治工作人员全部驱逐。蒋介石的叛变，朱培德的倒戈，使罗炳辉的思想极为苦闷①。

之所以要对这两段资料作长篇征引，不是为了比较孰优孰劣，而是为了呈现两段文字比较完整的叙事取向，它们行诸文字的时间孰先孰后，已经无关紧要，重要的是他们二者叙事趣味的高度一致，其中某些段落中语言表述几乎呈复制式的语言面貌，似乎都向人们昭示着他们叙事动机的统一指向：朱德是罗炳辉革命的引路人。

在国共合作北伐期间，罗炳辉确实与朱德有过接触，我们不排除朱德作为中国共产党早期高级领导人对罗炳辉产生的影响，但是在这个时间段上，朱德同志的"这些革命道理，对罗营长启发是很大的"的说法很是值得推敲。让我们再回到前述罗炳辉的《我的经历》，比照罗炳辉将军的自述，有些内容是相吻合的，如营长身份，从安徽（安庆）回驻江西（南昌）。但"到民国十六、十七两年剿共，我绝对出力"的坦率表述，与上述征引的两个资料之间存在极大的反差。民国十六、十七年即公元1927、1928 年，第一次国共合作破裂后，国民党亟欲剿灭共产党而后快，作为"剿共""绝对出力"的急先锋，罗炳辉明知朱德是共产党高级将领还主动接近并视之为自己人生的领航人，难道他明修"绝对出力""剿共"之栈道，来暗渡与朱德亲密接触之陈仓？这种做法于情于理都显得极其悖谬！

所以，可以断言，胡彦、王辅一在"文革"意识形态惯性的导引下，对罗炳辉的历史作了符合"文革"意识形态需要的修补，人为地将朱德的光环笼罩到罗炳辉的头上。

再回到上面的问题，其时的意识形态。自 1976 年 9 月粉碎"四人帮"结束"文化大革命"到 1978 年 12 月"十一届三中全会"召开，意识形态领域的重大"事件"就是"两个凡是"的抛出。

1976 年 10 月，"四人帮"被粉碎后，华国锋担任党和国家的最高领导职务。为稳定国内形势和巩固自己的政治地位，华国锋 1977 年 2 月 7 日借"两报一刊"社论《学好文件抓好纲》提出了"凡是毛主席作出的决策，我们都必须拥护，凡是毛主席的指示，我们要始终不渝地遵循"的主政方

---

① 王辅一. 罗炳辉将军传［M］. 北京：解放军出版社，1986：27-28.

针。"两个凡是"一提出，即遭到尚未恢复职务的邓小平及陈云等人旗帜鲜明的反对，并由此引发了全党范围内关于真理标准问题的大讨论。1978年12月底党的"十一届三中全会"彻底否定了"两个凡是"的方针，重新确立解放思想、实事求是的思想路线。

"两个凡是"从提出到被彻底否定，仅经历不到两年时间。而《从奴隶到将军》初稿完成于1977年6月，二稿完成于1977年11月，定稿于1978年5月，恰恰卡在这一时间段上。这就无怪乎作品中烙上了"两个凡是"的鲜明印痕。

第五次反"围剿"战争开始后，由于受"左"倾军事策略的影响，中共中央在红军连续作战、十分疲劳、减员严重的形势下，调集红一军团、红三军团、红九军团及红五军团第13师、23师，共9个师的兵力，与国军展开集中对集中、堡垒对堡垒、阵地对阵地的正规战。但由于在武器装备、后勤保障上敌我间的巨大悬殊，这次反"围剿"战争彻底失败，让红军几陷灭顶之灾。对这次战争的战略战术，官兵们表现出极大的不理解，剧中有罗霄与耿大刀的一段对白：

罗霄问："政委找我有什么急事？"

（耿大刀）："他说上次你两人谈的，他已经起草了一份党委决议，请你先过目再开党委会。"

"你看见了吗？"

"政委一贯的作风，不给你先看，是不会叫我们看的。不过我也知道一些内容，就是向中央建议：埋掉暂时无用的火炮、机器、坛坛罐罐，精简机关，充实连队。这叫什么精兵、减载，轻装前进。"

"你有什么看法？"

"怎么说呢？在这炮火连天、尸横遍野的时候，搞这些建议呀、开会呀，有啥用？！"

罗霄疲倦地："这就是你亲自找我来的意思喽！可你怎么也不明白政委在想大事、办大事。就是在这炮火连天、尸横遍野的时候，脑子里也不能没大事。"

"我从心里佩服咱党的政治工作。可你在战场上半辈子了，我的眼睛往战场上一扫就能看出来胜败进退来，难道你看不出今天……"

"我算老几呀！我问你个简单的问题：难道毛主席看不出今天的危

机吗?"

"可到底怎么办呢?"

"陈毅同志早就对我讲过:'毛主席怎么办,咱就怎么办。'"

耿大刀又激动起来:"我佩服,五体投地!为革命流血我不含糊。可现在我们为啥流血?天知道。你到公路上看看去吧:老头儿、妇女、修械师、印刷机!还有,戴眼镜的先生们。我们的血就为这些机器和先生们白流了!"①

"毛主席怎么办,咱就怎么办。"完全是"两个凡是"的翻版。陈毅元帅果然会说这话吗?剧作家诡异地设定了一个私密视角:陈毅对我讲,无第三方视角,但不管此话的真实性如何,叙事者都已将其作为"真实"强加给了读者和观众。然而,如果稍作分析即会发现,这一叙事真实性存疑。

1967年下半年,如火如荼的"文化大革命"波及陈毅元帅,面对盛气凌人的批斗者,他不卑不亢地发表了一场精彩纷呈的演讲②,兹摘几段以共飨:

> 我是文化人,文化人的习气很深。
>
> 我在党内工作四十多年了。我原来不愿意参加共产党,是周恩来要我参加的。我说参加共产党可以,要进行思想改造就不行。当年一些同志吸收我进共产党,我不干。我说我要搞文学,受不惯纪律约束,我愿意做个共产党的同情者。那些同志都是很热情的朋友,今天来给你蘑菇,明天来给你蘑菇,最后我还是入党了,当了一个党员。如果当时他们要来领导我,要改造我,我早就跑了!我就偏不接受你改造。你要领导我,我就偏不接受你领导。
>
> 在井冈山的两年,我不支持毛主席,犯了路线错误。我不吹嘘,我讲话豪爽痛快,有时很错误,有时很准。
>
> 有人说我不识时务,但我讲的全都是真理,这是我的性格。
>
> 我们不要搞个人迷信,这个没有必要。对个人盲目崇拜,这是一种自

---

① 梁信. 从奴隶到将军 [M]. 北京:中国电影出版社,1979:109–110.
② 这次演讲内容后来经过整理命名为《我这个外交部长》,见叶永烈著,《"四人帮"兴亡》,北京:人民日报出版社,2009年版。

由主义。我不迷信斯大林，不迷信赫鲁晓夫，也不迷信毛主席。毛主席只是个老百姓。有几个人没有反对过毛主席？很少！听说林副主席没有反对，很伟大嘛！若有百分之二十的共产党员真正拥护毛主席，我看就不错了。反对毛主席不一定是反革命，拥护他也不一定是革命的。

最严重的问题就是不分青红皂白，把一切领导干部都打成"反革命修正主义分子"，排斥一切，文章不能做绝啊！我讲这些话，可能要触犯一些人的忌讳，我要惨遭牺牲。我愿意。我也不怕！

有人要揪我，说刘新权（当时的外交部副部长）的后面就是我，要揪我，我不怕！我是老"运动员"，大风大浪千千万万都经过了，还会翻了船？就是北京59所大学，全国一二百所大学都来揪我，我也不怕！

你们太猖狂，不知天高地厚。不要太猖狂吧，太猖狂就没有好下场。我革命革了四十几年，没想到落到这种地步，我死了也不甘心，也不服气。我拼了老命也要斗争，也要选择，今天就要出这个气！

我这个就是右派言论。我今天讲到这里，可能讲得不对，仅供参考。我这些话就说是右派言论，我也满不在乎①。

我们都无须作哪怕浅表层次的分析，这些文字所自然流淌出的刚直气质为我们建构了一个大写的"人"字。这个"人"，铮铮铁骨，人格独立，刚正不阿！在"文革"高压之下，有多少人出卖了自己的灵魂沦为恶势力的帮凶，有多少人为保全自己的清白消极对抗而含冤九泉之下……而陈毅元帅的一声"我不怕！"仿佛是既不苟且偷安，又不消极避世，而是"斗争到底"的宣言！有人概括陈毅：元帅、诗人、外交家居二流，但作为真正的共产党员、真正的人绝对是一流！他的诗写道："大雪压青松，青松挺且直。要知松高洁，待到雪化时。"这当是他刚直、高洁品性的鲜明写照。

试想，以这种"挺且直"独立人格的人如何能说出"毛主席怎么办，咱就怎么办"的唯毛主席马首是瞻的话？他从不迷信某个人，坦坦荡荡只相信真理。

由此，我们断定"毛主席怎么办，咱就怎么办。"这一"两个凡是"

---

① 《我这个外交部长》，见叶永烈著，《"四人帮"兴亡》，北京：人民日报出版社，2009 年；转引自《可乐》杂志，2010 年第 1 期。

特定意识形态下的叙述，其实正是叙事者借剧中人物而作的意识形态言说，更为直白地说，是叙事者借陈毅元帅的人格权威而作的意识形态的阐释。

罗炳辉叙事者们由于所站的文化立场，或者由于视角的开闭程度的限制，对叙事对象的理解或表达都会有所不同，无论是褒者或是贬者，无非都是为了建构一定的文化形象，无所谓优或劣，这也许正是叙事的魅力之所在吧。

"孤军八百"叙事

西方后现代主义学者李欧塔在论及同一事件的不同叙事文本时认为："事件本身与其意义是很难等同的，因为意义的重大常常超越了我们的认识能力和解释能力。于是在事件过后，就形成各种各样的说法和各种各样的记录与材料，而当事人无法真正为后人提供什么可靠的材料。因为真正的当事者已经被处死了，而幸存者则因为没有经历过，因此往往众说纷纭。"① 他的这一说法一方面很容易把对历史事件的解释导向神秘和虚无，另一方面又把叙事价值的高低甚至有无完全推到历史事件提供者身上，而完全否认叙事者在文本制造过程中的存在价值，这种与弗莱、海登·怀特等"文体皆为语言的表达，它一旦形成就宣布自己生命的诞生，也宣告作者的死亡"是一脉相承的理论体系，完全否认了叙事者在叙事过程中的生命意识的渗透，势必导致文本解读的失准。

杨义先生在论及叙事聚焦时说过："聚焦的选择包含着深刻的价值选择，解剖聚焦所在在相当的意义上乃是解剖叙事文体的价值所在。"② 其实何止聚焦，从结构上说在整个叙事过程的每一环节都莫不如此，都"包含着深刻的价值选择"。因为任一叙事文本都具有"后叙事"的特点，也就是对已发生过的事件的印象性模仿与想象性再现。模仿与再现的过程无法不渗透叙事者的价值判断。也就是说根据叙事主体的价值观，首先对对象进行叙事预设，然后根据这一预设选择能满足它或能证明这一预设成立的"条件"，即叙事元素。这样一来一方面无法避免叙事者价值观念的渗透，

---

① 王晴佳，古伟瀛．后现代与历史学：中西比较［M］．济南：山东大学出版社，2006：114.

② 杨义．中国叙事学［C］//杨义文存．北京：人民出版社，1997：246.

硝烟弥漫的"四行"战场

另一方面也无法避免"先入"式定位而带来的主观不确定性。这就是同一事件不同文本呈现的根本原因。

一、"孤军八百"事件

还是让我们从一历史事件说起吧。

且把历史镜头回转到 1937 年"卢沟桥事变"后的"八一三淞沪大战",从 8 月 13 日到 10 月 31 日,英勇的中国军队用血肉之躯对抗日本现代的飞机、大炮等重兵器,尽管他们坚守了一部分阵地,但是,"我们所付出的代价太大了,把全国的军队精华送入这'磨坊',于敌军有利地势中消耗掉;照敌人的说法,他们已吸引了我们的野战军主力,歼灭于淞沪战线了"①。出于明智的选择,我军由八十八师成功掩护撤退,而该师之五二四团一营,在团长谢晋元、营长杨瑞符率领下固守四行仓库,血战四昼夜,日军在英国的掣肘下又不能强行进入租界,于是,"日方向工部局总董提出强硬要求,如英方不强制国军退出四行仓库,日军即分由水陆两路进入租界,对四行国军作战了"。于是"英方乃通过外交关系,强迫我军当局令八百壮士退出四行仓库"。本来约定枪械与人员分车装送直接送往

---

① 曹聚仁,舒宗侨.中国抗战画史 [M].北京:中国书店,1988:95.

南市我方军部，却为日方所阻，一直羁留到太平洋战争爆发，才成为日方的俘虏①。

谢晋元将军

这期间"孤军八百"最为引人注目的事件一为"升旗"事件，另一就是 1941 年 4 月 24 日孤军领袖谢晋元的遇害。主流媒体包括《中央日报》《新华日报》《大公报》《扫荡报》等，一致认定四名"不肖士兵"受"汪伪指使"而谋杀了谢团长；《申报》也说是四名"叛上作乱之士兵"杀害了谢团长。至此，如果没有后来的《判决书》一节，事情也就过去了。其时国人特别恨的大概除了日本人外就是像汪精卫这些"二鬼子"，日本人是为了他们的国家和民族利益，而汪精卫之流连鬼子都不如，出卖本民族的利益，可恶！是他们指使歹徒杀害谢团长，是最好的也是最合适的解释。事情过去两个多月，已经到了 6 月底，正当所有曾经参与叙事的团体或个人，都暗笑读者中了他们的叙事圈套时，却不意被公布的杀害谢晋元团长凶手的判决书给叙事者重重地扇了一耳光！

---

① 曹聚仁. 采访外记·采访二记［M］. 北京：三联书店，2007：151–152

孤军营团长谢晋元、于本年四月二十四日上午五时、在胶州公园营中晨操时、被其部下以利刃刺伤要害身死、团副上官志标、上前救护、致亦遭刺伤、嗣经公共租界警务当局、会同孤军营高级人员、拘获案犯士兵郝精诚．张国纯．尤耀亮．张文卿．周少山．张保生．黄云清．曹明忠．张福忠．蒋少卿等十人、抄出尖刀三柄、铁棍一根、带入捕房、嗣以刑法二七一条杀人罪向第一特院正式提起公诉、业经两度详细研讯、谕令辩论终结、听候宣判、各情已致本报、昨日下午二时半、由承审×推事升座刑二庭、饬提各被告到案、宣读判决主文曰、郝精诚．尤耀亮．张文卿．共同杀人、各处死刑、剥夺公权终身、其他部分无罪、张国纯共同杀人、处死刑、剥夺公权终身、周少山．张福忠．共同杀人、各处无期徒刑、剥夺公权终身、其他部分无罪、张保生．蒋少卿．帮助杀人、各处徒刑九年、剥夺公权九年、其他部分无罪、匕首一把、小刀二柄、铁棍一根均没收、黄云清．曹明忠．无罪、仍还押、(《新华日报》《申报》1941.6.29，为保持原貌，文中标点照录未修改。下同。——作者)

判决书将叙事者推向十分尴尬的境地，射向读者之箭不意绕了一个弯，又飞了回来，重重地扎向他们自己，让他们有苦难言。

读者看到这一判决书后，简直都懵了，先在阅读的故事被无情地取消了："不是四人吗？怎么被判刑的是八个？还有两个无期徒刑，和两个九年徒刑，到底是怎么回事？"读者想得到某种解释，哪怕是再进一次圈套，但现在竟都偃旗息鼓，缄默不语了。媒体的失声使本来有些荒诞的结果更觉讳莫如深。当然此事最受伤害的自然是读者，对于叙事者的伤害是他们的"报应"，是应该有预期的，事实的真相是不可能永远被遮蔽的，而读者是在不设防的情况下受的伤害，所以伤痛最深。伤痛之余，疑窦丛生而又理智的读者拾起往日的报纸，回头对曾经读过的情节进行再一次仔细研读后，大呼上当！所有的疑点也都浮出水面。

(一)《申报》读者群

《申报》(1941.4.25)：《谢晋元上校罹难》

昨日清晨五时五十五分、本市发生一惊人之暗杀案件、被刺者为八一三淞沪战争时坚守四行仓库孤军苦战、因以闻名世界之前八十八师团长谢晋元上校、当时谢团长正率全体官兵、在胶州路孤军营举行早操、突遭叛上作乱之该营士兵四名、先将谢团长包围凶殴、继以匕首向之猛戳、谢因猝不及防、且以伤及要害、竟告殒命、其时团副上官志标、因捕凶手、亦被匕首刺伤、当送仁济医院治疗、现凶手四名、均已就逮、羁押于戈登路捕房、定今晨解第一特院受审、至此案有无背景、现虽尚未明了，但中外各方以谢团长生前精忠为国、矢志不渝、此次遽遭暗算、死于非命、莫不同声哀悼、并对此案表示重视、兹分记详情于后、

叛兵行刺　当场殒命　孤军营例于每日清晨、举行精神升旗后及早操、昨晨五时五十分、全体官兵三百余名、在操场列成纵队，由谢团长点名、忽发觉有士兵四名缺＊（勤）、其姓名为上等兵张国顺、下士郝精诚、张文清、尤耀亮等、即一面令全体士兵循跑道跑步、一面派士兵一名、前往宿舍传令该四人前往操场、当四人抵操场谒见谢团长时、谢以彼等不守纪律、当即面加申斥、讵其中一人、忽自衣袋拔出长约半尺之匕首（或为小洋刀之类）一柄、疾趋而前，向谢团长头胸各部猛戳、其余二人，亦一趋而前、帮同凶手、将谢团长凶殴、仆倒在地上、并以伤势严重、当场死于非命。

斯时正在跑步中之全体官兵、睹斯惨剧、大为震惊随即停步、由领队之团副上官志标（三十岁、福建人）率领、追捕凶手、凶手操刀拒捕、上官志标首当其冲、竟被刺中昏倒、但凶手终因无处可逃、俯首就擒、由全体官兵解交驻守该营之白俄万国商团、随即一面电召救护车、将受伤团副上官志标车送仁济医院救治、一面电告工部局警务处、派遣警车将凶手四名解送中央捕房、并立即在孤军营内部严密戒备、外间人士、除持有警务处特别派司外、一律严禁入内、电话交函、亦予断绝、胶州路星加坡路口铁网、亦由二具增至四具、并有巡捕八名守卫、严密戒备。

谢氏遗体　今晨大殓因孤军营严密封锁之故、记者昨日亦未得入内、故详情无法获悉、但后据自营内出外购物之勤务言、谢团长遗体、已由操场移入其私人卧室、全体官兵、在床前痛哭致祭、并即催派官长一名、负责营务、定于今日上午十一时、在该营大殓、至受伤团副上官志标、车送仁济医院后、当经医师包扎医治、所受刀刺伤痕、在左额一处、左肩及肋部各一处、腰部二处、虽流血甚多、但幸未在要害、可无生命之虞、记者昨曾赴院访问、据渠称、谢氏为缺席士兵袭击时、余（上官自称）正在领队跑步、尚未注意、追获知后即往追捕、当被凶手刺伤昏倒、其后情形、

即无所知、至凶手动机何在、渠称事前无所闻、

行凶动机　无从臆测　谢氏自率部退入公共租界困居胶州路孤军营后、励精图治、手订教育、体育、生产、各项计划、积极训练、使全体官兵、咸成劲旅、俾将来尚得为国尽力、朝夕劬劳、与参加战争时并无不同、三年余来其部下体力智力、均有长足进步、尤以肥皂、线袜等各项生产工作、成绩卓著、曾先后将生产所得数千元、捐赠政府、颇得当局嘉许、谢氏虽以行动未得自由、环境日非、精神不无苦痛、但矢志不渝、时以含辛茹苦、以待光明来临等语与部下相勖勉、而其部下亦能深体其旨、故颇受拥护、上下感情、尚称不恶、讵现竟为其部下所害、故各方对凶手动机、均表示怀疑、

工部局所发表公报　据工部局昨晚发表公报云、本（二十四）日清晨、胶州路孤军营内正在列队之际、团长谢晋元及团副一人、突遭营内若干士兵之袭击、结果谢团长被刺伤重殒命、同时团副亦受重伤、刻已移送医院、该案负责士兵四名、当场就逮、交由营房守卫转解捕房羁押、据就逮之士兵四名声称，两长官平日之压迫行为，实为发生本案之原因。案情正在调查中、

上有老父　下遗孤寡　按谢团长晋元、今年三十七岁、广东焦岭人、为黄埔第四期毕业生、遗有老父、寡妻、及子女四人、眷属现均寓居故乡、其慈母方于去年四月间逝世、孰料一年后竟亦追踪于泉下、痛哉、

叙述得这样细致，无法考察其时孤军营的操场有多大，但从此地原为四行的仓库推测，不可能为今天的标准操场，据林清《报仇雪耻，后死之责》（《申报》，1941.4.26）称"有一个篮球场，一个排球场，算是战士们锻炼身体的地方"，这样算来，离出事地点最远距离也不过五十米，发生冲突后即行制止是完全来得及的，但其他战友为什么见死不救？按常理，如此惨烈的场面一经发现马上就会跑步上前，为什么"震惊"后还"随即停步"？再说，被派往宿舍去"传令"四人的士兵是应该与四人一道返回操场，对当时事态的发展应该再清楚不过，即使跑步的上官志标他们离现场较远，发生如此血腥事件，而且是行刺自己的长官，这一士兵又为什么缄默而不大声呼救？刀是从衣袋里拔出来的，足证蓄谋已久；猛戮头胸致命部位，足见仇恨刻骨；如彼等身份之人与囚徒无异，却能身藏半尺（！）之凶器而不为人之所知，或知而不报，或报而不缴，实在匪夷所思！

169

更为不可理解的是四人行凶，怎么八人被判刑？

（二）《新华日报》读者群

《新华日报》（1941.4.26）刊载《哀悼孤军谢团长　蒋委员长拨恤金五万　并通电全体官兵致哀》：

（中央社讯）蒋委员长得悉谢晋元团长被狙击逝世之噩耗，至为痛悼，业已手令发给特恤国币五万元，并请由政府明令褒扬，其所遗子女由国家扶养。并通电各军师官兵，表示悼念，略谓：“谢晋元团长之成仁，为我中华民国军人垂一光荣之纪念，亦为我抗战史上留一极悲壮之史迹。回溯该团长率领八百孤军坚守闸北，誓死尽职。守护我国旗与最后阵地而绝不撤退，其忠勇无畏之精神，已获得举世之称颂。而其此后留驻孤军营中，为时三年以上，历受种种威逼利诱，艰危困辱，卒能强毅不移，始终一致，保持我国民革命军独立自强之人格。此种长期奋斗，实较之前线官兵在炮火炸弹下浴血作战，慷慨牺牲，尤为艰苦卓绝，难能而可贵。此次被击殒命，显为敌伪方面久已蓄意收买奸徒下此毒手，而我孤军营之忠勇官兵，赤手擒奸，固绝不损其全体之荣誉，谢团长虽不幸殒命，然其精神实永留人间而不朽，谢团长不仅表现我军人坚贞壮烈之气概，亦有我民族不屈不挠正气之代表，除已优予丧恤外，甚望我全体官兵视为模楷，共同勖勉，以无负先烈之英灵而发扬我民族正气之光辉也。”又闻蒋委员长已通令各军官学校，于下星期一（二十八日）纪念周时，一律为谢团长默哀一分钟，以示崇敬。

又重庆市绸布商业同业公会主席卓德全、常务委员柯尧放、吴健男、万静安、陈虞耕昨联名电谢氏家属吊唁，并电上官团副慰问。又国民党中央组织部部长朱家骅氏亦有电致谢氏家属吊唁。

又讯，国际电台为对民族英雄谢团长表示崇敬起见，定于今（廿六）日下午六时三十分起，对沪作“哀悼广播”，由该台播音员前谢氏袍泽周存爱少校主持，并请当年向四行孤军献旗之杨惠敏女士播讲，杨女士于昨日去电慰问留沪孤军。

《谢晋元被害经过　晨练突遭四奸徒暗杀　敌伪曾屡威胁未遑》：

（中央社香港二十五日电）沪讯：孤军营团长谢晋元，二十四日晨突被刺殒命，谢氏于二十四日晨四时，循例召集全体士兵举行训话，训话甫毕，突发现刺客四名，以刺刀向谢团长猛戳，谢未及防备，竟中要害殒命，团副上官次标，竭力营救，亦遭所伤，四凶手当即被捕解送捕房。按谢团长自三年前本部退出四行，驻入租界后，训练孤军，鼓励爱国，以待最后胜利之来临，敌伪屡加威胁，企图绑架及暗杀，均未逞，此次竟遭戮害，各界闻讯，莫不悲愤痛惜。又谢团长遗体二十五日十一时，在营内举行大殓，团副上官，现在仁济医院医治，计左额左肩腰部，各受刀伤，幸未中要害，可无生命之虞。

谋杀是需要有动机的，这四人怎么无缘无故就动刀杀人呢？蒋介石说的"此次被击殒命，显为敌伪方面久已蓄意收买奸徒下此毒手"。"显"的依据是什么呢？这么短的时间就查明是"敌伪""久已蓄意""收买"的结果，此前为什么不提醒谢团长对之警觉？

（三）《扫荡报》读者群

（《扫荡报》，1941.4.25）《沪四行孤军营团长　谢晋元遭狙击》：

［本报香港二十四日专电］沪讯（二十四）晨五时许，胶州路四行孤军营谢晋元团长，正在率领士兵举行升旗典礼后跑步时，突有不肖士兵郝鼎诚等四名，从谢团长背后包围袭击，头部胸部遭受重大打击，流血过多，延至六时许，伤重毕（毙）命。副营长上官志标，因抢护亦被刺伤，送院救治，性命危殆。所有凶手旋被其余士兵赤手包围成擒，押捕房候审。此不幸事件发布后，无论识与不识，莫不同声哀悼，闻此暴行，为汪逆预谋，布置周密，显系有计划行动。又息：事前汪逆曾派人劝其变节，经谢严词拒绝，故出此毒手。按谢为粤之蕉岭人，字仲民，妻凌维成女士，遗有子女各二，呜呼痛哉！

"闻"怎么能作为判断的依据？而且"闻"的是"汪逆"指使！实在不可思议！

（四）《中央日报》读者群

（《中央日报》，1941.5.8）《孤军营血案　谢团长被刺始末》：

【本报上海航讯】记者今向全国各界报告一则可悲哀之消息，盖为孤军营之谢晋元团长，竟于二十四日清晨，被其部下之不肖士兵，被人收买而加以行刺。至此忠勇果敢之谢团长，竟惨毙于四名不肖士兵之手下，凡属识者，莫不为之同声一哭也。查谢团长被刺情形，各方面尚无任何发表，捕房当局且严禁任何消息之外泄：

精神升旗，集合训话 但据大美晚报记者向各方面调查之结果，则谓当日清晨四时许，该营全体官长士兵，依例举行早操前，必由谢团长亲自领导，先作升旗典礼，其后则集合训话。当时有该营之不肖士兵郝鼎诚，到场独晚，谢团长当以事关军纪，遂严加训责，此为官长对于士兵之通常警诫。当时该被买之不肖士兵自亦俯首无言，谢团长训话既过，乃又督率士兵，举行早操，后又举行跑步……讵在实行跑步时，此不肖被买士兵郝鼎诚，已与其他不肖士兵三名，互相同谋，竟甘冒不韪，实行犯上，对于营内唯一之军事长官，实行谋害。

当全体孤军兵士跑步时，此四名不肖士兵，在谢团长从旁指导之下，彼等最初亦追随同伍士兵，疾步向前。惟彼等当时系厕于行伍之最后列，讵当行至半途时，彼等突然以向后转姿势，向谢团长所立之处疾驰。此际其他士兵，既因专心向前，故对于此辈殿后之不肖士兵行动，竟毫不察觉。谢团长本人，虽觉若辈之行动奇突，但亦不虞其竟蓄叛谋，故当时反迎步前进欲一询若辈之何以如此。

凶手蓄谋，行动周密 不料在此时四名不肖士兵，业已出其预藏之凶器，竟向谢团长实行围袭。四凶手中，先由郝鼎诚以预藏之铁棍，向谢团长头部猛击，谢团长于不抵抗之下，遂被击倒在地。其他凶手，立即乘谢团长倒地之时以匕首刺刀及铁棍等，或则猛击，或则猛刺。于是谢团长之头部胸部等处。受有致命伤多处，此时全体官兵亦已发觉，彼等于停止跑步反身抢救时，与四名不肖士兵，遂发生格斗，惟其他官兵，身上均无武器。而四名犯上谋叛不肖士兵，此际亦知事态扩大，竟如疯似狂，向其他官兵猛扑。其时白俄警卫队亦已闻警，立即入场警戒，当将此四名凶手控制捕获，方将受伤之谢团长设法抬入卧室中欲施急救。无如谢团长除头部当时被铁棍击倒之外，左太阳穴上与面部及胸部，亦有极深之刀伤，当时流血极多，神志亦已昏迷，延至六时许，遂惨然溘逝。全营官兵莫不失声痛哭。此领导孤军在沪一直奋斗之忠勇军人，遂长眠地下矣。

谢团长之噩耗传出后，全沪各界莫不同声哀悼！盖以谢氏之沪上奋斗，不仅为全中国人士所感佩，且已博得世界人士之钦敬，今被害于其不肖部下之手，实为怪事。查行凶之四不肖士兵，其行动实出于预谋而若辈之凶器，似亦为外间所秘密运入，且若辈事前，似已并将行事日期决定，所谓郝鼎诚之迟到,即为行凶前之一幕张本耳。惟此辈不肖士兵,何以对谢氏突作此举各方对此,尚属猜测纷纭。

热肠待人,竟遭毒手　但此间华人方面曾闻有人企图绑架谢氏,后以该处警卫森严而不果,其后又闻某方欲引诱谢氏失节,但亦经谢氏之严拒而未成;凡此种种,均为谢氏生前告人者。

既然"捕房当局且严禁任何消息之外泄",那么,"被其部下之不肖士兵,被人收买而加以行刺"的消息从何而来? 更凭什么断定是"被人收买"?"到场"独晚"的郝鼎诚,遭警诚,杀人凶手却是四人,"杀人偿命"这是谁都知道的,其他三人为什么明知"偿命"也在所不惜? 是什么让他们去甘冒天下之大不韪实施这样的"叛逆"行为?

（五）《大公报》读者群

《大公报》(1941.4.26)《蒋委员长通电　悼念谢晋元　发给特恤金五万元　并请政府明令褒扬》:

【中央社讯】蒋委员长得悉谢晋元团长被狙击逝世之噩耗,至为痛悼,业已手令发给特恤国币五万元,并请由政府明令褒扬,其所遗子女由国家扶养。并通电各军师官兵,表示悼念,略谓:"谢晋元团长之成仁,为我中华民国军人垂一光荣之纪念,亦为我抗战史上留一极悲壮之史迹。回溯该团长率领八百孤军坚守闸北,誓死尽职。守护我国旗与最后阵地而绝不撤退,其忠勇无畏之精神,已获得举世之称颂。而其此后留驻孤军营中、为时三年以上,历受种种威逼利诱,艰危困辱,卒能强毅不移,始终一致,保持我国民革命军独立自强之人格。此种长期奋斗,实较之前线官兵在炮火炸弹下浴血作战,慷慨牺牲,尤为艰苦卓绝,难能而可贵。此次被击殒命,显为敌伪方面久已蓄意收买奸徒下此毒手,而我孤军营之忠勇官兵,赤手擒奸,固绝不损其全体之荣誉。谢团长虽不幸殒命,然其精神实永留人间而不朽。谢团长不仅表现我军人坚贞壮烈之气概,亦有我民族不屈不挠正气之代表,除已优予丧恤外,甚望我全体官兵视为模楷,共同勖勉,以无负先烈之英灵而发扬我民族正气之光辉也。"又闻蒋委员长已通令各军官学校,于下星期一(二十八日)纪念周时,一律为谢团长默哀一分钟,以示崇敬云。

【中央社香港二十五日电】沪讯:孤军营团长谢晋元,二十四日晨突被刺殒命。谢氏于二十四日晨四时，循例召集全体士兵举行训话，训话甫毕，突发现刺客四名，以刺刀向谢团长猛戳，谢未及防备，竟中要害殒命。团副上官次标，竭力营救，亦遭所伤。四凶手当即被捕解送捕房。按谢团长自三年前本部退出四行，驻入租界后，训练孤军，鼓励爱国，以待最后胜利之来临，敌伪屡加威胁，企图绑架及暗杀，均未逞，此次竟遭戕害。各界闻讯，莫不悲愤痛惜。

这群读者疑问与《新华日报》读者相同。

更有细心的读者将这五张报纸并列一起，横向一比，这下不仅纵向的叙事线性被遮断，连横向的叙事参照都被彻底否弃！善良的读者这时才感觉被叙事者完全给诱惑了，有一种彻头彻尾的被欺骗感。疑点主要集中在以下方面：

（1）实施犯罪的时间到底是 4：00 是 5：00 还是 5：55？

（2）操场上实施谋杀，为什么其他人不予阻止？

（3）凶手使用的专业凶器，从何而来？

（4）不同媒体对他们的身份确认为什么如此悬殊？

（5）事情的诱因到底是一人所起还是四人所起？

（6）犯罪动机的认定依据是什么？

（7）八人被判刑，证明八人有罪，为什么见诸报端的限于四人？

其实，善良的读者，又一次中了叙事者的圈套，因为所有叙事者对这一事件的报道采取的都是限知视角，有意设置了盲点，叙事者本欲设置"随限知视角的扩展"而慢慢被"消解"的"内盲点"①，却不意《判决书》来得如此之快，在这么短的时间内给"消解"了呢？不过，为叙事者辩，限知视角是有暗示的，只是读者大意忽略了而已。

二、叙事要素分析

（一）时间

从理论上说，时间是线性的，某一事件的发生时间是唯一的，不具备可选择性，不过在计时工具——钟表不普及的时代，只能白天根据太阳的

---

① 杨义. 中国叙事学［C］//杨义文存. 北京：人民出版社，1997：248.

位置来判断，夜晚则根据"天是否亮了"来判断，模糊的判断标准而导致时间上的出入是有可能的，4月24日大约"谷雨"前后，昼短而夜长，但即使以《申报》最迟的5：55作为事发时间的话，都是值得思考的问题，"天没亮"是肯定的。每天早晨不到六点就得起床，想一想他们中的绝大多数都还是二十岁左右的小伙子，有的甚至更小，"天不亮起床"意味着什么？如果依据"4：00"的时间认定，那就意味着每天三点多就得起床！

（二）地点

这是所有构成元素中唯一相同项，这是事发的第一现场，"操场"的所指十分丰富，最重要的一点就是它的公共性特征在这里被十分显著地凸现出来。它有这样的意义指涉：首先，当事者双方积怨很深，矛盾不可调和；其次，杀手的凶残与狂妄；第三，被杀者的浑然不觉。这三点是导致谢晋元悲剧的重要因素，试想，作为孤军营的最高指挥官，此处的活动范围又是如此狭小，连自己与部下之间的矛盾发展到这种地步都无从知觉，让人怀疑他是一个多么好的官长。曹聚仁先生对谢团长就有过如此的评价："军人的性格，只能说是粗线条的，经不起分析的。"① 这样说来下述的叙事分析就又使这一说法得以坐实：

谢氏虽以行动未得自由、环境日非、精神不无苦痛，但矢志不渝，时以含辛茹苦、以待光明来临等语与部下相勖勉，而其部下亦能深体其旨，故颇受拥护、上下感情、尚称不恶。（前引之《申报》）

"不恶"！这是叙事者在利用修辞技巧制造的迷雾，或者干脆就是叙事诡计。此为从反面即否定式肯定而对对象所作的性质判断，既可以说是一种修辞谋略，也可以说是一种修辞技巧，但为何不能说是一种修辞诡计？日常生活中，如果是这样的表述来形容某两人关系的话，"不恶"顶多算一般关系，这里所指分明是谢团长与部下的关系已经很不和谐，只是这轻微的暗示没有引起读者的足够重视而已。

（三）凶器

凶器在这里是较为敏感的一点，除《扫荡报》未指明外，其他都给予认定，"刺刀"或"匕首"或"铁棍"，只是作为最高军事长官，孤军营内存有这么多的凶器，并且是专业"凶器"，谢晋元怎么会毫无所知呢？

---

① 曹聚仁. 采访外记·采访二记［M］. 北京：三联书店，2007：151–152.

更何况，"升旗事件"之发生，"白俄队于占据营房后，任意搜查，将我壮士之钢盔、防毒面具（这是当撤退时为英兵陆军所允许携带的）、饭盒……凡带有铁质的器具无不抄没"①。隐藏这些凶器即使谢团长不知道，白俄团丁也不可能允许有这类凶器存于孤军营中啊，这对他们的生命构成多大的威胁，何况检查如此严格呢？作案者不能离开孤军营，凶器从何而来？这为谢团长与士兵之间关系不睦的又一注脚。

（四）身份

综合一下三类指称，"不肖士兵"毕竟还是士兵，只是不肖而已，属"人民内部"矛盾；"叛上作乱之士兵"则更为严重，是"叛上"，这就是"敌我"矛盾了；"刺客"带有职业色彩，专门杀人者，但叙事属中立性。比较一下，《中央日报》《扫荡报》一致，《新华日报》与《大公报》的相同，而《申报》与他们的不同与政治立场的归属是完全相符的。

这又得讨论新闻的来源问题，这是一个十分重要的元素，不同的消息提供者由于其政治立场不同，视角当然有异。《中央日报》自不必说，它是国民政府的喉舌；《扫荡报》是国民党军事委员会的机关报，1942年曾与《中央日报》出联合版即可表明他的立场了；《新华日报》1938年1月1日创刊，是中国共产党的机关报，但抗战初中期，基本上为国民政府所操纵，这从一件事就可看出来。1941年1月中旬爆发了震惊中外的"皖南事变"，1月18日的国民党中央机关报《中央日报》、著名的民营报纸《大公报》和商业性报纸《申报》皆以极重要版面与醒目位置和特别刺激的标题报道"新四军被解散、军长叶挺就擒、副军长项英在逃"的消息时，作为中国共产党中央机关报的《新华日报》只是通过刊发周恩来的"为江南死国难者志哀——中华民国一月十七日夜"和"千古奇冤，江南一叶，同室操戈，相煎相急!!"隐忍地表达了事情的结果，至于原因一直没能公开。更有甚者，2月5日《新华日报》特别重要的栏目"时评"栏里，整版只有醒目的"我们的抗议"五个大字，其他均为空白! 这在中外报界可能都是绝无仅有的事了。同日的另一版上并列的标题"法纪何在! 本报横遭压迫　报差四人竟被捕殴　报纸亦遭无理没收"，由此可见，其有多少话语权! 而全国知名度最大的民营报纸《大公报》主笔张季鸾先生

---

① 张纪一，姚立勋. 英勇斗争的八百壮士［N］. 新华日报，1938-09-11.

是蒋介石的智囊之一，尽管未能入蒋之幕府，却是"影响蒋氏的政策的人"①，政治上势必保持一致。如此就只剩《申报》了。这份英国美查（Major）兄弟为主要发起人创刊于 1872 年 4 月 30 日的商业报纸，尽管经历了经理人的几次大的变更，但其民族渊源却十分深厚，这从抗战时期为其供稿的一批文人如郁达夫、陈子展、李青崖、陶行知、曹聚仁等②的人格就可以窥其一二（20 世纪 40 年代曾短期为汪精卫政府所控制除外）。但它毕竟是商业性报纸，与政治喉舌作用不同，它追求的是新闻的商业价值，因此该报的新闻渠道相对独立的叙事立场也有别于其他政治性报纸，也是势所必然。

（五）人数

这也是很敏感的问题，正是这个问题上的差异导致了视角的分裂，致使叙事者"精心"编制的故事被颠覆。

一个人犯罪是个别犯罪，可以将其归结为偶然现象；四个人犯罪应该是团体犯罪，被判刑的是八个人，这是很大的一个团体了，而这个团体是孤军团体的一部分，算一算孤军撤退时为 339 人（《闸北孤军撤退后　四行仓库被焚毁》，《中央日报》1937.11.2），到事发时止，经"升旗事件""交涉改善待遇事件"等死近二十人，这样一来所谓的"孤军八百"其时只有三百一十人左右，八人犯罪则意味着有近百分之三比例的人与谢团长之间已经是水火不相容的关系，根据人群关系"鼓形"结构原理。由于这一极所占比例太大，因此，其"鼓"已不鼓了！剩下多少能够为谢团长指挥者，已经微乎其微了！如此说来，犯罪人数当然是越少越好。《中央日报》想以"家长"姿态定调，却也无奈事实的"消解"而落入尴尬。

（六）动机

《中央日报》《新华日报》《扫荡报》《大公报》立场一致，上已分析，他们保持口径的一致毋庸置疑；而《申报》的"两长官平日的压迫"能够成立吗？不妨看看这群生活在"孤岛"中的"孤军"生活状态是怎样的：

1. 死亡焦虑

《一孤军被击死》（《申报》1940.9.19）：

---

① 曹聚仁. 报人张季鸾［M］. 上海春秋. 北京：三联书店，2007：167.
② 曹聚仁. 报人张季鸾［M］. 上海春秋. 北京：三联书店，2007：154.

昨日上午十一时五十分，胶州路四行孤军营内又发生严重冲突事件、发生经过不详，唯悉白俄团丁曾开枪两响，有孤军一名当场被击毙命，另一重伤。

《沪孤军交涉改善待遇　竟遭法越兵枪杀》　（《新华日报》，1940.9.19）：

华方讯：法守兵今日以机关枪向骚动之华军射击，华军死八人，伤二十二人。法守兵多为越南人，华军因食物恶劣不堪，向负责人交涉，致引起骚动，法方对于华军致命伤事，未提只字。

路透沪讯：今日下午，（八百壮士）孤军营中我军复与监守之白俄商团发生冲突，我军以石块抵抗白俄之枪弹，结果我军被击毙一名。

为解决改善伙食这一起码的生存问题，或"不详"问题，士兵与当局交涉，轻则受伤，重则毙命。死亡本为人生大限，求生是人之本能，然而生活在孤军营里的孤军们生存权不仅没有保障，而且时时受到挑衅，死亡的焦虑是挥之不去的阴影。

2. 人格被侮

《新华日报》（1939.8.22）刊登了署名梓年的《八百壮士断不容侮》文章，对传说的关于日本要求英国政府引渡八百壮士一说进行了严肃的抨击。首先，八百壮士不是俘虏，他们是应"第三者要求当局下令撤退"的结果，是"第三者""人类同情心"的表现，是八百壮士"顾念租界中外人士生命财产之安全"而接受上海工部局要求的结果。既然不是俘虏，日本的所谓要求引渡即为荒谬绝伦之要求。然而，在租界里，特别是在万国商团的警务当局白俄团丁的眼里，他们的身份就是俘虏！其实，在他们自己的潜意识中又何其不是这样的认定？在国人的心目中抗战时期"只有断头将军，没有投降将军"，投降就是失节，"饿死事小，失节事大"，死都不能失节，他们现在的这种暧昧身份怎样时刻刺激着他们的自尊心，不得而知。但弱势群体的自尊又极易感觉受到伤害这是心理学上不争的事实，自尊心与人格在一定场合是二而一的关系。

3. 环境压力

该营四周戒备依然严密，电流中断，亦尚未接通，入晚在营外四周之强度探照灯照射下，几形如死城。（《申报》1940.9.25《虞洽卿何德奎访谢晋元》）

要知道这离他们退出闸北（1931.10.31），已经有三年多了，与管理者之间的矛盾还是如此的尖锐和激烈，想象一下，几百人在这样的环境中生活了如此长的时间，会是怎样的结果！更有甚者：

在胶州路星加坡路口将铁丝网布置成一弧形线，距离四十步，复架一道铁丝网，西捕七八人及华捕多名在场指挥。（《申报》1941.4.29《谢晋元团长遗体举行盖棺仪式》）

营的周围布了层层的铁丝网，营的左上边有一瞭望台，台上经常有白俄架机关枪望着营内。无疑的这是用来监视营内的壮士们的举动的了。（《申报》1941.4.26《报仇雪耻　后死之责》）

周围是铁丝网，处处有荷枪实弹的团丁监视，断电，夜晚有探照灯扫射……简直是非人的生存环境。

4. 被抛弃感

《申报》刊载《撤退四行仓库一年　孤军沉痛纪念》（1938.10.31）：

记者当叩谢团长以一年来感想，谢氏沉默良久，欲言又止，如有无限感触，莫由叙述，良久始谓，委座爱惜部下，不愿任其牺牲，始下令余等撤退，而委座则时时亲临前线指示戎机，余等对之殊深惭愧，当更以自勉，不负委座所望。

"沉默良久"为内心的思想不便表达；"欲言又止"是为心有顾虑，要说的话当与现实中的某人或某事相冲突；"莫由叙述"，矛盾至极，既然记者追问，这是表达他们真实思想的好机会，但又顾虑重重，最后还是遮遮掩掩地说了出来，然而与要表达的原意有重大的出入。前后没有必然的逻辑联系，委座爱惜将士、日夜操劳，但爱惜将士也该好人做到底，事务再忙，也不能把我们奉你之命撤退的将士，抛却脑后啊！只顾"时时亲临前线指示戎机"把我们给忘了！

5. 生活艰辛

个人的生活艰辛自不必说，为改善伙食与当局交涉就付出九条人命的代价。就算八百壮士们在孤军营里生活无忧，但三年过去，他们的"饷糈"还得自己去领而未领（《新华日报》1939.1.12《八百壮士代表　过港来渝》），在米价"每担一百四十八元，较昨日之最高价一百卅八元竟高出十元"（《新华日报》，1941.4.30）的物价飞涨的日子里，抗属的生活几乎面临绝境，"近因物价昂贵，正（很）多抗属的生活难以维持。社会局半年发优待一次，领洋十五元。今年元旦节领得优待洋四元，毛巾一条，三八节领洋五元，度得一时，……小孩老人，作工工厂不要，……实为困难"（《新华日报》，1941.5.10）。

谢晋元团长遇害后，他的夫人谢凌维诚谈到他们家里的生活时也说：

阿翁年迈退休家园，长兄嫂青年早逝，遗下一子，仅与兰芬（他们的女儿——笔者注）同龄。晋元薪俸有限，无法多寄，一家数口衣食，仅恃不满十亩之山田。（《中央日报》1942.4.24，《怀悼晋元》）

团长家属生活都如此捉襟见肘，普通士兵们的家属生活状况就可想而知了。

从心理学和精神分析学角度来说，人的心理承受能力是有限的，达到一定的极限，人的精神就会进入癫狂状态而无法自控，甚至以极端过激的行为方式来予以释放，生活在"孤岛"中的"孤军"们死亡的焦虑困扰着他们，尊严与人格被蔑视和侮辱，生存环境异常恶劣，为国守节，却时时感觉被抛弃，个人生活的艰辛要以生命作为代价进行交涉，家人的生活又无法顾及……

困于"孤岛"，为臣不能尽忠，为子不能尽孝，为父为夫不能尽责任和义务……而每天还得劳动和接受军事化的管理，劳动得到的可怜收入数千元应该是集体所得，却为谢团长为"颇得当局嘉许"而"捐赠政府"！（见前《申报》1941.4.25，《谢晋元上校罹难》）这会不会招致孤军士兵的强烈不满？想一想其时媒体的炒作，谢团长几成"孤岛"人们的精神支柱，这不免又让人想起曹聚仁先生的话："左舜生先生说到十九路军的翁照垣将军，'一·二八'之役以坚守吴淞得大名，章太炎先生曾以长文赞许，翁照垣之名，大噪于南北。左先生说：'这对于照垣也许是害多于利，后来见着，觉得他是一个纯粹的军人。'这句话，对于谢晋元将军，也是一样的切合。"这也就是前面曹先生说的"军人的性格，只能说是粗线条，经不起细细分析"的后半句。那么，比较而言，相对中立的《申报》所给出的犯罪动机"两长官平日压迫"，不知能不能采信？

三、叙事与想象

至此，读者或许对上述七方面疑点可能多少"悟"出点答案了，叙事者出于什么考虑，为什么要这么做，这就是出于某种目的的叙事遮蔽。其实叙事的遮蔽是一种谋略，影响叙事的因素很多，其中政治因素是叙事者无法逃脱的，想一想"八一三"后，自1937年10月31日"八百将士"退守四行仓库，直至1941年4月24日止，近三年零六个月，媒体对他们的关注程度绝不亚于对正面战场的报道，"孤军绝食""孤军升旗""八百壮士不容侮"……特别是他们的最高指挥官谢晋元上校，几乎成为家喻户晓的人物，甚至连他患失眠症住院都成为媒体关注的新闻（《扫荡报》1938-12-30）。自他遇害至追悼会结束，前后仅六天时间，竟有"工友、学生、市民十万人前往孤军营瞻仰遗容"（《追悼谢晋元应该能办到的几件事》，《新华日报》1941.5.10），平均每天一万七千人，按每天十二小时接待时间计算，每小时接待一千四百人左右，不到三秒钟每人（?!）。更有甚者，"沪讯，孤军营谢团长殉难后，孤岛人士悲愤激昂，连日前往孤军营瞻仰遗容者，络绎不绝，廿七日为星期日，全市各校学生及工厂职工，共约十万人，纷纷前往吊唁，孤军营附近途为之塞，长达数里……"（《扫荡报》1941.4.25）这就更无法计算了，不知能否相信？只是记者是如何统计出来的呢？谢晋元团长有福了！小小的孤军营，小小的四行仓库，也有福了！可见，"孤岛"中生活的孤寂的心灵对"孤军"们有着怎样的期盼！因为八百壮士、更因为谢晋元成为沪上新闻关注的焦点，也成了世人关注的焦点。在传媒不很发达、新闻资源十分紧张的情况下，能够塑造出这样几乎可与今天"超×"轰动相媲美的民族英雄形象，一方面缘于八百壮士前期的血战所证明的男儿血性，在几十倍于自己的敌人面前，他们没有退缩，血战四昼夜，即使掩护大部队转移的任务成功完成，他们还请求继续作战，这种不畏牺牲的精神，确实感动着抗战初期的国民；另一方面是他们羁留四行仓库期间，与工部局及白俄团员之间不妥协的斗争，也确实体现了他们的艰苦卓绝而不沉沦的优秀品质。特别是他们在国旗被工部局以时局紧张为由没收，但他们却创造出精神升旗法——"吾人头上有青天白日，脚下有热烈的鲜血，足以代表伟大的国旗"。并面对他们进行精神"升旗"！在中外战争史上，甚至人类文明史上，这都可谓一项创举！从新闻学的角度，他们也确实很善于有创意地"制造"新闻。加上香港当时拍摄并上映了一部以他们的事迹为模本的票房收入据说很高的一部电影《八百壮士》，放映期间"鼓掌的声音，自始不绝于耳"。（《申报》

1939.1.22），这下连其中"献旗"的杨惠敏女士都"兔子沾月亮的光"而名声大噪，"曾在武汉多次招待记者"①。不难想象这样精心培育出来的一群民族英雄群像及其领头羊，可以说媒体付出了极大的代价，不唯是炒作，也更是一种现实的需要。"孤军"的存在不仅是国军与上海人民共存亡的象征，更重要的是生活在被日人占据的"孤岛"的上海市民，由于长期生活于准殖民地，其被殖民心态需要刚性和血气的滋润，其奴性人格更离不开亲情的抚慰与呵护。而现在，亲手树起的形象被这几个几近精神分裂的叛兵所推倒，不仅媒体自己面子上难堪，上海市民更是无法接受，尤为重要的是这将会给处在抗战困难时期的国民心理造成十分消极的影响。因此，媒体的可怜颜面也好，国民的脆弱心态也好，都需要这样的民族精英作为抗战到底的精神支柱而存在。承认犯罪分子是三百一十分之八的话，高高的宝塔訇然坍塌的结果必然会压倒一大批人，到时谁来负这个责任？更何况"最高领袖"已对此事的性质定好了"调子"（《新华日报》1941.4.26），再有正义感的记者也不会去感情用事了。

原来这都是叙事预设后的叙事谋略呀，这样一想，读者的自尊、叙事者的诡计在民族大义面前似乎黯淡无光了，更为值得一提的是以"真实"为牌坊的记者们的这次偶一失贞，也是可以理解的吧！

---

① 曹聚仁. 听涛室人物谈 [M]. 北京：三联书店，2007：416.

抗战名将殉难叙事

　　叙事是一种独立的声音，是叙事者个人自由意志的主观呈示，从理论上它的言说方式和言说内容不受任何意识形态的影响——束缚和制约。然而，叙事主体赖以生存的是个感性而非纯理性空间，故而任何叙事都无法逃避这一感性空间或者背景的规约。本章以抗战时期有影响力的《申报》《大公报》《中央日报》《新华日报》《扫荡报》等主流媒体所刊载的文本和其他文学作品为主要依据，来讨论抗战时期的名将殉难叙事是如何在民族主义的召唤与引领下为国人建构民族英雄形象的。

　　"九一八"以后短短四个月，东北失陷，华北告急。直到1936年"西安事变"爆发，在中国共产党的促成下"国共"两党结成统一战线，中国的抗日战争才真正揭开了序幕。但饱经内战消耗的中国，其时的国力十分贫弱，而一战后迅速崛起的日本无论在经济上和军事上都远远超过了我们，以贫弱的国力与疲惫之师来抵御这如狼似虎的对手，从常理推测其结果是没有多少悬念的。然而，我们胜利了！把日本人赶出了我们的国土！其中有美国两颗原子弹的威慑力，有苏联人军事援助，但如果同二战时期的法国相比，我们取得胜利的更重要因素还是我们自己，是我们不屈不挠、自强不息的抗争拯救了我们自己。而这里面，叙事艺术以宣扬民族主义为己任，在承担唤醒民众、树立民族英雄形象以激励国人的斗志上发挥了不可低估的作用。

　　在当下的政治与文化语境中，"民族"与"民族主义"言说极易招致麻烦，马克·柯里曾说，民族"如果它是任何意义上的事物，那么它就是我们能想象出的最为复杂的事物之一，因此任何试图全部表现它的说法都不得不使用一种整体化的策略"① 国人对建立在西方语境之上的"民族"

---

① 马克·柯里. 后现代叙事理论［M］. 宁一中译. 北京：北京大学出版社，2003：101.

认同也许远不如梁启超先生的本土"民族":"吾中国民族者,常于小民族主义之外,更提倡大民族主义。小民族主义者何?汉民族对于国内他族是也。大民族主义者何?合本部属部之诸族对于国外诸族是也。"(梁启超《饮冰室合集·文集》之十三)。在外族入侵之际,"合本部属部之诸族"之力,来共同对抗"国外诸族",才是我们在此所要界定的"民族主义"。

生物界的死犹如其存在形式一样,千差万别,很少雷同。就人类死亡而言,倘对其死的价值作一理性的划分,大略我们可以将其界为两个区间,毛泽东借司马迁的"重于泰山"者与"轻于鸿毛"者可谓是最为通俗也最易为人接受的关于死亡价值的二元界说了。"为人民利益而死"就是"重于泰山",否则"轻于鸿毛"。其时的媒体对此也有相类似的评说,即人有两种死法:一种是自然地死法,另一种是社会的死法。所谓自然地死法就是依循自然的法则把生命之力消耗完了而自然的死去,这也就是老死或病死。自然的死在某种条件下很少有积极的意义,所谓死便死了,对于人群或社会,无关轻重。所谓社会的死法则不然,他并没有把个人的生命之力在自然法则下消耗完,他是为人群而死,他的死不是消极的而是积极的,他是要以个人的死换取众人的生;或是以个人暂时的死换取社会的永生,这叫作死里求生——这不能叫作"死",这只能叫作"殉"①。对战时"为人群而死"者界定为"殉",不难看出叙说者的感情倾向,更可感受到其时的价值系统对殉难者的高度估价,让我们走进这些文本中去体会叙事者是如何展开英雄想象,建构国人心目中的民族英雄形象的。

为论述也为纪念,让我们深深缅怀并牢记下列抗战时期的著名将领:第33集团军总司令张自忠,陆军第9军军长郝梦龄,陆军第42军军长游安邦,陆军第29军军长陈安宝,陆军第3军军长唐淮源,陆军第89军军长李守维,陆军第29军副军长佟麟阁,陆军第2军副军长郑作民,陆军第53军副军长朱鸿勋,陆军第132师师长赵登禹,陆军第54师师长刘家麒,陆军第145师师长饶国华,陆军第122师师长王铭章,骑兵第六师师长刘桂五,陆军第124师师长方叔洪,陆军第173师师长钟毅,陆军第70师师长石作衡,新编第27师师长王俊,陆军第12师师长谢性仲,陆军第42师师长王克峻,陆军第200师师长戴安澜,暂编第45师师长王凤山,陆军第

---

① 邓初民. 纪念张荩忱将军殉国三周年 [N]. 新华日报,1943-05-16.

71 师师长樊剑，陆军第 17 师副师长夏国璋，陆军少将追赠中将刘震东，陆军第 19 师副师长赖传湘，东北游击司令唐聚五，晋 11 区行政督察专员兼晋西游击司令朱世勤，陆军第 5 师指挥官李翰卿，陆军第 173 师旅长秦霖，独立第 5 旅旅长郑席珍，陆军第 66 师旅长姜玉贞，陆军第 70 师旅长赵锡蓉，鲁省府驻鲁东行署主任卢斌，军委会参议马玉仁，陆军第 88 师团长谢晋元。(1943 年 1 月 11 日国民党中央政府明令褒扬入祀忠烈祠的民族英魂)① 第 26 集团军司令李家钰，第 98 军军长武士敏，第 23 师师长李必蕃，暂五师师长彭士亮，第 150 师师长许国璋，预第 10 师师长孙明瑾，第131 师师长阚维雍，海军"江贞"舰副舰长张秉焱，空军第 4 大队大队长李桂丹，冀东抗日联军 1 支队司令员兼政委王平陆，八路军冀鲁边军区津南军分区司令员杨靖远，八路军晋察冀军区河北游击军第 1 师参谋长杨万林，八路军副参谋长左权，新四军副军长项英，新四军参谋长周子昆，新四军政治部主任袁国平，新四军第四师师长兼政委、淮北军区司令员彭雪枫，东北抗日联军第一路军总司令兼政委杨靖宇，东北抗日联军第二路军副总指挥赵尚志②。在所有叙事中，殉难叙事可能是最为特殊的一类，其原因已为叙事对象本身的性质即"殉难"决定。表现对象因死亡而不在场，从叙事学角度考察，导致了很多叙事元素的缺失，譬如内视点的消失，内聚焦型视角的关闭等等。不过反过来，正是对象的缺席，给叙事带来更大的想象空间和自由。叙事文本是如何想象的呢？

一、"舍生取义"与"人文关怀"

"舍生取义"的传统道德与"人文关怀"的现代人文精神是抗战时期殉难叙事文本制作者一致的心理诉求。无论是何种形式的殉难，"舍生取义"与"人文关怀"都是文本叙事者赋予殉难者的不二追求。

"舍生取义"源自《孟子·告子上》："鱼，我所欲也，熊掌，亦我所欲也；二者不可得兼，舍鱼而取熊掌者也。生，亦我所欲也，义，亦我所欲也；二者不可得兼，舍生而取义者也。""生"与"义"并非总处于二

---

① 曹聚仁，舒宗侨. 中国抗战画史［M］. 北京：中国书店，1988：443.
② 根据张宪文《中国抗日战争史》《中国国民党全书》及《中国大百科全书》（军事卷）整理。

元对立的紧张状态，而一旦主体被置于"不可得兼"的选择时，"舍生而取义"就是儒家的唯一选择，从中折射出儒家理想人格追求的深广内涵。

孟子之前的孔子说："未知生，焉知死！"（《论语·先进》）对死亡的悬置与规避所流露出的对生命的珍视和对死亡的漠然心态是显而易见的；而孟子之后的荀子说："人之所欲，生甚矣；人之所恶，死甚矣。"（《孟子·正名》）则更进一步表达了对"生"与"死"的喜恶之情。但死的必然使得先哲们必须正视这一人生大限的存在。于是死的价值，或为何而死，就被赋予特有的意义。孔子的"志士仁人，无求生以害义，有杀身以成仁。"（《论语·卫灵公》）和孟子的"舍生取义"就将为"仁""义"而死的价值提升到无以复加的高度。由此，我们可以窥见儒家"恶"死，但不惧死，追求生命的永恒但更追求为"仁义"而死的崇高的人格期待。

叙事者正是为儒家理想人格所召唤，在中国叙事史上为我们创造了系列伟大的英雄人物形象：铮铮铁骨而"留取丹心照汗青"的文天祥，悲歌慷慨"力拔山兮气盖世"的楚霸王，杀倭保疆被敌人畏称为"戚虎"的戚继光……在中国古典文学作品中描写得最为成功的"义"的形象当属《三国演义》里的关公，"温酒斩华雄"的潇洒，"华容道义释曹操"的磊落，尊刘（备）护刘的赤诚……使这位义绝天下、豪气干云的英雄不仅成为中国军人心目中的偶像，甚至被民间尊奉为降魔护国、平寇破贼、除奸扶正的化身。当然，随着社会的发展，儒家所倡导的"义"的内涵也得到不断的更新与充实。抗日战争时期，国难当头，此时的"义"就已经提升到民族大义的高度。为赶走日本侵略者，收复被倭寇占领的国土，维护国家的独立与尊严，个人的牺牲是军人的最佳选择，是成就国格完善人格的涅槃。

中国现代军人的身份是比较模糊的，一方面是构成的复杂，有中国共产党领导的八路军、新四军，有国民党所谓的正规军，还有像马占山领导的义勇军，不仅政治主张互舛甚至敌对，装备与军事素养也有天渊之别；另一方面则是向现代军人的蜕变过程中还无法一时肃清旧军人的余毒，这一点在国民党军队中的表现尤为突出。这是不可回避的历史真实。但除极少数民族败类外，叙事文本中的中国军人在国难当头之际表现出的"民族利益至上"的大义之举，却让民众感到由衷的欣慰，不仅大大鼓舞了前方将士的士气，也大大安抚了后方百姓的民心。此时的"义"已经突破了传统道德的狭隘指向，表现出为民族独立而英勇献身的境界。

这正是抗战时期名将殉难叙事者的叙事理想。在这一叙事宗旨的规约下，叙事者笔下呈现出的名将殉难淡化了死的焦虑与恐怖，而进入了崇高的审美境界。基于此，"战死沙场"就成为军人文化身份认定的理想范式，也成为叙事者建构抗战殉难名将的文化身份的叙事策略。

战争作为解决民族、国家、集团之间矛盾与冲突的最直接与快捷的手段，双方往往动用一切可用的暴力手段攻击另外一方，因此战争无一例外地表现出残酷性和毁灭性。战争本身对人类生命权的剥夺是反人性的，也是反人类的。而对生的眷顾是理性生命的本能，任何宗教、民族和政体中人概莫能外。孔子"未知生焉知死"对死本体的回避与悬置，无疑流露出儒家内心深处对死亡的恐惧与焦虑；道家访仙炼丹更是积极地与死亡的直接对抗。然而，冥冥中的死亡话语权并未被撼动丝毫，芸芸众生中如五柳先生"死去何所道，托体同山阿"者，自是超脱平静，以消极中的积极言说来安慰自己宽慰别人，这已属十分不易。然而，选择了军人这个职业就意味着选择了死亡，特别是战争年代死神的光顾是不期的，飞机、大炮、子弹、大刀，特别是玉石俱焚的核武器，样样致命，谁也无法预期倒悬在头顶的达摩克利斯之剑何时落下，又落在何人的头上！在死神的淫威面前，个体的无助感和渺小被无数倍地放大，难以承受如许压力的人跪倒在死神跟前自不在少数，但叙事者笔下的抗战殉难名将却视死如归，把战死沙场作为人生的追求与自觉和军人文化身份认定的最高形式。

张自忠将军是这类叙事对象的典型代表。他原属冯玉祥先生的西北军，中原大战失败后，张学良接受蒋介石的命令将其所在的部队整编为第二十九路军，二十九路军的最高指挥机构隶属冀察政务委员会，委员长是宋哲元。"卢沟桥事变"之前张自忠先任天津市市长，"事变"之后自1937年7月28日至是年8月6日出任几天北平市市长兼冀察政务委员会委员长。这期间各大媒体对张自忠的身份一致认定为"华北最大汉奸""张逆自忠"。媒体的认定是有依据的。冀察政务委员会本身就是日人策划并具有"变相自治"性质的机构，1936年"一二·九"学生运动以"反对华北自治"为口号即可看出它的反动性；张出任天津市与北平市的市长兼冀察政务委员会委员长时对日态度亲和，不仅容忍日人在我国土横行无忌，还大量任用亲日派人士，甚至汉奸；"卢沟桥事变"发生后的第三天，冯治安将军准备对丰台之敌发动攻击，他竟说："现在尚有和平解决的可能，你们要大打，是愚蠢的。"他还通过军部下达了"只许抵抗，不许出击"的命令，使前线部队丧失了一次歼敌良机……他的所作所为使得在他身边的心腹都相继离他而去，而他仍一意孤行，就连后来"不放一枪就退出山东"而被枪毙的石友三这样人格低下者都不齿其所为！

著名爱国华侨陈嘉庚先生就当年汪精卫的低调俱乐部宣传对日"和平停战"论而针锋相对地在参政会上提交提案：敌寇未出国土而言和者以汉奸论。可见张自忠在时人心目中的"汉奸"地位是铁定的了。1937 年下半年各大报纸上都称其为"张逆自忠"，"自以为忠"，"其实是张邦昌之后"。张自忠本人对自己行为认为是："为北平市百万生命和历代古都的文物免遭涂炭；为廿九军全部及各高级将领安全撤至安全地带；为我们和平愿望的最后挣扎。"① 对"汉奸"的理解或许各有差异，但张自忠行为的边缘性，甚至滑向拥护敌人的一方，他自己因为处身其中可能并无觉察，故我行我素。但现实和历史对人的评价是公众性的，用毛泽东的话说，"群众的眼睛是雪亮的"。待到"因日方压迫其取坚决立场对付南京，自知地位不稳，乃辞职而去"②。认为是"自知地位不稳"才辞职，行文中隐含着对张自忠"汉奸"身份的认同。

1937 年 8 月 6 日，张自忠在《北平晨报》登报申明辞去一切代理职务逃出北平后，历经磨难才获得蒋介石的信任让其重掌五十九军军权。自临沂之战始至枣宜会战牺牲，他每战必身先士卒，文本指向"战死沙场"情结，似乎处处流露出他对死的"迷恋"与对生的"捐弃"。著名战地记者舒宗侨先生曾在一次采访张自忠将军后，如此复述："我们谈话甚多，而几句给予我极深刻的印象。他说：'现在的军人，很简单的讲句话，就是怎样找个机会去死。因为我们认为中国所以闹到目前这个地步（按：指日寇侵略——原注），可以说是军人的罪恶。十几年来要是军人认清国家危机，团结御侮，敌寇决不敢来侵犯我们。军人今天要想洗刷他的罪恶，完成对于国家的任务，也只有一条路——去死！早点死！早点光荣的死！'"③

---

① 志厚. 张自忠将军访问记［N］. 申报，1938-04-02.
② 名存实亡——冀察政会，张自忠已托病离职，齐燮元等袍笏登场［N］. 大公报，1937-08-07.
③ 舒宗侨. 成功成仁的楷模［N］. 中央日报，1940-07-08.

"死"成为他人生的最高追求和生命自觉。新中国成立后成为著名画家的潘絜兹先生，当时在张自忠部任政治干事，在一篇文章中有过这样的回忆：

二十八年的十月，我奉到总部命令调往三十八师，得到这个命令的时候，一位同志告诉我："呵哈，三十八师？好的，张自忠的队伍。"接着他又恐吓、又开玩笑地说："要小心呢，张剥皮是打得只剩一个人也不准退下来的！"

……我们的师在罗家陡坡一带，迎着敌人底主力血战了八昼夜。弟兄们冒着风雪在战沟匍匐着，用冻僵了的手指扳着枪机，没有水喝，没有东西吃，啃着雪块和冻硬的黄土，伤亡已达到了可惊的数目，活着的也都疲弱得少能撑持了。但总司令的命令：

"不准退！"

…………

（这次战争结束时训话——引者注）：我只是求心之所安，一切的苦我是不怕的，我只有一个字："拼"，"拼完算完"。

当天晚上，张将军便带着两个特务连和临时拨给他指挥的七十四师过了河，亦不及整理速记稿，第二天我们也轻装出发追上了他。

这之后，张将军便和我们一道冒着风沙雨露，一样呼吸着硝磺烟火底焦臭味，一样忍受着饥、渴，生命的威胁……①

"不准退"！"拼"，"拼完算完"都是以生命为代价向战争下的赌注。作为集团军总司令每战皆能身先士卒，置个人生死于度外，亲率部队冲锋陷阵，这一勇猛行为并不表明他的厌世，却恰恰是他"无私者无畏"精神品质的集中体现。在士兵们的眼里，将军是最真实的。"在襄河东岸，咱们打了败仗，弟兄们又饥，又累，团长也不见，鬼子的坦克车正朝这里冲来，大家糊里糊涂，不知道逃，好像都没魂啦！有三匹马进村子来了，先总司令带着两个勤务兵。是呀，但这样危急，谁想着会来呢？他竟来了。马上，我们振作起来，又和敌人打起来。像这样的总司令，我想，外国也

---

① 絜兹. 英雄之死——纪念张自忠将军［N］. 扫荡报，1942-02-24—02-28

没有的!"①

张自忠将军

　　张将军用言行实现了"完成对于国家的任务",也实现了他"以死洗刷"个人曾经顶的"汉奸"罪名的夙愿。这一点连西方记者都感受到了:"五月十八日,他和两团人在冯桥集附近被敌人六千步兵骑兵包围,他们打了八小时,伤亡殆尽,他的左臂受伤,参谋官们催他这时还来得及撤退,但他说尚未为国家尽到天职,拒不撤走,就在争论时敌人逼近,一梭子机枪子弹打中了将军的胸膛,打伤了身边的一个副官。两个副官要背他出去,他断然拒绝,命令他们快走。嘴里不停地说着:'我已尽了我的天

　　① 牛信. 活在兵士心坎里 [N]. 新华日报, 1944-05-16

职了'……我想，他的良心终于得到安息了吧！"① 国外记者都为这位有着崇高使命感、责任感的英勇军人而折服，平实的叙事中饱含着对这位东方军人的由衷敬意，也同样流露出与西方异质的东方文化塑造出的军人竟是如此的把"天职"看得高于自己生命的不可理解！

张自忠将军是叙事者笔下最得意的形象，是中国优秀军人的杰出代表。叙事者通过张自忠成功地实现了抗战时期中国军人"战死沙场"形象的叙事构想，而淡化死的畏惧，将个人之死和民族压迫与解放结合起来，凸现其视死如归的无畏，更是点化升华了作为军人的战死沙场的审美趣味，把战场上对殉难——死的恐惧与忌讳渲染得如桃花般艳丽，成为军人的职业追求的最高境界和生命的价值依归。

从"万夫所指"的"汉奸"到"民族英雄"的形象转变，媒体叙事的倾向一百八十度转弯，并被读者理解和接受，与叙事者对张自忠将军后期形象的设计或说舆论引导有着千丝万缕的联系。

当然"义"本源于"忠孝节义"之"义"，有着浓厚的封建色彩，是反人性的。从封建社会脱胎的现代文人大脑里构想出来的受封建思想浸润的抗战名将，其形象怎能完全脱却封建的阴影！所以张自忠"自知伤及要害，乃拔委员长所赐之短剑以自戕，为副官朱某所夺，将军遂慨然告其左右曰，我对国家对民族对长官对国人良心都很安慰，大家更要努力为国杀敌，言毕遂绝"。(《新华日报》1940.7.7——着重号为引者所加) 由此联系到媒体报道的"该营长临终时犹高呼委座万岁不已"（《新华日报》1938.10.16），可见在战场上，军人对封建君主的愚忠思想在所难免。

为消解叙事中的这种封建伦理，大多数叙事者表现出以五四以来提倡的"人文精神"进行主动积极反抗的姿态，而且取得了较为理想的效果。叙事者剔除"忠孝节义"中的封建成分，将效忠和服务对象替换为"国家"和"民族"，从而赋予其以全新的意义，张自忠将军牺牲后，毛泽东同志的"尽忠报国"题词当是典型例证；他们还以歌颂战争中的主体——军人的伟大为叙事起点，充分肯定战争胜利的决定因素在于人，在于人的意志、品质、毅力，在于人的智慧、知识、力量。因此，名将们又有着较

① 中国的战歌—有良心的将军［C］//史沫特莱文集（一）.袁文等译.北京：新华出版社，1985：399.

为一致的现代军人的人文品质：牺牲、奉献、服从、责任感、纪律性、顽强等，而其中对于殉难者维护尊严的叙事再现，更是彰显出叙事者的人文理想。

自戕是为维护个体尊严的最极端方式。如果说战死沙场是被动地失去生命的话，那么自戕就是主动地放弃生命。与后现代语境里的哲学家和诗人形而上的自杀相比，抗战时期部分名将以自戕的方式结束生命完全是形而下的"寡不敌众"战至一人，或身受重伤，"为保全民族气节"而"自戕"的。它已经不是简单地对生命的消极放弃，而是深思熟虑后对理想人格的理性追求。也许他们的自戕缺乏哲学家与诗人自杀的"品位"，但较之大多数精神抑郁甚至分裂状态下的生命自我放弃，名将的自戕是在极其清醒与理智的状态下进行的，因此作为叙事事件，唐惟源、寸性奇和饶国华们的自戕，不仅悲壮、感人，富有审美意义，也求得了民族精神、人文精神召唤下的价值认同。

"卢沟桥事变"爆发后，我英勇的二十九军奋勇抵抗，战斗中副军长佟麟阁、师长赵登禹不幸身亡。"我听了这个话，判断官兵一定死了很多，我一面痛哭，一面高兴。哭的是佟麟阁、赵登禹都从十五六岁就跟着我，那些官兵也都是跟着我同生死共患难的好兄弟，他们一旦死了，如何不难过？我一睁眼一闭眼就看见佟、赵在我的面前；高兴的是他们为国捐躯，忠勇赴义，死有重于泰山。"① 身经百战的冯玉祥将军在闻知手下官兵牺牲的消息内心都是如此痛楚与悲伤，抗战时期在民族主义的感召下，叙事者以人为本的人文关怀可见一斑。这一人文精神渗透进文本之中，才有张自忠将军关心葛敬山、戚莹这班年轻人的成长，心里挂着马孝堂"腿脚不灵便"，小本子上记着王高级参谋的"病不轻"，对友军的礼让，对伤兵的关爱，强令葛敬山撤下前线等心细如发的感人情怀（老舍：《张自忠》）；也才有决心"先人民而死"的藤县县长周同那慷慨悲壮的宣言："无他！中国已失去数百县，未闻有县长殉国者，我们有心打破此种可耻的记录耳！"② 这些自然都是作者人文精神的文本折射。

① 冯玉祥. 我的抗日生活 [M]. 北京：世界知识出版社，2006：2.
② 沈谱. 范长江新闻文集 [M]. 北京：新华出版社，2001：724–725.

二、"民族大义"的话语分析

抗战时期的主流媒体,如《中央日报》为国民党中央机关报,《新华日报》为中国共产党中央机关报,《扫荡报》为国民党中央军事委员会机关报,《申报》为商业性报纸,《大公报》为民营报纸。它们尽管有不同的归属关系,在抗战之前甚至在抗战期间因政见的分歧而相互攻讦也时有发生,但面对共同的敌人,他们都意识到对意识形态和民众的记忆的控制至关重要。在此我们可以看到,权力与话语之间的关系,正如福柯所说的:"话语意味着一个社会团体依据某些成规将其意义传播于社会之中,以此确立其社会地位,并为其他团体所认识的过程。"① 话语体现了权力,反过来说,权力对话语是有决定作用的。这一"决定作用"正是汤普森所说的"宰制性",汤普森认为:"当既定的权力关系处于系统性非对称状态时,就可以把这种状态描述为宰治之一种。当个人或由个人组成的团体以一种持久的方式被赋予权力,而且在以这种方式阻止(或者在某个重要程度上不允许)其他人或团体接近这一权力时,无论进行这种阻止时基于何种基础,权力关系都是'系统性非对称'的。"② 因此每个政党或团体都善于通过对意识形态的控制来塑造公众形象和控制公众记忆。范长江先生曾就此事有过精彩的阐释:"报纸在根本上有它一定政治态度或趋向,但是在民族问题还存在的世界,一个正确的报纸,还应有它的'国家性'或'民族性'。一个国家或者民族在一定时间之内,有那一个国家或民族内各阶级各党派的共同利益,为了全国共同的利益,各种态度及各种范畴的报纸,都应修正其原有态度,一致为此共同利益而奋斗,违反国家或者民族的要求,固执狭义党派的成见,这是落伍的或幼稚的报纸,不是时代的报纸。"③ 所以,"抗战是个分水岭,是一个试金石"④ 意识形态对民众记忆的控制力量与能力由此可见一斑。因此,抗战名将殉难叙事,强烈地渗透着意识形态所张扬的对民族大义的理解,并导引着民族心理的文化认同。

---

① 王治河.福柯[M].长沙:湖南教育出版社,1999:159.

② J. B. Thompson, Idelolgy and Modern Culture: Critical Social Theory in the Era of Mass Communication, Stanford [M]. CA: Stanford University Press, 1990: 151.

③ 范长江.范长江新闻文集[M].北京:新华出版社,2001:823.

④ 范长江.退步与进步[J].新闻记者,1941,(2).

（一）"把有限的个体生命融化进无限的民族生命里去"：个体生命升华的最高境界

个体生命应该具有双重属性，一个是它的自然属性，另一个是它的社会属性。自然属性张扬着个体生命的独特性，呈现的是生命群体的丰富色彩；而社会属性是意识形态对个体生命的规约，它消解了生命的个性，而将生命的呈现趋向同一色调，生命的毁灭一律被赋予崇高的意义。这正是抗战时期名将殉难叙事的谋略之一。

王铭章将军

1938年3月17日，鲁南会战中，固守藤县的122师师长王铭章在援军受阻不能及时到达时，孤军作战陷入重围，最后壮烈殉难。同年5月8日，时任国民军事委员会政治部第三厅厅长的郭沫若同志发表了题为《把有限的个体生命融化进无限的民族生命里去》① 的广播演讲，标题就明确了叙事的起点，它导引着这样的价值取向——个体生命的价值只有与民族的命运结合或者融合，才能体现出来。孤立的个体生命是无价值的。人生

---

① 郭沫若. 把有限的个体生命融化进无限的民族生命里去［N］. 新华日报，1938-05-09.

的化境就是将个体有限的生命融化进无限的民族生命里去。有了这样的价值选择，生就有了追求，死也就显得十分悲壮。所以王铭章是"奋战守孤城，视死如归，是革命军人本色；决心歼强敌，以身殉国，为中华民族增光"[1]，是"我们的民族战士，我们的忠勇同志……已经为民族国家流了最后一滴血，尽了军人的最大责任，他的死，对于国家当然是一个很大的损失"[2]。他自己也表明了相同的心迹，在致二十二集团军总司令孙震的电文中称："决以死力拒守，以报国家，以报知遇"[3]。

左权将军

左权同志于 1942 年 5 月 25 日牺牲，周恩来同志就曾这样地评价："在抗战中，中华民族的优秀儿女牺牲在敌人的炮火烧杀中的，已不知有多

---

① 毛泽东、秦邦宪、吴玉章、董必武题赠王铭章挽联。
② 陈诚 . 悼王故师长铭章［N］. 新华日报，1938-05-11
③ 张宪文 . 中国抗日战争史［M］. 南京大学出版社，2001：429-430.

少，更何况左权同志是抗战军人，身临前线，战死疆场，正是尽了他的天职，也是革命军人之荣。"① "朱德总司令对记者谈及左参谋长平生忠于革命、忠于国家民族之功绩，及其对同志对部下之亲切，深厚感人"②。个体生命的失去被赋予了作为国家、民族再生的铺路石的意义，这种嘉许与激赏，使孤立的个体生命获得国家、民族层面的价值提升与意义升华，对死者是安慰，对生者是激励，对整个战时的中国来说更是精神上的支撑。

（二）勇武与悲壮：殉难壮美图景的瞬时定格

几乎所有名将殉难叙事文本所定格的主人公生命的最后时刻都是勇武与悲壮的。这一方面是叙事者通过殉难瞬间的再现，用血腥与恐怖来唤醒读者内心的善，继而产生崇高的审美快感；另一方面，也是通过对殉难瞬间的言行来点化殉难者视死如归的英雄品质，从而唤起人们内心深处的敬佩之情。所以类似"李（家钰）总司令以掩护友军转进，关系重大，不惜冒敌凶锋，亲自率总部官员及特务连官兵，与敌反复冲杀，毙敌甚众。在猛战中，不幸头部中弹，当即壮烈殉职"③一类的叙事指涉就显得特别司空见惯。

这方面文学叙事更能充分驰骋其想象功能，将殉难的瞬间定格为一幅幅绚丽、悲壮而又凄美的画面。

1940 年夏天，当老舍先生闻知张自忠将军殉难噩耗后，冒着酷暑，花了 3 个月时间写就一部四幕话剧《张自忠》。擅长写小说的老舍这次却操起了话剧，以舞枪的路数来弄棒致使文本制造过程中自是难免失着，但老舍擅长刻画人物形象和对话，以逼真的细节织就的戏剧人物却还是闪烁着智性的光芒，特别是第四幕结尾处，张自忠已多处负伤，身边的参谋、副官及卫兵都一再请求他退下去，有人甚至要强行将他背下去，但他命令他的参谋："用你的枪！有退的，打！""看在国家的分上，先打敌人，不要管我！""我们要尽到了我们的责任！"最后定格在："（挣扎）洪、马（为他的两位副官——引者注），不用守着我！敌人——近了，去死！"④

如果联系戏剧语言的动作性特点，读者或观众完全可以在大脑中复原

① 周恩来. 左权同志精神不死［N］. 新华日报，1942-06-23.
② 左参谋长殉国［N］. 新华日报，1942-06-23.
③ 李家钰将军壮烈殉职［N］. 新华日报，1944-06-10.
④ 老舍. 张自忠［M］//老舍全集（9）. 北京：人民文学出版社，1999：293.

这样的一幅图画：浓浓的硝烟，陷入重围的一队士兵，个个血污满身，其中一位高大的将军模样的人身负重任，他踉踉跄跄地从地上艰难地爬起来，用手指着敌人的方向："去死！"这一被凝固了的动作具有凝重的造型美。众多殉难文本中类似的"为了……冲呀！"等带表演性的瞬间与口号（包括遗书等），是战争中最具号召力的鼓动性话语，它是殉难叙事中不可或缺的内容，由于这一瞬间折射出殉难者内心中最为闪光的一面，尤其是置个人生死于度外，为的是国家或民族或战友或亲人等，因而这类言说极富意识形态意味。叙事者将这一闪光的定格画面固定到民族记忆当中，将其作为本民族勇武军人的形象特征，从而将为国家、民族而战死的军人进一步理想化、更进一步推向崇高。这种为国家为民族的视死如归的献身精神与其说是叙事者潜意识中的深沉期待，毋宁说是现实对国民发出的深刻召唤。它激励、鼓舞着人们在与日本人血腥搏杀中忘掉自我。让国民认识到当个体苟且生存与民族行将灭亡相龃龉时，有良心的中国人都会挺身而出，不仅会毫不犹豫地作出哪怕牺牲自己的生命也在所不惜的选择，并且用行动演绎出一曲曲悲壮的民族之歌！这就是鲁迅先生称誉的"中国的脊梁"！

（三）"保家卫国"：重塑民族军人形象

自第一次国内革命战争到抗日战争爆发，甚至在抗日战争进行中，国内政治、阶级之间的斗争是十分尖锐和激烈的。在握着兵权就能掌握话语权的时代，军人与军队是政治、阶级斗争中的极为重要的砝码。然而，政治斗争也好，阶级斗争也好，其直接表现形式就是兵戎相向，军队成了双方你争我夺的工具。兄弟阋墙的内战造成的生灵涂炭、民不聊生给中国军人的形象蒙上了一层厚厚的尘垢、甚至是被泼了一盆污水。抗战前的军阀混战，给国人带来的深重灾难，军队与军人难辞其咎！因此，普通百姓"兵匪"不分并非没有道理。

但是，对日本的作战是一场持久的民族解放战争，除了政党之间消除成见一致对外，更需要广泛地动员民众，只有民众的觉醒，军民团结对日本打一场人民战争，才有可能取得胜利。因此，重塑军人形象，以求得民众的普遍认同，自然就成了叙事者自觉的价值追求。而要拂去军人身上厚厚的尘垢，洗刷军人身上经年的污渍的最好办法，就是让民众认同此时军人的作战动机与作战目的是要将日本人赶出中国，是为求得民族的独立和解放，是为了所有的同胞不做亡国奴。对于殉难者来说，他们就是抱着这样的信念而上战场，也是在这样的信念激励与感召下与敌拼杀至最后死亡的。这也许就是张自忠将军所说的"活要活一个样子，死也要死一个样子的"① 含义吧。

郝梦龄将军

因此，郝梦龄将军的殉国是"为着保卫民族生存和独立自由而奋斗，为着要维护国家领土主权完整而斗争"②。他自己也深刻地认识到："此次

---

① 边章五. 忆张自忠将军［N］. 新华日报，1940-08-09.
② 陶昌达. 郝军长梦龄殉职周年纪念［N］. 扫荡报，1938-10-16.

抗战，乃民族国家生存之最后关头，抱定牺牲决心，不能成功即成仁，为争取最后胜利，使中华民族永存世上，故成功不必在我，我先牺牲。"① 即使只有十一岁的儿子在怀念其父时都赋予意识形态意义上的"为了保卫我国国土，战死疆场"②；才有赵登禹将军的"咸以捍卫国家保守疆土为职志"③；也才有左权将军的"为民族与人民的解放事业，贡献了他的全部毕生精力，直至他的生命，对于中华民族，对于中国人民，是有很高的功绩的"④。"我等应即下一决心，趁未死之先，决为国家民族尽最大之努力，不死不已"⑤。它使人们相信：为国家为民族而献出生命的选择是军人唯一正确的选择，也是无上的光荣，只有这样的选择，军人的人生才是有价值和意义的，个体的生命才能融入国家与民族的生命之中，只有听从这一崇高的召唤，生命个体才能焕发出耀眼的光芒，才能进入完美的境界。可以想见，这样的意义建构对于战时的军人来说，不仅是激励、鼓舞与召唤，甚至在潜意识层面产生某种诱惑！

（四）"肉体虽死，浩气长存"：精神不死的许诺

人们对死亡的认识与理解是建立于深厚的文化根基之上，而宗教观念对其影响可以说是根本性的。从唯物主义出发，人的精神是依附肉体（物质）而存在，一旦肉体死亡，精神也就随之而消亡。而抗战时期的名将殉难叙事却实行与之相反的意义建构：为国家、民族而牺牲者，"肉体虽死，浩气（精神）长存"！如此精神不死的许诺一方面暗合了国人内心的宗教理想，另一方面也对国人的死亡观进行了一次积极意义的整合。

中国是个比较缺乏宗教信仰的国度，国人对外来的宗教观念向来抱有戒心，却对佛教十分宽容。佛教自公元一世纪前后从印度传入中国，两千年来与本土的儒家思想和道教相濡以沫、并行不悖。然而，经过本土宗教资源整合后的佛教已经是具有中国特色的佛教了，汪曾祺先生《受戒》是生动的展示，佛教徒可以大块吃肉，大碗喝酒，可以娶妻生子，聚众赌

① 郝梦龄. 郝将军最后遗书［N］. 扫荡报，1940-10-17.
② 郝荫楠. 哭我的爸爸［N］. 扫荡报，1939-10-16.
③ 国府明令褒恤佟麟阁赵登禹［N］. 申报，1937-08-01.
④ 朱德. 悼左权同志［C］//郭沫若，田汉. 血肉长城. 上海科学技术文献出版社，2005：55.
⑤ 张自忠. 张自忠遗书两件［N］. 申报，1940-07-16.

博，甚至过年时佛门慈悲之地还杀"年猪"！所谓佛家的清规戒律已成一纸空文，佛门子孙现实中的行为与佛家的教义恰成反讽，留下的是"酒肉穿肠过，佛祖心中留"的辩护或者对佛教的理解，而佛祖也并不排挤他们、抛弃他们，还是如弥勒佛般笑呵呵的。也许正是佛教的这种"大肚能容容天下难容之事，开口常笑笑天下可笑之人"的宽容与儒、道两家讲究内敛和个人内在修为的心灵激荡、摩晷，才使国人坦然接受的吧。不过，国人心目中的宗教已是儒释道相互渗透、互补相长的精神寄托了。因此，中国人的死亡观也是杂合了儒释道三家特别是道家的观念，期求肉体的长生。从本质上说这种思想是出于对人间、人生的珍爱，希冀通过肉体的长生而摆脱死亡的焦虑，是出自人乐生畏死的本性憧憬，却被在逻辑和经验两大方面证伪：生死相生，有生必有死，无死必无生；自有人类以来，无不死之人。在此无奈尴尬之境，人们自觉地作出调整，从注重肉体长生不死上升到超越生死，进入解脱、涅槃境界。精神不死正是叙事者们对抗战时期殉难名将们的不死许诺。所以"他（郝梦龄）的躯壳虽死，他的浩气长存"①。"郝将军壮烈牺牲，郝将军死矣，郝将军精神永远不死！""郝将军则流芳百世"②，"左权同志精神不死"③，"生命哪能不死，但你们是不死的生命"④，"我相信雪枫同志这些贡献和努力必长留遗爱于苏皖人民的脑海中间"⑤。如此的死亡激赏，不仅打消了个体生命毁灭的恐惧与焦虑，为肉体的死亡提供令人神往的精神补偿和安慰，还创造出个体生命价值实现的有意义的完美模式。正如《中央日报》一篇文章所揭示的"'死有重于泰山，有轻于鸿毛。'历史上那些仁人志士英雄豪杰的死是重于泰山，精神上是虽死犹生，因为他们的躯体虽然死了，他们心却是没有死的。在他们短促的生命段落里，他们尽心尽力，流血断头发挥了生命的最大热力，而在全人类全民族广大对象中，留下了惊天动地与日月争光的伟迹，他们伟大磅礴的气概长在人间，他们的灵魂永恒地活在后人心上"⑥。它引

---

① 郭一予. 郝将军浩气长存［N］. 扫荡报，1939-10-16.
② 郭一予. 纪念郝梦龄将军［N］. 扫荡报，1938-10-16.
③ 周恩来. 左权同志精神不死［N］. 新华日报，1942-06-23.
④ 王平陵. 不死的生命［N］. 中央日报，1940-07-24.
⑤ 陈毅. 追忆彭雪枫同志［N］. 解放日报，1945-01-24.
⑥ 钟毅. 从生死说起［N］. 中央日报，1945-03-17.

导人们接受这样的意义认同：个体生命的生物意义消亡却使其获得意识形态化的符号意义上不死的承诺，使生命不朽的冲动在一个更为持久的意义上朝向了整体存在的延伸，或使其有限的个体生命融入一个无限的整体，因其整体生命力的恒久而获得永生①，从而使得国人所追求的哲学意义上的"永生"，因精神的不灭而得以寄托。这就对历史上所有的死亡言说进行了形而上的积极整合，突出了为国家、民族而牺牲的崇高意义，对更多的后来者在战争中敢于牺牲、勇于牺牲产生了难以抵挡的诱惑和心灵召唤。这无疑建构了这样的死亡意义：死是生人所怕的，但为民族而死，为国家而牺牲，这是人生难得的机会，也是最值得的一死！"②

（五）"战死沙场是军人的天职"：殉难者的自我暗示与叙事期待

军队是国家或政治集团为维护和平和实施战争而建立的正规的武装组织，是国家的主要成分，是执行政治任务的武装集团，是对外抵抗或实施侵略、对内巩固政权的主要工具。正因为其暴力性质，决定了军队的组成成员——军人自我生命的不可把握，所以在意识形态里对军人灌输"服从命令为天职"的理念，使"服从""奉献"为形式却直接指向"不怕死亡"并"乐于死亡"的实质价值观深植于军人的思想根柢，使军人在战争年代对死亡的追求成为其生命自觉和军人、军队存在的终极价值。

叙事者之所以张扬这一理想，是想通过"军人天职"的意义建构，来冲淡、抵消心理意义上的死亡焦虑与恐惧，鼓动、激励后来者不怕牺牲、勇于牺牲，从而以个体的死，换取国家和民族的生。

其实，每个军人都深明"养兵千日，用兵一时"的道理，这"养兵千日"所付出的代价，就是希望有朝一日"用兵"时得到补偿和回报，所以"军人天职"从本质上说源于"知恩图报"的传统道德架构，"有恩不报非君子"。所以，"但我替你们想想，／又觉得庆幸非常。／食人民脂膏，／受国家培养，／必须这样的死，／方是最好的下场"③，"（李家钰）本志决身殉之精神，为国家民族尽天职。求仁得仁，实其素愿，正气干云，山河

① 施津菊.历史视野中的死亡叙事［J］.天津师范大学学报（哲学社会科学），2003，（4）.
② 叶实夫.郝将军殉国周年纪念［N］.扫荡报，1938-10-16.
③ 冯玉祥.吊佟（麟阁）赵（登禹）［N］.中央日报，1937-08-02.

共永。"① "在抗战中，中华民族的优秀儿女牺牲在敌人炮火烧杀中的，已不知有多少，更何况左权同志是抗战军人，身临前线，战死疆场，正是尽了他的天职，也是革命军人光荣。"② "所以我们无论何人，在报国卫国的这一次神圣的抗战中，每个国民都能有同等的贡献，都应该像郝将军那样负起守土抗战的责任，都应该抱定牺牲一切的决心。"③ 个体生命的毁灭被赋予形而上的道德意义。

沈从文先生曾说："战士要么战死沙场，要么回到故乡。"其实也就为军人在战争时期的选择作了清晰的指定。剧作家田间先生有一首《吊郝梦龄将军》诗：男儿端合沙场死，/况在家危国难时。/白水村头哭军长，/东方从此去雄狮④。也同样指示着"战死沙场"是军人唯一正确的选择。也许中国旧军人的意识中无法排除封建道德伦理中的"不成功便成仁"的思想，但将"成功成仁"的对象由封建君王置换为国家和民族后，却是翻出了新的意味，那就是为国家和民族的独立与解放而不惜牺牲也勇于牺牲的崇高品德。

三、价值两极的叙事呈现

就死亡本身而言，由于都是不可重复的生命毁灭，因此，无论死者为谁，应该都能引起人们一致的悲悯情怀。在孩子们纯真的情感世界里，哪怕是一只蚂蚁的死亡都能让他感动得落泪。然而，意识形态对叙事的强烈渗透与规约，使得死亡这一生命终极形式的平等与平衡关系都被打破了。

刘湘与韩复榘，这是两个不仅历史上极具比较意义，就是他们死后的叙事文本处理也都富有比较意味。他们同为旧军阀，死前同为一省主席（四川、山东），死亡时间也很偶然地仅相差不到一星期时间。然而，由于他们对抗战的态度不同，刘湘自抗战军兴，"服从征调，亲率川中健儿，躬赴前线，参加杀敌，遂致忧劳愤激，尽瘁鞠躬，卒以殉国"⑤。韩复榘却因"见敌即退，轻弃守土"，被国民政府于1938年1月24日执行枪决。所

① 蒋介石. 蒋主席电唁李总司令家属［N］. 中央日报、扫荡报（合刊），1944-06-10.
② 周恩来. 左权同志精神不死！［N］. 新华日报，1942-06-23.
③ 陶昌达. 郝军长梦龄殉职周年纪念［N］. 扫荡报，1938-10-16.
④ 田间. 田间代表作（下）［M］. 北京：中国戏剧出版社，1998.
⑤ （社评）谈死的意义［N］. 申报，1938-01-28.

刘湘将军

以，他们的死也就被赋予截然不同的意义，"一则尽瘁殉国，一则犯法伏辜，一则千秋扬名，垂竹帛而不朽，一则万众唾骂，欲忏悔而无从"①。抗战这座大熔炉在冶炼的过程中将人无情地分为两种类型：一类升华为民族英雄，一类却堕为历史渣滓。1938 年 1 月 26 日的《申报》还将两则相关的文章并置于同一版面，更给读者强烈的视觉冲击和心灵震撼：

《各界昨公祭刘湘 灵柩今晨启运回川 刘夫人先飞返筹备丧典》叙述了由党政军各界首脑轰轰烈烈地前往致祭的过程；《韩复榘默然就刑

---

① （社评）谈死的意义［N］. 申报，1938-01-28.

尸体昨晨收殓　其旧部要求具领　待韩家属到后择地安葬》则概述了韩复榘被验明正身执行枪决的过程，特别强调"弹穿胸部，即行毕命"，死前对其家属并无遗言，死后尸体由居留武汉的部属具领。轰轰烈烈与寂寞冷清甚至是惨惨戚戚的场面，以及修辞选择、意义赋予与价值褒贬等等，无不包含着叙事者泾渭分明的价值取向，为抗日而死者"重于泰山"，否则"轻于鸿毛"。这种并置的叙事，一方面为大众传递了二人死亡的信息，另一方面是意识形态通过媒体转述了对死亡两极价值所作出的评判，更为重要的是对抗战时期军人人生选择作出合乎民族主流话语的引导。媒体叙事者的经营与谋划，真是煞费苦心。任何阅读过这两篇文章的人都会在心灵震撼之余作出理性的选择，而这正是叙事者所要达成的理想。

死亡本是极其个人化的，从本体论的角度看，死亡只是生物体生命终结的状态而已。然而，死亡一旦被意识形态化，本体意义上的死亡就被取消而被强行附着上生命毁灭的意识形态下的意义。诚如恩斯特·贝克尔所说："死自身不仅仅是一种状态，而是一个情结符号，对于不同的人和不同的文化，它的意义也因而有别。"① 这也即意味着，叙事者对死亡的意识形态化的处理，使人类死亡这一状态蕴含着十分丰富的哲学、社会学和文学趣味，于是有了高下之分、尊卑之别，于是死亡这一战时人们无法回避的焦虑言说，成为人们展示殉难者"舍生取义"的崇高人格与军人"为国捐躯"的民族记忆和意义建构的审美表达。

---

① 恩斯特·贝克尔. 拒斥死亡［M］. 林和生译. 北京：华夏出版社，2000：24-25.

"大刀"叙事

在一个国家或一个民族内部的权力斗争中，人们首先想到的必定是通过军事或者与军事相关的暴力，也就是所谓"枪杆子里面出政权"的武力手段来解决问题。然而，叙事在政治斗争中的作用远不可小觑。米歇尔·福柯（Michel Foucault）在论及权力与意志的关系时就认为，对权力的控制其实就是通过对话语的控制来实现的；反过来说，控制了话语权也就控制了权力。爱德华·萨义德（Echward W. Said）也曾说过："叙事产生权力，叙事还可以杜绝其他叙事的形成和出现。"① 因此，话语也就成了斗争双方争夺的对象，都希冀在话语的争权夺势中确立自己的合法地位。下面就以与"大刀"相关的叙事来讨论话语权的争夺是如何尖锐与激烈的。

一、历史本事中的"大刀"及其叙述文本

抗日战争时期一曲《大刀进行曲》唱遍大江南北，无论是沦陷区还是敌后战场，可谓家喻户晓、妇孺皆知。它深深道出了一个民族从困境中崛起的决心和不畏强暴的信心。抗战歌曲中流传最广、时间最久、影响力最大，《大刀进行曲》当属其一。不过本文的目的是从叙事学角度切入探讨这支歌曲所积淀的历史记忆与文学想象之间的生动关系，尤其是主体身份被篡夺后，文本趣味的变化所昭示的叙事干预是怎样的不可避免。

毫无疑问，"大刀"的记忆与二十九军的"大刀队"的关系不可分割。在热兵器时代选择冷兵器并非是为展示血腥或满足"手刃"的快感，而是无奈。揭开历史记忆中的这一页，展示出来的是抗战时期中国军人浴血奋战的血性和视死如归的悲壮。

---

① Edward W. Said，Culture and Imperialism，Published by Vintage 1993，p ⅩⅢ.

二十九军士兵的大刀和钢盔

二十九军原是以冯玉祥的西北军为班底组建而成。西北军素以训练有素、作战勇猛著称。"九一八"事变后，鉴于敌我装备的悬殊，二十九军高级将领会议决定每人配备一柄大刀，并聘请当时河北著名的武术名家李尧臣担任教练。李尧臣根据日本人所用枪刺的特点，结合传统武术中的刀法，独创了一套简单易学、极适合近身肉搏的"无极刀法"。"无极刀法"针对性和实用性都特别强，拼刺时双手持刀，刀体垂直向下，刃口向内，敌枪刺刺来之时，大刀稍斜奋力竖起，在空中划一弧形，用刀背将对手的刺刀磕开，再顺势劈下，结果必正中对方的颈脖。由于一磕一劈动作十分连贯，实际也就是一个动作，因此往往对手还未做出反应就成了刀下之鬼。

最能体现"大刀"精神的莫过于两次著名的战役，一为1933年"长城保卫战"之"喜峰口之役"，二十九军37师"发挥我军特长，短兵夜战，接敌搏杀"[1]，取得"毙敌千余"的辉煌战绩，第110旅旅长赵登禹"亲领三（路）军步行六十里绕至敌人炮兵阵地，手刃日寇六十余人，获大炮十八门，共歼敌五千余名"。罗文峪一战，勇士王元龙也"手刃日寇十六名"[2]。战后日本报纸颓丧地表示，此役"丧尽皇军名誉"，使日军遭

---

① 张宪文. 中国抗日战争史（1931—1945）[M]. 南京：南京大学出版社 2001：132.
② 曹聚仁，舒宗侨. 中国抗战画史 [M]. 上海：中国书店，1988：51-53.

受了"五十年来未有之侮辱"①。另一著名战役为"七七事变"后的"卢沟桥保卫战"。事变发生后，日军用强势兵力占领了铁路桥，中国军队"又施夜袭，突击队员秘密接近铁路桥，出敌不意，两头夹击，冲入日军阵地，用大刀全歼占领铁路桥的日军"②，年方 19 岁的战士陈永德一人就杀死日军 9 名，生擒一个，缴获 13 支枪。

二十九军"大刀队"的神勇大大激发了艺术家们的创作激情和灵感，他们为这支几乎被神化的军队倾注着自己深厚的民族情感，也从他们身上看到民族不灭的希望。中华民族自鸦片战争以来就一直遭遇着外族的欺凌，作为保家卫国的军队不但不能攘外拒敌，还处处鱼肉人民、欺压百姓，积淀在国人记忆中的军人就是助纣为虐的形象。现在，在敌强我弱之际他们竟然能够拿起大刀，与敌人决一死战！不仅展示了男人的血性与阳刚，上升到民族层面，更显示了华夏民族不可侮的刚性品质。因此，大刀队的英勇事迹甫一传开，举国振奋，似羸弱的病躯注入了一针强心剂。艺术家们更是难遏兴奋而尽情讴歌。田汉先生就曾作歌一首（赵元任曲）《大刀好》：

往里头看来往里头瞧，罗刹女扇火用芭蕉，嘿！过来往里看，嘿！过来往里瞧，嘿！

二郎神拿妖用神獒，孙行者千变万化用毫毛，鬼子讲亲善用大炮，嘿！二十九军杀敌用大刀。

往里头看来往里头瞧，男儿保国就在今朝，嘿！得儿大刀好，嘿！得儿大刀好，嘿！东洋鬼子真可恼，只杀黎民百姓逃也无处逃，有种的快去跟鬼子干一遭，嘿！别来吓唬我们女同胞③。

罗刹女的芭蕉扇、二郎神的神獒、孙悟空的毫毛和鬼子的大炮，威力都是无比的，他们之所以能取胜都是借这些"神器"与"神兽"的功劳，只要掌握了这些工具，任何人都能取得战斗的胜利，人的因素已经完全退居次要位置。而二十九军的大刀却不同，这一简单的搏杀工具一旦浸淫着

---

① 张宪文.中国抗日战争史（1931—1945）［M］.南京：南京大学出版社，2001：138-139.

② 张宪文.中国抗日战争史（1931-1945）［M］.南京：南京大学出版社，2001：236.

③ "行政院"文化建设委员会：抗战歌曲选集［M］.台北：文建会，1997.

执刀者的国恨家仇，凝聚着他们的国族与个人品格，其威力远非"神器""神兽"可比！人的因素已经被置于无可替代的高度。"亲善"的"大炮"在二十九军的大刀下，多么富有反讽趣味！因此，第二段的歌词里反复两次的"得儿大刀好，嘿！"饱含着诗人深厚的民族情感，洋溢着对"大刀"无比的骄傲之情！在此，被完全符号化的"大刀"成为二十九军大刀队勇士们的象征，也是国人心目中英雄的象征！

同时流行的还有一首《大刀杀敌》（钟震华忆词谱）：

炮声漫四野，寒光射战壕，看哪！我健儿，龙骧虎啸。挥舞大钢刀，冲破阵砍瓜切菜，笑倭奴跪地猪嚎。纵有百道神符，千针灵籤，难当老子大钢刀。杀！杀！杀！

正心雄意兴飞豪，有余兵快来送死！兄弟们！休停手。要把河山寸仇血遍浇，直待明年春暖，白山黑水，从容洗换战袍①。

"龙骧虎啸"反衬着的"猪嚎"，一目了然地彰显了作者对我将士的赞美，以及对日本鬼子的鄙视。大刀的寒光映照着勇士们的威猛，也透出对敌人借"神符""灵籤"避死的不屑。血战的豪情与必胜的信念，实在令人钦佩。而"白山黑水"的修辞指涉分明也仅是东北地区，"白山"即长白山，"黑水"即黑龙江。地域的界定其实也是身份的界定，《大刀杀敌》所颂扬的对象也仅指向东北义勇军。

不过，这两首歌的影响力远不及麦新的《大刀进行曲》。集词曲作者于一身的麦新原名孙培元，曾用名孙默心、铁克。《大刀进行曲》这首歌作于 1937 年"七七事变"当月，作者时年 23 岁。其公开身份是上海"美亚保险公司"职员，"九一八"后积极参加抗日救亡的"民众歌咏会"，为群众教唱抗日歌曲。《大刀进行曲》一开始在里弄咏唱，不久传遍整个上海，随即又在全国传唱。1937 年 8 月 8 日，"民众歌咏会"在上海文庙组织了一场音乐会，一千多名自发而来的群众慷慨激昂地高唱《大刀进行曲》，而将音乐会推向了高潮。亲自指挥的麦新激动得挥断了指挥棒，于是他就挥舞着拳头来指挥。台上的歌手、指挥与台下的群众浑然一体，声干云霄。

---

① 行政院文化建设委员会：抗战歌曲选集［M］．台北：文建会，1997.

大刀进行曲

（献给二十九军大刀队）

大刀向鬼子们的头上砍去！

二十九军的弟兄们，

抗战的一天来到了，

抗战的一天来到了！

前面有东北的义勇军，

后面有全国的老百姓，

咱们二十九军不是孤军，

看准那敌人，

把他消灭，把他消灭！

冲啊！大刀向鬼子们的头上砍去，

杀！

麦新的手稿

自此以后，这首旋律铿锵、激情奔放的歌曲回荡在祖国的天空，在前线、在敌后伴随着刀光剑影与钢铁制成的武器一起构筑了一道坚固的反侵略长城。特别是歌曲结尾处那空谷回音如晴天霹雳地喊"杀！"声，饱含着满腔的仇恨和决心，让敌人产生了深深的胆怯与恐惧。1937年9月初这首歌的定稿载于麦新与孟波合编的《大众歌声》第二集上。这是一首振奋民族精神的不朽作品，有人认为"抗战爆发时，最能充分表达当时全国军民白热化的战斗激情的歌曲，首推麦新的《大刀进行曲》。""集中体现了中国人民对日本侵略者的愤慨和保卫祖国的强烈激情，以粗犷率直的旋律，富于动力的节奏，一气呵成、浑然一体的结构，把中国人民的坚强斗志和冲天豪情表达得淋漓尽致。"[①]

二、意识形态规约下"大刀"主体身份的衍变

倘若把上述三首歌词的叙事要素抽列出来进行叙事学分析，大概包含这样的一些重要的不可忽视的叙事信息，我们不妨把这些信息看成是构成"大刀"这一历史事件的基本元素：

（1）东北义勇军首揭抗日大旗；

（2）"大刀"叙事的指涉对象是二十九军大刀队；

（3）抗战始于1931年"九一八"事变。

这三个叙事元素规定和限制了这一历史事件的时间、对象和基本事实，而此三方面其实正是任何事件构成的基本骨架，从理论上说此后的任何叙事文本都应该尊重这一骨架而不能轻易逾越。然而，事实却并非如此，随着时代的更替、意识形态形式的变化，其叙事要素在未经作者授权的情况下竟被多次改动，这不仅让人感受颇多趣味，更可窥见意识形态对文化的强权与宰制。让我们来追寻它的变化轨迹。

（一）首次衍变

从"二十九军的弟兄们"到"全国武装的弟兄们"，从"咱们二十九军不是孤军"到"咱们中国军队勇敢前进"。众所周知，麦新创作这首歌的初衷与动机是十分单纯的，其基本定位即是一首赞美二十九军大刀队、激励国人抗战热情的作品。赞美的主体是再清楚不过的，更何况还有副标

---

① 陈志昂．抗战音乐史［M］．烟台：黄海出版社，2005：92.

身背大刀的二十九军战士

题《献给二十九军大刀队》的明确界定。然而，自这首歌曲面世不久直至"文化大革命"，其歌词文本多次被改换：

大刀进行曲

大刀向鬼子们的头上砍去！

全国武装的弟兄们！

抗战的一天来到了，

抗战的一天来到了！

前面有东北的义勇军，

后面有全国的老百姓，

咱们中国军队勇敢前进，

看准那敌人，

> 把他消灭，把他消灭！
>
> 冲啊！
>
> 大刀向鬼子们的头上砍去，
>
> 杀！①

对比麦新的原创歌词，不难发现，首先，副标题被取消；其次，二、七两句分别被"全国武装的弟兄们"和"咱们中国军队勇敢前进"所替换。对这一替换行为，孟波、乔书田二先生认为："根据群众的试唱和同志们的意见……把歌词'二十九军的弟兄们'改为'全国武装的弟兄们'，把'二十九军不是孤军'改为'咱们中国军队勇敢前进'。"② 一句话就把歌词改动的理由申述得似乎十分充足；还有人认为，"后来，为了便于全国人民传唱，歌词作了部分修改，去掉了'二十九军'的字样。"③ 也是很轻易地就将改动歌词的理由归为冠冕堂皇的"为了便于全国人民传唱"，不过这里的改动并没有指明是经由谁之手，而且，所有的研究资料都无法显示这一改动出自麦新本人之手或出于他的本意。那么，"同志们的意见"与"便于全国人民传唱"的深层含义是什么呢？

任何叙事的最终效果都取决于作者的话语框架，它具体是由语言表述的比喻修辞层面构成的④。透过歌词文本，探寻作者的价值取向，我们是可以触摸到文本的情感内核的。

自 1931 年"九一八事变"至 1937 年"卢沟桥事变"，国民党政治集团奉行的是"攘外必先安内"政策，置外族欺侮、国土沦丧于不顾，将东北的军队抽调到西北强力"剿共"；而中国共产党领导的中国工农红军在国民党的反复围剿之下，也是疲于生存，有抗日之心但无抗日之机，尽管经过"长征"为中国革命留下了"星星之火"，但力量十分微弱，更何况红军主力此时尚未与日军正面交火。两大政治集团之间的纷争给日本提供了侵略中国的契机，因此日本一而再、再而三、变本加厉地加速对中国的侵略，从侵占东北，到策划华北独立，日本人的野心越来越大。马占山领

---

① 抗战歌曲选［M］. 北京：音乐出版社，1958.
② 孟波，乔书田. 麦新传［M］. 上海文艺出版社，1982.
③ 窦孝鹏：《大刀进行曲》是怎样产生的［J］. 炎黄春秋 .1995（7）.
④ 赵稀方. 小说香港［M］. 北京：生活·读书·新知 三联书店，2003：24-25.

导的东北义勇军尽管殊死奋战，但势单力孤难挽颓势，最后，200多万平方公里国土沦陷，3000多万同胞处于水深火热之中。这不能不让国人对有抗日能力却不履行抗日职责与义务的国民党军队由不解而愤恨。而奋起抵抗的二十九军尽管也属国军系列，但它是由冯玉祥的西北军为班底在"中原大战"后改编而成，是被蒋介石看不上眼的"杂牌军"。即使他们的抵抗也并非奉国民党最高军事机关的命令，也还是二十九军的将士出于对日寇的痛恨，为家国将失的焦虑而激发的抗敌豪情而投入战斗的。从修辞层面上，"二十九军不是孤军"的话语诉求直接指向的正是二十九军所处的孤军境地，因为身处沦陷区的东北义勇军确实还在拼死抗战，想恢复昔日的家园，但在敌人强大的军事压制之下，他们只能通过游击战术达到消耗敌人的目的，力量显然有限；而"后面"的"全国的老百姓"只是修辞上的一个概念，国民党军队皆望日军而披靡，对于缺乏民族意识启蒙的老百姓来说，也就只能提供心理上的依靠与后盾了。而本身强大的国民党军队在此被置漠视地位，其实是作者通过隐喻方式传达了对他们的鄙视。这样，叙事的修辞意向上，对国民党军队的不满也通过对二十九军大刀队的褒扬而凸现出来。这层隐含的意义实际上是当时举国上下有民族自尊心和责任感的国民的共同心声。

但是，国民党政府一方面不积极抗日，另一方面又不想背负"不抵抗"的罪名，于是通过权力对话语进行控制以达到"正"视听的目的。如上所述，在所有的研究资料中我们无法找到第一手资料证明对歌词的这一改动是出于作者之手，那么我们完全有理由作出如下的推定：《大刀进行曲》唱遍全国，对其时权力握持者的国民党政府造成了巨大的压力，从本质上来说对他们的鄙视是对国民党政治集团权力的质疑，这是国民党政府无法接受的。福柯认为，在整个社会体系中，话语是权力的替代品，在社会中传播着权力的影响；从反面而言，作为权力替代品的话语对权力的背弃其实也就意味着话语对权力的颠覆。这与中国历史的水之"载舟覆舟"正相暗合。于是，权力的拥有者利用权力来对已有的言说进行干预，甚至是宰制性的重构，从而不仅展示权力至高无上的权威，同时也借此重塑了权力形象。

从麦新个人经历来看，他1938年1月加入中国共产党，此前，也就是创作《大刀进行曲》时的身份还仅仅是个爱国主义者，政治上不归属任何党派，他的言说没有为何党何派代言的必要；加入中国共产党后，他的政治身份显著变化，为以叙事立场的变化来求得政治身份的追认而对歌词进行修改，不能说没有可能。因为我们知道，在国民党一党专制的时代，共产党是没有多少话语权的，而"全国武装的弟兄们""咱们中国军队"这一模糊的修辞言说，显然可以既包括二十九军，也包括国民党嫡系军队，当然也包括共产党领导的军队。本来不被国民党政府承认的共产党，其身份被叙事予以合法化，这不是求之不得的吗？这样一来，从"二十九军的弟兄们"到"全国武装的弟兄们"，从"咱们二十九军不是孤军"到"咱们中国军队勇敢前进"的歌词改动，"二十九军"被轻易抹掉，无论是作者主观意愿还是权力对话语的干预，最后却达成了多方满意、皆大欢喜的结果，这是不争的事实。当然，由此我们也可以窥见，意识形态无孔不入的渗透力正印证了福柯的权力对话语的决定作用的观点。

如此说来，此处似乎不经意的改动，其实是别有用心的，甚至是颇具匠心，它包含着叙事学上的大道理。

（二）第二次衍变

从"全国武装的弟兄们"到"全国爱国的同胞们"，从"前面有东北的义勇军"到"前面有工农的子弟兵"，从"咱们中国军队勇敢前进"到"咱们军民团结勇敢前进"。历史的发展往往带给世人难以预料的戏剧性，抗战胜利后紧接着的解放战争结束，将国民党集团赶出了大陆，中国共产党取得了政治权力后牢牢地操控着话语权。到了史无前例的"文化大革命"，这首歌的歌词又被改动：

大刀进行曲

大刀向鬼子们的头上砍去！
全国爱国的同胞们，
抗战的一天来到了，
抗战的一天来到了！
前面有工农的子弟兵，
后面有全国的老百姓，
咱们军民团结勇敢前进，
看准那敌人，

把它消灭，

把它消灭！

冲啊！

大刀向鬼子们的头上砍去，

杀！①

歌曲的题名旁边词曲作者还是麦新，但后面标注着"集体改词"。我们无须追究这是个怎样的"集体"，但我们可以通过改过的歌词来窥视这一行为的文化心态。

首先还是让我们来作修辞学上的分析。"全国爱国的同胞们"与"全国武装的弟兄们"蕴含着怎样不同的修辞意味？在当时的语境中，中国共产党十分反对拉山头、搞宗派的小集团行为，人与人之间关系的最高境界就是"同志"，不分性别，不分长幼，不分亲疏，一律都可以"同志"来称谓，"先生""太太""小姐"等等皆被戴上资产阶级的帽子扫进"历史的垃圾堆"，"弟兄们"这一概念就不是一般的"称兄道弟"的私人情感，更是带有相当程度匪气的称谓，更何况是"武装的弟兄们"，那不是真正的"匪"了吗？而"同胞"尽管同样包含"弟兄们"，但其有着更为明确的指称，加上必须是"爱国的"，这样一来，就把被逼到台湾岛的"蒋匪帮"完全排除出这一概念的外延。"前面有工农的子弟兵"与"前面有东北的义勇军"是两个没有任何交叉关系的概念，修辞指涉同样处于互质状态。尽管共产党选派的杨靖宇、赵尚志等抗日游击队将领在东北有着相当大的影响，但"东北义勇军"的主体构成却还是以马占山为首的"地方武装"，他们既不属国民党军系列，也不属共产党军系列；而"文革"时期"工农的子弟兵"的身份确认只要熟悉"革命样板戏"《智取威虎山》中少剑波的一段唱词："我们是工农子弟兵，来到深山……"就再清晰不过，这一身份想象的结果是与"工农红军"或"八路军""新四军"的对接，这就轻易将抗战的非共产党领导的抗日力量，包括国民党军队与东北抗日武装从抗日主体中彻底抽换，使指称的对象单一化地指向共产党领导的军队。同样的"咱们军民团结勇敢前进"与"咱们中国

---

① 国务院文化组革命歌曲征集小组. 战地新歌——无产阶级文化大革命以来创作歌曲选集 [C]. 北京：人民文学出版社，1972.

军队勇敢前进"，"军民"中的"军"在那特定时期指的是"中国人民解放军"，与"中国军队"的意义指涉是完全不一致的，也是排斥了抗日主体多元身份的历史。

进而言之，修辞上的"前面有东北的义勇军"，从叙事者的心态而言是排斥了其时处于政治主导地位的国民党及正在壮大的共产党。这无形中实际是否定了这两个党派抗战前期的话语权和抗战功绩。而马占山毕竟是国民政府明令委任的黑龙江省主席兼代边防军驻江副司令官，行政上仍然隶属于国民党中央，因此"前面有东北的义勇军"并未让国民党政府产生心理上的焦虑而非将其替换不可，却与"文革"时期因膨胀而变形的意识形态相龃龉，因为"抗战的一天来到了"与"前面有东北的义勇军"有着时间与主体的双重界定，从抗战主体来说，是"东北的义勇军"，从时间上来说是指自 1931 年"九一八事变"后即开始的抵抗。但共产党领导的八路军、新四军对日作战是从 1937 年"卢沟桥事变"之后。为使单一的抗战主体身份取得合法的地位，叙事者就巧妙地使用"工农子弟兵"这一涵盖面广、外延却模糊的指称，这一来似乎是些微的改动，却体现出巨大的修辞张力！

考察"文革"时期的历史，我们不难发现，这样的"集体改词"与这一时期对抗战的历史叙事完全合拍。"抗日战争是在毛主席正确路线指引下，亿万人民群众进行的一场大规模的人民战争。"① "国民党战场：它的军队几乎完全丧失战斗力，连续溃败，一溃千里，使大片国土被日寇侵占。解放区战场：我党领导的人民军队，遵照毛主席指示，深入敌后方，发动和武装群众，开展游击战争，英勇抗击日寇，建立了大片抗日根据地。"② 将抗日战争正面战场的功绩一笔抹杀，而将抗战胜利所有的功劳都记在自己的名下，这与当时掀起的个人崇拜狂潮相共鸣，历史或文学叙事策略就是将异己者排挤出去，以树立唯我独尊的形象。但是心理学上的排除异己的"恐他"症情结，其实源于对自我身份社会认同的过分焦虑，是心性迷失的征候。福柯认为话语就是权力，人通过话语赋予自

---

① 《中国共产党历史学习提纲》（上册）[M].上海市中小学教材编写组出版，1973：43.
② 《中国共产党历史学习提纲》（上册）[M].上海市中小学教材编写组出版，1973：31.

己以权力。反过来，一旦掌握并控制了权力以后，也同样利用话语来体现权力，他把这种统治、控制和确保利益的手段名之为"排除异己的机制"，也就是通过对异己力量的排挤和压制来实现自我的权力控制，由此"文革"时期的叙事想象中诸如《大刀进行曲》歌词的改动所体现出来的话语与权力之间的这种关系不是表露无遗了吗？通过对抗战主体中其他组成的否定，来确立自己唯一的主体身份，以居高临下的不顾大众意愿的主观想象，来完成权力对身份的强行被认定，这其实也就是自我中心的语言暴力行为。它"寄托"了叙事者对于抗战唯一身份的新的想象，但个人欲望的膨胀给历史和文学叙事带来的"左"的影响，时到今日还没有完全肃清呢！政权的更替与意识形态对叙事言说的决定与重构作用由此可见一斑！

（三）第三次汻变

从歌曲《大刀进行曲》到歌剧《大刀进行曲》①。1979年，为庆祝建国三十周年，乔书田创作过一部七幕歌剧《大刀进行曲》（公演时名为《血泪歌声》）。与后来他与孟波先生合著的《麦新传》一对读，这其实是用歌剧的形式来为麦新写的一部个人传记。他为我们展示了麦新走上革命道路的历程。从叙述的故事来说，并无太多让人注目的地方。但是，如果跳脱故事的框架去审视作者在情节建构过程中的所谓思想主题的话，我们会发现，即使"文革"已经结束三年多，但意识形态并未对前期的极"左"思想进行清算，反而向人们展示出强大的惯性！

故事发生在1937年的8月至11月，从时间来判断显然是"八一三淞沪抗战"期间。逐渐沦陷的上海处于极度的恐慌当中，在共产党人周明的引导下，麦新抵挡住了"百乐门"老板唐更仁金钱、美色的诱惑（利用养女香凌），积极地投身抗日救亡活动当中，不仅以手中的笔做武器来谱写抗战歌曲，还与义勇军一道投入真正的血与火的战斗之中，最后成为一名无产阶级战士。从其中"孙小妹献旗"的细节来看，这个故事与"淞沪抗战"后期的"八百壮士"的故事似有关联之处，或直接以其为原型。这类故事放在抗战时期可说是俯拾即是，但作者在故事叙述时所作的"技术"处理却颇为耐人寻味。

———————————

① 乔书田. 大刀进行曲（七场歌剧）[J]. 戏剧文学，1979，(4).

首先，当然也是歌曲中表现对象的身份确认。众所周知，"淞沪大战"的主角同样是国民党军队，而且投入作战的是国民党的主力精锐部队，参战人数达70多万，"同敌人进行了长达几十天的阵地战"①，"中国广大官兵浴血奋战，几十万人在与日本侵略者的拼搏中为国捐躯"②。这一点早已为史家所证实，但在"文革"意识形态惯性的作用下，这一历史事实必须予以遮蔽，为此叙事者精心构设了"赵强"这一形象。赵强原本也是国民党二四〇团三营营长，但作者现在却赋予他们"义勇军"的身份。为使这一身份在叙事上求得合法，作者借赵强之口说："去年在江西，围困共军，兄弟们不干"，这既表明他们与"共军"之间的友好也表明他们在抗战之际一致对外而不内讧的正确选择；其次，"义勇军"这一概念在与抗战相关的叙事中其修辞指向就是"东北抗日义勇军"，而这支队伍因为杨靖宇将军曾是东北抗日联军的领导人之一，所以被认为是组建和对敌斗争过程中都得到中国共产党的领导与支持的队伍。这样一来，以叙事方式就把赵强们的身份彻底合法化。

海登·怀特将这种历史学家"专业"工作中的处理方法叫作"变形"，也就是叙事者在意识形态规约下，以相应的"技术"手段对历史材料作适应意识形态需要的加工，通常其"变形"的方法有下列几种：

（1）"精简"手中材料（保留一些事件而排斥另一些事件）；

（2）将一些事实"排挤"至边缘或背景的地位，同时将其余的移近中心位置；

（3）把一些事实看作是原因而其余是结果；

（4）聚拢一些事实而拆散其余的；

（5）建立另一个话语即"第二手详述"，它与原先话语的较为显著的表述层并存，通常表现为对读者的直接讲述，并且通常都向话语的显现形式提供明确的认知根据（就是使前者合法化）③，歌剧《大刀进行曲》在结尾部分就将这些惯用的技法运用到炉火纯青的地步，充分体现了"文革"时期对抗战主体认定的叙事逻辑：

① 张宪文.中国抗日战争史［M］.南京：南京大学出版社，2001：286.
② 张宪文.中国抗日战争史［M］.南京：南京大学出版社，2001：285.
③ 海登·怀特.历史主义、历史与修辞想象［C］//张京媛.新历史主义与文学批评.北京：北京大学出版社，1993：192.

他（麦新——引者注）挥舞两下大刀，《大刀进行曲》的主题，在新的调性上出现。随着这个主题的变奏，纱幕后出现巍峨的长城，周明率领大刀队跃马奔驰而来……勇士们挥舞大刀，猛烈冲杀，刀如林，旗如海，杀声震天。

他又挥舞两下大刀，《大刀进行曲》的主题又在一个新的调性上出现。随着这个主题的变奏，纱幕后映出波涛汹涌的黄河。黄河两岸，青纱帐里，游击健儿，神出鬼没，挥舞着大刀前进。那刀柄上的红樱，像一团团火焰在闪动……

麦新又挥舞两下大刀，《大刀进行曲》的主题，突然变得十分焦躁。随着这个主题的戏剧性发展，纱幕后出现了这样一个情节：唐更仁和香凌夹杂在兵败如山倒的国民党退兵中，唐更仁手里提着一只皮箱；香凌怀里抱着那只小狗。她在反复地向画面外的麦新呼喊着……强烈的音乐使人们什么也听不到。她终于被那滚滚的人流冲走了。

义勇军挥刀而上，与敌人展开激烈的肉搏战。一组组刀劈敌寇的造型，出现在观众面前。在这变化无穷的造型中，麦新坐在台中画面前，急速地书写起来……

伴唱：

> 大刀向鬼子们的头上砍去，
> 全国武装的弟兄们，
> 抗战的一天来到了，
> 抗战的一天来到了，
> 前面有东北的义勇军，
> 后面有全国的老百姓；
> 我们中国军队勇敢前进，
> 看准那敌人，
> 把他消灭！
> 把他消灭！
> 冲啊！
> 大刀向鬼子们的头上砍去！
> 杀！

《大刀进行曲》就这样在血与火的交织中诞生了。

麦新激动地站起来。这时天幕上映出延安宝塔，音乐戛然而止。紧接着出现优美亲切的陕北音调……

麦新：同志们！同胞们！全国武装的弟兄们！抗战的一天来到了！抗战的一天来到了！祖国的希望在延安，祖国的光明在延安！让我们举起刀枪，唱起战歌，向着光明，向着未来，前进！

列维·斯特劳斯认为，历史永远不仅仅是谁的历史，而总是为谁的历史。不仅是为某一特定意识形态目标的历史，而且是为某一特定社会群体或公众而书写的历史[①]。那么这段描述性文字我们可以把它看作是新历史主义关于历史的叙写完全受制于当下的意识形态的典型例证了。

歌剧《大刀进行曲》将国民党军队从二而一的抗战主体地位排挤出去，而只突出八路军、新四军的抗战功绩，两相一比较与历史本事之间的差异，正是印证了新历史主义理论的某些观点。海登·怀特针对"法国大革命"有人将其表现为喜剧，有人将其表现为悲剧而深刻指出，不能认为他们讲述关于大革命的不同故事是因为他们发现了不同的政治事实和社会事实；他们拣取不同的事实是因为他们要讲述的故事不同。但是为什么对根本上相同的系列事件之可选择的、自不必说互相排除的再现对其各自读者来说都是同样可以理解的呢？[②] 海登·怀特认为任何叙事文本故事中的事件都是用比喻语言描写的，这不过是不同的叙事者根据需要对历史事件所作的"编码"，而且"人文科学必须按照当时当地的句法策略"来对这一历史事件进行"编码和解码"[③]。所谓"当时当地的句法策略"就是合乎叙事文本创作时的意识形态的规约而遵循的叙事默认。那么这一默认的"句法策略"的实现当有哪些手段作为保障呢？

回到上面所引歌剧《大刀进行曲》结尾部分的描述，我们不妨把其中蕴含趣味的已然经过作者"编码"的符号或曰叙事元素集中起来，依序排列如下：

---

① 海登·怀特. 后现代历史叙事学 [M]. 陈永国，张万娟译. 北京：中国社会科学出版社，2003：105.

② 海登·怀特. 后现代历史叙事学 [M]. 陈永国，张万娟译. 北京：中国社会科学出版社，2003：177.

③ 海登·怀特. 后现代历史叙事学 [M]. 陈永国，张万娟译. 北京：中国社会科学出版社，2003：224.

（1）整个叙事是在《大刀进行曲》的旋律为背景下展开；

（2）共产党人周明率领大刀队的勇士们英勇杀敌；

（3）黄河两岸，青纱帐里，游击健儿挥舞大刀前进；

（4）唐更仁与香凌夹杂在"兵败如山倒"的国民党退兵中；

（5）麦新创作《大刀进行曲》；

（6）延安宝塔与陕北音调；

（7）希望、光明——延安。

在此，我们可以轻易窥见歌剧《大刀进行曲》的作者对历史事件中的史料进行了合乎"当时当地"需要的加工过程。《大刀进行曲》为主题的音乐反复回旋在"黄河两岸，青纱帐里，游击健儿，神出鬼没，挥舞着大刀前进。那刀柄上的红樱，像一团团火焰在闪动……"背景音乐之中，而这背景音乐正是"人民音乐家"冼星海所创作的《黄河大合唱》中的第七乐章"保卫黄河"中的意境片断。主题音乐与背景音乐的交相缠绕与融合，呈现出新的音乐意境与叙事暗示，这为整个歌剧营造了异常雄壮的气氛，而支持这一音乐主题的是第二项和第三项。而本应与第二、三一同支持主题的第四项之"国民党"兵却与百姓争相逃命，从而使这一音乐主题得到反讽式的加强，这样一来，就使第二、三两项所张扬的共产党领导的游击队的抗日得到确认并成为第五项《大刀进行曲》创作的契机，这不仅使"二十九军"就连"国民党军队"也被完全摒弃，被排斥于抗战主体之外。作者十分巧妙地以移花接木之术把"二十九军"替换为"周明率领的大刀队"，而抗战时期"大刀队"的专一指称在此也被普泛性的"大刀队"概念偷换。抗战前期，因为敌我双方力量的悬殊，国共两党也都一致认同"积小胜为大胜，以空间换时间"的战略，那么战场收缩与撤退就是战争进程中极正常的现象，然而，作者却有意识将第二、三项与第四项置于同一语境，通过强烈的对比，从而相反相生出抗战主体的唯一指向。而"国民党兵"之"退"的事实又被强制为"兵败"的原因，这就将国民党军队彻底排除出抗战主体的地位。特别有意味的是第六、七两项，纱幕上映出的影像与由《大刀进行曲》而切换到陕北音调，不仅强化了表现效果，更为重要的是从叙事的角度对读者和观众作出了引导与暗示。其结果是不言而喻的，读者或观众被这种有意的编码信息而成就的修辞效果所蛊惑并接受，使叙述的事件通过叙事的形式予以"合法化"而成为"事实"，其原因就是因为很容易把它们看作是句法策略而被包括在词汇分析表中，这种句法策略是当时当地处于主导地位的再现模式所认可了的①。而再现一组事件所产生的解释性效果基本上衍生于它所诉诸的文学描写方法，这些方法构成了话语的比喻层面②。

歌剧《大刀进行曲》就是这样来培养读者和观众对抗日主体唯一地位的认同的，其基本叙事策略是处处不忘抬高放大共产党而贬低忽视国民党，从而使二者之间构成鲜明的对比。不仅在上列的第二、三项与第四项的对比上，还有下面身为国民党军队中级军官的感慨：

赵强：（激动地）麦新同志，我谢谢你，我谢谢你呀！我在国民党军队里干了三年，因为我救了师长的女儿，师长一高兴，赏给了我一个营长。这个官衔并没有给我聪明和才智，也没有给我勇气和力量。而是你和你写的那些歌曲，使我振作起来，感奋起来，使我在炮火的考验中坚持了下来，音乐的力量真大呀。

本是国民党的正规军，却通过身份的自我否定（国民党军人）与自我认定（义勇军）再来揭露国民党军队的腐败与黑暗，这就有着不同一般的通过否定一方而肯定另一方的效果。我们不能排除在国民党军队中有如赵强所感慨的因"救了师长的女儿"而"赏给了我一个营长"的黑暗的一面，但是，古今中外的军队或政界此类事实并不鲜见，清高者大可拂袖而去以示不屑，但如果将这一盆污水仅仅泼到国民党或其军队的身上，就不仅不公平，更有别有用心的意味。其实，这种叙事的安排是大有深意的，不难看出它是为下面的政治倾向所作的张本：

麦新：（坚定地）对！只有跟着共产党走，才能拯救我们的民族，才能强盛我们的国家；只有跟着共产党走，我们知识分子才有光明的未来呀，老赵！

两相一比较，似乎给人以"清者更清，浊者更浊"之感，语言表述比

---

① 海登·怀特. 后现代历史叙事学［M］. 陈永国，张万娟译. 北京：中国社会科学出版社，2003：224.

② 海登·怀特. 后现代历史叙事学［M］. 陈永国，张万娟译. 北京：中国社会科学出版社，2003：110.

喻层面的深层意味通过巧妙的修辞对比被充分显露出来，成为叙事者预设的叙事框架的一个构件被恰如其分地镶进能充分展示力量的位置。

在一定的叙事理想规约下，任何叙事都带有明显的选择性。以一方之长显另一方之短，或以一方之短衬另一方之长，将二者置于同一语境的两极形成对照，培养了读者或观众的对共产党抗日主体的认同和对国民党抗日主体的否定。这正是新历史主义者所认定的叙事者在不同的立场规约下采取不同的叙事策略对历史事件进行选择、突出或遮蔽，即对历史事件进行编码的过程，其目的全在于使接受者在解码的过程中得出符合编码意愿的意义指向。

参 考 文 献

一、理论著作

[1] 王岳川. 后殖民主义与新历史主义文论 [M]. 济南：山东教育出版社，1999.

[2] 张进. 新历史主义与历史诗学 [M]. 北京：中国社会科学出版社，2004.

[3] 张寅德. 叙述学研究 [M]. 北京：中国社会科学出版，1989.

[4] 王德威. 想象中国的方法——历史·小说·叙事 [M]. 天津：百花文艺出版社，2016.

[5] 申丹，韩加明，王丽亚. 英美小说叙事理论研究 [M]. 北京：北京大学出版社，2005.

[6] 王晴佳，古伟瀛. 后现代与历史学：中西比较 [M]. 济南：山东大学出版社，2006.

[7] 杨念群. 新史学（第一卷）[M]. 北京：中华书局，2007.

[8] 王德威. 被压抑的现代性——晚清小说新论 [M]. 宋伟杰译. 北京：北京大学出版社，2005.

[9] 申丹. 叙述学与小说文体学研究（第三版）[M]. 北京：北京大学出版社，2004.

[10] 胡亚敏. 叙事学 [M]. 武汉：华中师范大学出版社，2004.

[11] 曲春景，耿占春. 叙事与价值 [M]. 上海：学林出版社，2005.

[12] 孙隆基. 中国文化的深层结构 [M]. 桂林：广西师范大学出版社，2004.

［13］盛宁．新历史主义［M］．台北：台湾扬智文化事业公司，1996.

［14］杨义．中国叙事学［M］．北京：人民出版社，2004.

［15］张京媛．新历史主义与文学批评［M］．北京：北京大学出版社，1993.

［16］周宪．中国文学与文化的认同［M］．北京：北京大学出版社，2008.

［17］赵稀方．后殖民理论［M］．北京：北京大学出版社，2009.

［18］任一鸣．后殖民：批评理论与文学［M］．北京：外语教学与研究出版社，2008.

［19］海登·怀特．后现代历史叙事学［M］．陈永国，张万娟译．北京：中国社会科学出版，2003.

［20］海登·怀特．元史学：十九世纪欧洲的历史想像［M］．陈新译．南京：译林出版社，2004.

［21］海登·怀特．话语的转义［M］．董立河译．郑州：大象出版社，北京：北京出版社，2011.

［22］华莱士·马丁．当代叙事学［M］．伍晓明译．北京：北京大学出版社，2005.

［23］詹姆逊著，詹姆逊文集（第二卷）·批评理论与叙事阐释［M］．北京：中国人民大学出版社，2004.

［24］罗兰·巴特．罗兰·巴特文集［M］．北京：中国人民大学出版社，2008.

［25］伯克霍福．超越伟大故事：作为文本和话语的历史［M］．邢立军译．北京：北京师范大学出版社，2008.

［26］爱德华·W.萨义德．东方学［M］．王宇根译．北京：北京三联书店，2003.

［27］爱德华·W.萨义德．文化与帝国主义［M］．李琨译．北京：北京三联书店，2003.

［28］米歇尔·福柯．知识考古学．词与物—人文科学考古学［M］．北京：北京三联书店，2003.

［29］阿瑟·丹图．叙述与认识［M］．周建漳译．上海：上海译文出

版社，2007.

［30］苏珊·S.兰瑟.虚构的权威［M］.黄必康译.北京：北京大学出版社，2002.

［31］米歇尔·德·塞尔托.历史书写［M］.倪复生译.北京：中国人民大学出版社，2012.

［32］米歇尔·德·塞尔托.历史与心理分析［M］.邵炜译.北京：中国人民大学出版社，2010.

［33］费利克斯·吉尔伯特.历史学：政治还是文化［M］.刘耀春译.北京：北京大学出版社，2012.

［34］马克·柯里.后现代叙事理论［M］.宁一中译.北京：北京大学出版社，2003.

［35］马克·布洛赫.为历史辩护［M］.张和声，程郁译.北京：中国人民大学出版社，2006.

［36］哈拉尔德·韦尔策.社会记忆：历史、回忆、传承［M］.季斌，王立君、白锡堃译.北京：北京大学出版社，2007.

［37］方德万.中国的民族主义和战争（1925—1945）［M］.胡允桓译.北京：北京三联书店，2007.

［38］C.BehanMcCullagh.历史的逻辑：把后现代主义引入视域［M］.张秀琴译.北京：北京师范大学出版社，2008.

［39］詹姆斯·费伦.作为修辞的叙事［M］.陈永国译.北京：北京大学出版社，2002.

［40］克斯汀·海斯翠普.他者的历史——社会人类学与历史制作［M］.贾士蘅译.北京：中国人民大学出版社，2010.

［41］约翰·B.汤普森.意识形态与现代文化［M］.高铦等译.南京：译林出版社，2005.

［42］帕特里克·加登纳.历史解释的性质［M］.江怡译.北京：文津出版社，2005.

［43］F.R.安克施密特.叙述逻辑［M］.田平原理译.郑州：大象出版社，北京：北京出版社，2012.

［44］雅克·勒高夫.历史与记忆［M］.方仁杰、倪复生译.北京：中国人民大学出版社，2010.

［45］克罗齐．作为思想和行动的历史［M］．田时纲译．北京：中国社会科学出版社，2005.

二、文史资料

［1］舒宗侨，曹聚仁．中国抗战画史［M］．北京：中国书店影印，1947.

［2］《中国大百科》全书总编辑委员会．中国大百科全书（军事）（Ⅰ、Ⅱ）［M］．北京：中国大百科全书出版社，1989.

［3］张宪文．中国抗日战争史（1931—1945）［M］．南京：南京大学出版社，2001.

［4］中国第二历史档案馆．抗日战争正面战场（上、中、下）［M］．南京：凤凰出版社，2005.

［5］沙健孙．中国共产党与抗日战争（上、下）［M］．北京：中央文献出版社，2005.

［6］余克礼、朱显龙．中国国民党全书（上、下）［M］．西安：陕西人民出版社，2001.

［7］林默涵．中国抗日战争时期大后方文学书系［M］．重庆：重庆出版社，1988.

［8］刘白羽．世界反法西斯文学书系［M］．重庆：重庆出版社，1994.

［9］王向远．中国百年国难（1840—1937）文学史［M］．上海：上海人民出版社，2010.

［10］本书编写组．中华民族抗战精神永存［M］．北京：人民出版社，2005.

［11］徐康明．中缅印战场抗日战争史［M］．北京：解放军出版社，2007.

［12］林治波．中国抗日战争秘闻［M］．北京：京华出版社，2007.

［13］安徽省政协．安徽文史资料全书［M］．合肥：安徽人民出版社，2006.

［14］黄仁宇．缅北之战［M］．北京：新星出版社，2007.

［15］《前进！冒着敌人的炮火》编写组．前进！冒着敌人的炮火

（上、下）［M］．北京：中央文献出版社，2005.

［16］赵杰．"九一八"全记录［M］．沈阳：万卷出版社公司，2005.

［17］黄仁宇．从大历史的角度读蒋介石日记［M］．北京：九州出版社，2008.

［18］苑鲁，王敏．史迪威与蒋介石［M］．重庆：重庆出版社，2005.

［19］NYMWALES, INSIDERED CHINA, FOREIGNLANGUAGES PRESS BEIJIN G, 2004.

［20］JOSEPHW. STILWELL, THESTILWELLPAPERS, FOREIGNLANGUAGES PRESS BEIJING, 2003.

［21］埃德加·斯诺．西行漫记［M］．董乐山译．上海：东方出版社，2005.

［22］艾格尼斯·史沫特莱．伟大的道路［M］．梅念译．上海：东方出版社，2005.

［23］郭沫若，田汉．血肉长城——抗战前线将领访谈［M］．上海：上海科学技术文献出版社，2005.

［24］史常青，易刚权．回眸历史——英雄的光芒［M］．北京：中国人事出版社，2005.

［25］《中国抗日战争纪实丛书》编委会．中国抗日战争纪实丛书［M］．北京：解放军文艺出版社，2005：.

［26］靳明全．重庆抗战文学论稿［M］．重庆：重庆出版社，2003.

［27］王向远．"笔部队"和侵华战争［M］．北京：昆仑出版社，2005.

［28］陈存仁．抗战时代生活史［M］．桂林：广西师范大学出版社，2007.

［29］军事科学院军事历史研究所．中国抗战史画（1—3卷）［M］．北京：军事科学出版社，2005.

［30］张宪文，李良志．《抗战时评》《抗战照片》《抗战诗歌》《抗战电影》《抗战戏剧》［M］．开封：河南大学出版社，2005.

后记　一剑磨成万事休

　　敲下正文的最后一个标点时，我真是如释重负，有一种从未有过的轻松感，心里默默地说：BYEBYE 了，名将们！见鬼去吧，学术研究！我已经五十多岁了，该享受生活去了！

　　贾岛用"十年磨一剑"来比喻剑客倾十年之功磨就一柄"霜刃"宝剑，于是跃跃欲试之情溢于言表。然而，我同样倾注十年精力磨成的这柄"剑"，在我自己看来，不仅无"霜"，甚而至于就是一"棍"？但是，作为男人都有共识："孩子是自己的好！"因为其身上流淌着自己的血脉。

　　十年了。2007 年 8 月 28 日，经赵稀方同学介绍，我到中国社会科学院文学所作高级访问学者，导师是著名学者、文学所所长杨义先生。第一次与杨先生见面，他问我有什么想法，我很坦率地说，这一年中只要能在相对比较高级别的学术期刊上发表两篇论文就可以了，然后就对杨先生谈了关于欧·亨利短篇小说"反讽"的看法。杨先生听后说，这个题目如果放到外文所，他们会觉得你很肤浅，没有深度；那么是否找到欧·亨利对中国现代哪些作家譬如叶圣陶、沙汀、郁达夫、丁玲等产生了哪些影响？当我谈到《红楼梦》中的神话叙事问题时，他说，这方面的东西别人都研究得烂熟了，做不出成果。如果你确实有什么新的发现当然可以，但仅仅是一点感想，肯定是不行的。既然你对叙事学比较感兴趣，有一个题目，"从文学叙事的角度对抗战文学中不同的叙述角度对同一人物、同一事件的考察"，说是他的一个博士做的，但做一部分后他就主动放弃了，原因是找资料太费时间，去国家图书馆等地方去复印资料太麻烦，改做对茅盾的研究去了。

　　从杨老师对这个题目的谈话时眉飞色舞的神态来看，他对这个题目是很感兴趣的，也是很看好其研究前景的。继而他介绍了具体的研究方法和思路。这确实是个诱人的选题，但他的博士都知难而退，我能行吗？况且，一年时间会有成果吗？而且现在这个年龄，这么短的时间，会成功吗？

但是，我决定试一试，就答应了。

接受任务后，按照杨老师的思路，我用了这一年中的四分之三时间做资料：每天早晨 4:30 准时起床，从望京区社科院研究生院出发，骑着一辆二手自行车或乘公交、地铁奔波于京城各大图书馆和书店，社科院图书馆、社科院近代史所资料室、国家图书馆、北京大学图书馆、中关村图书商城、王府井书店、西单图书大厦……直到下班。晚上回来后就是整理，我把白天搜集到的纸质的、电子的资料，或复印，或拍摄……差不多凌晨才能结束。一年下来，读了 100 多本书，整理了一个近 100G 的数字资料库。图书馆或资料室的资料按规定是不能拍照的，只能复印，但实在难以承受巨大的复印费用，于是我就偷偷地用相机拍下来。一开始被工作人员看到会制止，甚至还会批评，但后来是他们被我每天第一个到达、最后一个离开的刻苦所感动呢，还是出于同情呢，不得而知，有些老师只是提醒我，做得隐蔽些，把相机快门声消除掉。我清楚地记得，2007 年的国庆节，做了一个月资料生怕丢失，所以买了个移动硬盘想把它备份起来，由于当时电脑上连接了一新一旧两个硬盘，按要求新硬盘在存贮数据时要格式化一下，但操作不当，竟然把老硬盘里的数据，也就是做了一个月的资料给全部格掉了！当我意识到这一问题时，感觉大脑与被格式化后硬盘一样，一片空白！于是，我马上打电话给懂电脑的同事、朋友、学生、同学，得到的答复或是没办法，或是只能部分恢复，但要支付高昂的费用，根据数据大小大约需要 8000 元！无奈之下，我只得与在全国人大工作的同学程志强联系，他联系了一位国内的电脑高手，没花钱给恢复了所有数据的 95%。那一刻，我有如获重生之感！

在资料搜集的过程中，每两周我与杨义先生见面一次，向他汇报工作进程，求得他及时的指点。身为文学所所长，杨老师科研和行政事务十分繁杂，但不管事务多忙，杨老师每次都抽出时间悉心指导，做对的地方不吝表扬之辞；偏离方向时，也及时纠正。赵稀方同学其时正在台湾，也通过电子邮件及时提供图书、资料咨询。近一年时间，京城的风花雪月，帝都的名胜风景，北方城市喧嚣的雾霾，政治文化中心的风云变幻，对我似乎都是过眼云烟，心中只有"抗战名将"，眼中只有图书资料。

付出总会有回报。一年访学结束，我在《文学评论》《中国现代文学研究丛刊》等国家一级文学研究期刊各发表学术论文一篇，而后又连续在《文学评论》《江淮论坛》《青海社会科学》《安徽师范大学学报》等期刊发表相关学术论文十多篇。

一路走来，要感谢的人太多，首先是杨义先生，没有先生对我的学术启蒙和悉心指导，就没有我的今天，更不会有这本书。

其次是赵稀方同学，是他搭建了杨先生与我之间的桥梁，在京期间承蒙多方照拂，拙作成形之时还欣然赐序。

再谢程志强同学，除挽救硬盘"性命"之外，在我孑居京郊时，他还隔三岔五地于周末提瓶二锅头、一包卤菜花生米帮我排解独处的寂寞。

特别要感谢的是我的同学朱移山，几十来年的友情如茅台、如国窖历久弥香，无论在北京访学还是拙作的出版，都为我提供了极大的便利。

感谢我的工作单位池州学院对科研事业的大力支持，单位为拙作的出版提供了一定的出版基金；感谢原中文系的领导刘光明、何家荣和同事们的支持与鼓励。

同时，也要感谢在成书过程中所有无私提供资料的朋友，社科院图书馆、近代史资料室、国家图书馆所有提供方便的老师。

当然，我也更要感谢我的夫人，当时孩子正读初中一年级，生活在同一小城的岳父母也要靠她照顾，没有她的倾力支持和付出，我也不可能全身心地投入研究工作。

写到这里，感觉杨义先生交给我的任务还没有完全按他的要求完成，尽管到了快退休的年龄，还是要认真不"休"地去做，努力缩小与杨老师给我指定目标间的距离。

是为记。

作 者

2016 年 12 月 12 日